Die Hanse war der erste Handelsbund Europas – eine Supermacht, der in ihrer Hochzeit bis zu 200 Städte angehörten. Was war das Geheimnis ihres Erfolges? Wieso konnte sie über fast ein halbes Jahrtausend die Weltmärkte maßgeblich prägen?

Dieses Buch erzählt – mit vielen eindrucksvollen Abbildungen – die Geschichte der Hanse, des ersten Imperiums der Kaufleute. Es berichtet über Wagemut und Betrug, Spekulantentum und Finanzkrisen, Abenteurer und Glücksritter – und es geht der Frage nach, wie modern die Hanse eigentlich war.

«Gründlich recherchiert und prachtvoll illustriert.» *(Norddeutscher Rundfunk)*

«Packende Geschichtserzählung.» *(Nordkurier)*

Gisela Graichen studierte Publizistik, Rechts- und Staatswissenschaften und ist Diplom-Volkswirtin. Für das ZDF hat die Buch- und Filmautorin unter anderem die erfolgreiche Archäologiereihe «Schliemanns Erben» und die Wissenschaftsserie «Humboldts Erben» entwickelt. Sie lebt in Hamburg.

Rolf Hammel-Kiesow ist stellvertretender Leiter des Archivs der Hansestadt Lübeck und Honorarprofessor an der Christian-Albrechts-Universität Kiel. Seit 1994 gehört er zum Vorstand des Hansischen Geschichtsvereins. Er lebt in Lübeck.

Alexander Hesse ist verantwortlicher Redaktionsleiter für Geschichte und Gesellschaft beim ZDF. Er lebt in Wiesbaden.

Inhalt

Die Hanse – Wegbereiter Europas? 5

1 Die Anfänge: Gotländer an der Elbe – Kölner in London 13

2 Gotland, Nowgorod und Riga – die frühe Hanse entsteht 49

3 Zwischen Konkurrenz und Bündnis: die Formierung des wendischen Städtebunds 67

4 Homines duri – harte Männer: die niederdeutschen Fernkaufleute 89

5 1358: die Ausrufung der *hense van den dudeschen steden* 109

6 Die Schicksalsmacht der Hanse oder: Der Bürgermeister auf dem Schafott. Johan Wittenborg gegen König Waldemar IV. 123

7 Die Hanse und der Deutsche Orden – eine ertragreiche Beziehung 163

8 Bürger gegen Räte – Kaufleute und Handwerker proben den Aufstand 185

9 Hildebrand Veckinchusen –
ein Kaufmann an der Zeitenwende **219**

10 Netzwerke – Städte – Kontore:
die drei Fundamente der Hanse **247**

11 Der Kopf des Ganzen: der Hansetag –
die «Herren der Hanse» versammeln sich **287**

12 Das System Hanse – Globalisierung im Mittelalter **309**

13 Schiffe, Steine, Schlamm und Scherben –
die Archäologie der Hanse **325**

14 Konkurrenten, Territorialmächte und die
stille Auflösung der Hanse **341**

15 Das Nachleben der Hanse.
Die Hanse in heutiger Sicht **361**

Anhang

Literatur **379**

Personenregister **397**

Ortsregister **402**

Die Autoren **406**

Bildnachweis **408**

Die Hanse – Wegbereiter Europas?

Das auf der Autobahn beliebte Spiel «Kennzeichenraten» gerät regelmäßig ins Stocken, wenn ein Wagen mit den Nummernschildern HRO oder HST auftaucht. Dass Rostock und Stralsund alte Hansestädte sind und stolz wie Bremen, Hamburg oder Lübeck das H für Hanse im Nummernschild tragen, mag immerhin noch bekannt sein. Aber es waren zeitweise über 200 Städte, die im Zenit ihrer Macht zur Hanse gehörten. Deren Kaufleute so reich waren, dass Könige sich bei ihnen Geld borgten. Wie der Dortmunder Hansekaufmann Tidemann Lemberg, einer der Finanziers des englischen Königs. Edward III. – der mit dem Hosenbandorden – war aufgrund des Hundertjährigen Krieges mit Frankreich in ständiger Geldnot. Als Pfand gab er zwei Kronen und die englischen Kronjuwelen heraus. Die Juwelen verwahrte man in Köln, wo Lemberg das Bürgerrecht erworben hatte. Auch der König und spätere deutsche Kaiser Sigismund nutzte die Finanzkraft der hansischen Kaufleute. Seinem Darlehenswunsch konnten sie sich 1417 nicht entziehen, auch wenn er die Anleihen eher selten zurückzahlte. Was einen der Kaufleute in den Schuldturm brachte, nämlich Hildebrand Veckinchusen (Kapitel 9). Für den Dortmunder Lemberg ging es gut aus: Er konnte sich aus seinen Kreditgeschäften gleich acht Schlösser in England kaufen.

Die *dudesche hense* war eine Supermacht des Geldes. Der erste nordeuropäische Handelsverbund prägte fast ein halbes Jahrtausend die Welthandelsmärkte des Mittelalters von Russland bis Flandern, baute ein lukratives Handelsnetz auf von Island bis Venedig und schuf ein visionäres Imperium von Kaufleuten und Städten über politische Grenzen hinweg.

Doch die Hanse ist mehr als eine Geschichte von Geld, Gier und Pfeffersäcken, von Piraten, Koggen und Handelskarawanen, ist mehr als eine längst vergangene historische Periode für Archäologen, Geschichts-, Kultur-, Schifffahrts- und Bauwissenschaftler. Die Hanse geht uns heute an, meint Andrus Ansip, der Ministerpräsident von Estland, dem wirtschaftlichen Musterland aus dem hohen Norden. Als 17. Land der Euro-Zone hat Estland am 1. Januar 2011 als erste ehemalige Republik der untergegangenen Sowjetunion den Euro eingeführt. Als einziges von neun europäischen Ländern, die sich um den Euro beworben haben. Ansip führt den herausragenden Erfolg seines Landes auf das Vorbild der Hanse zurück. «Die EU ist eine neue Hanse», sagt er.

Wie modern ist die Idee der *dudeschen hense*? Auch Henning Voscherau, Altbürgermeister der Freien und Hansestadt Hamburg, meint: «Die Hanse – die große Kaufmannshanse des Mittelalters und die politische Städtehanse – ist ein Vorbild für uns heute. Sie war so stark, weil sie ihrer Zeit um Jahrhunderte voraus war in ihrer Idee der Freiheit des Handels und Wandels, also des Verkehrs, der Logistik. Die Vorteile der Grenzen überschreitenden Zusammenarbeit zum wechselseitigen Nutzen, heute nennt man das eine Win-win-Situation, die erkannten die Alten damals schon.»

Durch die Öffnung des Eisernen Vorhangs gab es eine stärkere Rückbesinnung auf die Idee der Hanse als Ausdruck europäischen Denkens. Die Wiederbelebung, die «Neue Hanse», begann mit den Hansetagen der Neuzeit. Zu diesem «Städtebund Die Hanse» zählen inzwischen 176 Städte. Ihre Zusammensetzung zeigt, dass alte Feindbilder weitgehend verschwunden sind. Die

Hanse wird als gemeinsame Tradition vieler Nationen gesehen. Besonders osteuropäische Städte haben großes Interesse: Estland, Lettland, Litauen, Polen, Russland und Weißrussland übertreffen mit 50 Mitgliedern die 28 teilnehmenden Städte aus west- und nordeuropäischen Staaten bei weitem.

Auch Altbürgermeister Voscherau betont, dass ein Großteil der Hansestädte hinter dem Eisernen Vorhang lag. «Hier herrscht ein immenser Nachholbedarf in hansischen Tugenden. Die ehemaligen Ostblockländer sind sich dieser wunderbaren Perspektive bewusst. Viel stärker als wir sehen sie das Erbe der Hanse als Chance zur Integration in Europa, für den wirtschaftlichen Aufschwung in Freiheit. Die ökonomische Idee der Hanse hatten wir im Westen ja schon vor 1990 zwischen Ostsee und Mittelmeer: Man nannte sie EWG.»

Die Schaffung eines seegestützten Wirtschaftssystems mit Ansätzen zu einem eigenen Handelsrecht, das innovative globale Handeln über den Binnenmarkt hinaus sind Kennzeichen der Hanse, von deutschen Kaufleuten und Städten ausgehend. Doch damit ergab sich auch eine Kulturgemeinschaft, eine Geisteshaltung und Lebensform jenseits nationaler Grenzen und religiöser Gegensätze, die nicht zuletzt ihren Ausdruck in der wunderbaren typischen Backsteinarchitektur der Hafenstädte an Nord- und Ostsee findet. Können wir aus diesem «europäischen» Denken lernen? Ja, sagt Voscherau: «Die Eigenverantwortung freier selbstbewusster Bürger, die sich selbst ernähren können, die wissen, dass jeder zunächst für sich selbst verantwortlich ist, und die nicht auf eine Hängematte schielen, auch das sollte eine Lehre aus der Hansezeit für uns sein. Bürgerstolz, faire Wahrung des gegenseitigen Vorteils, Austausch von Waren, Ideen, Kultur, Zusammenarbeiten und Respektieren über Grenzen hinweg, Verständnis für den anderen, voneinander lernen, dieses hansische Denken hat sich in der Gründung der EG und der EU Bahn gebrochen – insofern ist die Hanse ein Vorbild für das Zusammenwachsen in der Europäischen Gemeinschaft, der Grundgedanke der europäischen Integration von heute.»

Historiker sehen die Rolle der Hanse für uns heute deutlich distanzierter. Neben der Darstellung der Geschichte der Hanse – von ihren Anfängen als Zusammenschluss fernreisender Kaufleute bis zu ihrem Niedergang – will dieses Buch auch die Frage beantworten: Erleben wir heute einen verklärten Nostalgietrip schwärmerischer Europaenthusiasten? Wird die Hanse gar instrumentalisiert, wie wir es schon in den vergangenen Jahrhunderten vom aufstrebenden Bürgertum der 1848er-Revolution bis zu den Nationalsozialisten hatten? Beispiele dazu finden wir in Kapitel 15. Was ist mit der Inflation des Begriffes hanseatisch, der aus der Neuzeit stammt im Unterschied zum hansischen des Mittelalters? Dabei bezieht sich der Begriff hansisch auf die Hanse des Mittelalters und der frühen Neuzeit, der Begriff hanseatisch dagegen auf die Zeit seit dem 18. Jahrhundert und nur auf die drei «übrig gebliebenen» Hansestädte Lübeck, Hamburg und Bremen. Er wird verwendet, um Zuverlässigkeit, Korrektheit, Toleranz und Anstand zu demonstrieren. Dabei waren die Hansekaufleute in ihrem Geschäftsgebaren um keinen Deut besser als die heutigen, wie uns die Kapitel 6 und 9 zeigen. Es gab den ehrbaren Kaufmann, aber genauso den von Gier getriebenen Spekulanten und Betrüger.

In Japan und Südkorea besteht großes Interesse an der Geschichte der Hanse. An der Universität von Kioto zum Beispiel wird an der Fakultät für Wirtschaftswissenschaften Hanseforschung betrieben. Koreanische Filmteams waren bereits mehrfach in Lübeck und drehten in Stadt und Archiv. Deutsche Hansehistoriker werden zu Vorträgen nach Japan und Südkorea eingeladen. Die Hanse gilt dort als ein wesentlicher Teil der europäischen Geschichte, als eine im Mittelalter zukunftsweisende Wirtschaftsorganisation, deren Kenntnis zum Verständnis der historischen Entwicklung Europas notwendig ist.

Lübeck, die ehemalige «Königin der Hanse», hat nun mit dem Bau des Europäischen Hansemuseums begonnen, das ab Frühsommer 2015 in moderner, heutige Sehgewohnheiten berücksichtigender Form, im Wechsel von Inszenierungen und inhaltlich vertiefenden Räumen, die herausragende Rolle dieser wirtschaftlichen und politischen Einigung darstellen wird.

Viele Einwohner anderer Städte wissen gar nicht, dass sie in einer alten Hansestadt leben. Die steinernen Zeugnisse der Hanse – Häuser, Kirchen, Straßen und Plätze – sind allzu oft Bomben und Abrissbirnen zum Opfer gefallen. Nicht ohne Grund ruft die Stiftung Denkmalschutz immer wieder zu einem achtsamen Umgang mit diesen Botschaften aus der Vergangenheit auf, die uns wie eine Zeitkapsel an eine Epoche erinnern mögen, die noch nicht abgeschlossen ist und ganz lebendig fortwirkt. Die Liste der historischen Hansestädte, die teilweise überraschen wird, findet sich in Kapitel 10.

Vielleicht mag mancher Autofahrer daran denken, wenn er auf dem uralten Hellweg von Duisburg nach Höxter unterwegs ist – den schon Drusus benutzte, als er im Jahre 11 v. Chr. mit seinen Legionen Richtung Weser vorstieß –, unterwegs auf der dann mittelalterlichen Königs- und Kaufmannsstraße, der heutigen B1, und sich Dortmund nähert, dass hier einst ein Kaufmann lebte, der die englischen Kronjuwelen als Pfand nach Deutschland holte.

Skriptorium der Abtei Echternach. Miniatur aus dem Evangeliar Kaiser Heinrichs III., 1039/1040

◄ Visby auf Gotland. Die mittelalterliche Stadtmauer mit ihren Türmen ist gut erhalten, rechts im Bild die Marienkirche, seit 1225 auch die Pfarrkirche der deutschen Bürger Visbys

1 Die Anfänge: Gotländer an der Elbe – Kölner in London

18. Oktober 1161. Im Palas der Ertheneburg, dem Wohn- und Saalbau mit den Repräsentationsräumen, rund 30 Meter über der Elbe beim heutigen Artlenburg, verliest Hartwig van Uthlede den Wortlaut des Friedensvertrags, den Herzog Heinrich der Löwe zwischen den Kaufleuten aus Gotland und den Kaufleuten aus dem Herzogtum Sachsen vermittelt hat. Um ehrlich zu sein: Wir lassen Hartwig den Vertrag verlesen. Möglicherweise war es auch ein Herold. Aber Hartwig ist Kaplan, ein Priester, und für die Kanzlei zuständig. Er ist einer der wenigen am Hofe des Herzogs, der lesen und schreiben kann. Außerdem hat er studiert, vermutlich in Frankreich, und trägt den Magistertitel. Seit drei Jahren ist Hartwig im Gefolge Heinrichs und hat noch eine große Zukunft vor sich. Obwohl er aus einer Familie von Bremer Stiftsministerialen stammt, ursprünglich unfreien Dienstmannen des dortigen Erzbischofs, wird er 1185 selbst Erzbischof in der Stadt an der Weser werden. Er kann die Aufstiegschancen nutzen, die der Hof eines großen Herrn im Hochmittelalter bietet, wo ein Kandidat jahrelang beobachtet und auf seine Eignung und Loyalität geprüft wird.

In der Kanzlei ist Hartwig für das Konzipieren und Formulieren der Urkunden zuständig, die als Beweis für sehr wichtige Rechtshandlungen des Herzogs angefertigt werden. Schriftliche Urkunden machen jedoch nur einen Bruchteil dessen aus, was

Lübecker Stadtsiegel: rechts am Steuerruder ein seefahrender, links ein landfahrender Kaufmann aus dem Binnenland

Abschrift des Artlenburger Friedensvertrags von 1161 (um 1225)

tatsächlich anfällt, denn um die Mitte des 12. Jahrhunderts wird im *regnum theutonicum*, in Deutschland, fast alles mündlich geregelt. Umso wichtiger sind die Dinge, die der Nachwelt schriftlich überliefert werden sollen. Den «internationalen» Vertrag zwischen gotländischen und sächsischen Kaufleuten, den Hartwig verliest, hat er selbst diktiert. So nennt man das Verfassen, das Ausformulieren der Verhandlungsergebnisse, die damit bezeugt werden. Eine äußerst verantwortungsvolle Tätigkeit, die große Rechtskenntnisse und das Beherrschen der lateinischen Sprache voraussetzt – und ein besonderes Vertrauensverhältnis zu dem Herrn, für den man tätig ist.

In welcher Sprache die Verhandlungen geführt wurden, wissen wir nicht. Ob zunächst Dolmetscher zwischen der mittelniederdeutschen Sprache der (Nieder-)Sachsen um Heinrich den Löwen und dem gotländischen Schwedisch übersetzten und das Ergebnis dann ins Lateinische übertragen wurde oder ob man die Verhandlungen in lateinischer Sprache führte, ist nicht überliefert. Überliefert ist allein der lateinische Text in einer mit dem lübeckischen Stadtsiegel beglaubigten Abschrift aus den 1220er Jahren. Dieser Text erzählt die spannende Geschichte vom Anfang der Hanse oder besser: von einem der vielen Anfänge der Hanse. Denn es gibt viele Ursprungsorte, viele Handlungen und viele Ereignisse, die stattfinden mussten, bis in der Mitte des 14. Jahrhunderts die *dudesche hense*, die Deutsche Hanse im wahren Sinne des Wortes, ausgerufen wurde.

Übersetzungen aus den Volkssprachen ins Lateinische halten viele Fallstricke bereit, weswegen der Text der Urkunde von den Beteiligten beziehungsweise von ihren rechts- und sprachkundigen Begleitern geprüft und anschließend in einem feierlichen Akt öffentlich verlesen wird. Erst nach der öffentlichen Verkündung ist der Vertrag rechtskräftig.

Diese Verkündung findet soeben statt. Anwesend sind der Herzog, Grafen, Edelfreie und Ministerialen aus seinen Herzogtümern, die zurzeit an seinem Hof sind, sowie die gotländische Delegation. Von niederdeutschen Kaufleuten ist nicht die Rede.

Herzog Heinrich der Löwe ist noch keine 30 Jahre alt, geboren um 1133/35. Er ist ein gutaussehender Mann von mittlerer Größe, mit großen, dunklen Augen, fast schwarzen Haaren, schlank und durchtrainiert. Sein bis zur Arroganz übersteigertes Selbstwertgefühl lässt er seine Umgebung immer wieder spüren. Schließlich ist er nach dem Kaiser (in seinen Augen eher neben dem Kaiser) als Herzog von Sachsen und Bayern der mächtigste Mann im Reich. Heute hört der Herzog ruhig zu, wie Hartwig vorliest. Wir wissen nicht, ob er Latein verstand, welche Fremdsprachen er überhaupt konnte. Sein Vetter, Kaiser Friedrich I. Barbarossa, verstand Latein, konnte es sogar ein wenig sprechen; Heinrichs Schwiegervater, König Heinrich II. von England, soll «eine gewisse Kenntnis aller Sprachen zwischen dem französischen Meer und dem Jordan» gehabt, aber nur Latein und Französisch gesprochen haben (Joachim Ehlers).

Die meisten Anwesenden verstehen jedoch kein Latein: weder die Mitglieder der gotländischen Delegation noch die als Zeugen des Friedens aufgebotenen weltlichen Würdenträger aus Heinrichs Herrschaftsbereich; und schon gar nicht seine Dienstleute, die damals auf der Schwelle zwischen Unfreiheit und niederem Adel stehen. Aber Lateinkenntnisse hin oder her, Verträge müssen in dieser Sprache festgehalten werden, um rechtsgültig zu sein. Deutsch gilt noch nichts. Es ist die Sprache des Volkes, auf Latein *theodisca lingua,* abgeleitet von *diutisc* und schließlich deutsch. Es wird noch zwei Menschenalter dauern, bis man um 1220/30 beginnt, in der Volkssprache zu schreiben, und noch rund 200 Jahre, bis sie in fast allen Lebensbereichen üblich wird.

Die Einzigen, die tatsächlich verstehen, was Hartwig vorliest, sind die Zeugen aus der Geistlichkeit, die Bischöfe. Sie dürften alle eine Lateinschule besucht haben, der eine oder andere hat vielleicht – wie Hartwig – studiert. Auch der Priester, den wir als Mitglied der gotländischen Delegation voraussetzen, versteht den Text. Er wurde mitgenommen, um die Forderungen der Kaufleute gegebenenfalls ins Lateinische übersetzen zu können und um den Entwurf des Vertragstextes zu prüfen.

Und noch einer spricht Latein, ein Weltlicher: Graf Adolf II. von Holstein, in der Zeugenliste der über den Frieden ausgestellten Urkunde *Atholfus comes* genannt. Er hatte eine Ausbildung

Das Herzogtum Sachsen unter Heinrich dem Löwen. Ein Herzogtum war eine Gemengelage vieler unterschiedlicher Herrschaftsrechte des Herzogs, der Adligen und der Kirche.

Ritter zu Pferd. Aquamanile, ein Wassergefäß zur Handwaschung bei Tisch, aus Bronze. Hergestellt in Hildesheim im 13. Jahrhundert

als Geistlicher begonnen, musste aber die Grafschaft übernehmen, nachdem sein Bruder 1126 auf einem Feldzug Kaiser Lothars III. in Böhmen gefallen war. Der Chronist Helmold von Bosau berichtet, dass Adolf II. «nicht nur das Lateinische und Deutsche geläufig beherrschte, sondern auch die slawische Sprache konnte». Bei ihm ist eine abgebrochene Klerikerkarriere folglich der Grund für die für einen Grafen ungewöhnlichen Fremdsprachenkenntnisse und die Vorbereitung auf die Mission im Slawenland der Grund für die in diesen Kreisen noch ungewöhnlichere Kenntnis des Slawischen.

Graf Adolf und die anderen Großen aus den Herzogtümern Heinrichs des Löwen, die bei der Verlesung anwesend sind, sind die Zeugen der Rechtshandlung und damit des Vertragsinhalts.

Ihre Anwesenheit bedeutet zugleich Rat und Zustimmung. Deswegen wird aufgeboten, wer von Rang und Namen gerade am Hofe weilt. Aufgeführt sind sie in der Zeugenliste am Ende der Urkunde in der üblichen Reihenfolge: zunächst die geistlichen Großen, die Bischöfe, und dann die weltlichen in der Abfolge ihres Ranges.

Bischof Gerold von Lübeck gehört dazu, der seit einem Jahr seinen Bistumssitz in Lübeck hat, der neuen Stadt des Herzogs. Vorher war der Sitz des Missionsbistums in Oldenburg in Holstein. Gerold war der Lehrer Helmolds von Bosau an der Schule von St. Blasius in Braunschweig. Ob er ihn schon zum Schreiben der eben erwähnten Chronik aufgefordert hat? Jedenfalls wird Helmold zwei Jahre nach dem hier geschilderten Ereignis mit der Niederschrift der Chronik beginnen. Sie ist die einzige erzählende Quelle zur Frühgeschichte Lübecks, der Stadt, die wie keine andere die Geschicke der Hanse prägen sollte.

Außerdem waren anwesend die Bischöfe Evermod von Ratzeburg und Bischof Berno von Mecklenburg. Das Bistum Ratzeburg war sieben Jahre zuvor, 1154, neu eingerichtet worden, der Sitz des älteren, aber lange Zeit untergegangenen Bistums Mecklenburg 1160 nach Schwerin verlegt worden. Das alles zeigt, dass der Herzog als weltlicher Fürst und die Bischöfe als Glieder der römisch-katholischen Kirche und des *regnum theutonicum* in dieser Zeit ihre Herrschaft in dem slawischen Gebiet nordöstlich der Elbe festigten. Der sächsische Adel war dort – neuen Forschungen zufolge – bereits seit rund einem Jahrhundert präsent (Günther Bock).

Der Markgraf von Vohburg *(marchio de Vohburch)* führt als Ranghöchster die weltlichen Zeugen an. Seine Markgrafschaft liegt an der Donau. Welche wichtigen Geschäfte ihn so weit in den Norden zu seinem Herzog führten, ist nicht bekannt. Anwesend sind außerdem zahlreiche Grafen. Graf Friedrich von Arnsberg, Graf Heinrich von Ravensberg aus einem Haus, das weit über sein Stammland in Ostwestfalen hinaus oft im Gefolge Heinrichs des Löwen zu finden ist, Graf Siegfried von Blankenburg und Volrad, der erste Graf von Dannenberg, einer neueingerichteten Grafschaft im Slawenland, die 1153 zum ersten Mal erwähnt ist. Graf Heinrich von Ratzeburg ist Heinrich von Badewide, der 1142/43 von Heinrich dem Löwen mit Ratzeburg und dem Land Polabien (in etwa der heutige Kreis Herzogtum Lauenburg) belehnt wurde.

Die folgenden drei Zeugen sind ohne Grafentitel genannt. Luthard von Meinersen, ein Edelfreier aus dem Raum zwischen Celle und Braunschweig, ist von 1142 bis 1169 häufig am Hof Heinrichs nachzuweisen; Luidolf von Waltingeroht ist Graf zwischen der oberen Oker und dem Fluss Innerste südlich von Braunschweig; und bei «Guncelin» wird es sich um den edelfreien Gunzelin von Hagen gehandelt haben. Er hatte im Jahr zuvor nach dem Feldzug Heinrichs des Löwen gegen die Abotriten die Grafschaft Schwerin erhalten und ist einer der engsten Vertrauten des Herzogs. 1172 wird er ihn nach Jerusalem begleiten. Der Kämmerer *(camerarius)* Anno und der Truchsess *(dapifer)* Liudolf sind Ministerialen des Herzogs, Inhaber wichtiger Hofämter, die zum Kernhof, zu den ständigen Begleitern, gehören. Anno von Heimburg, wie der volle Name des Kämmerers lautet, ist einer der führenden Ministerialen und 30 Jahre lang, von 1143 bis 1173, am Hof. Derzeit ist er außerdem Vogt von Goslar (1152–1163). Männer wie er haben die herkömmliche Dienstmannschaft bereits verlassen; sie haben Eigengut, Lehen und können eigene Vasallen ausstatten.

Reinoldus, Graf von Lübeck, schließt die Zeugenliste. Es ist eigenartig, dass ein Graf nach den Ministerialen genannt wird. Aber vermutlich ist es eine Art Höflichkeitsgeste. Denn Graf Reinold dürfte der Gastgeber der Versammlung sein, Reinold II. von Ertheneburg, vermutlich auch identisch mit Graf Reinold von Dithmarschen, und somit einer der ganz großen Herren im niederdeutschen Raum (Günther Bock). Zur Zeit der Verlesung soll Reinold außerdem Graf von Lübeck gewesen sein. Allerdings ist eine Grafschaft Lübeck in keiner anderen Quelle überliefert. Es müssen also noch einige Rätsel der Überlieferung gelöst werden. Drei Jahre später wird Reinold II. gemeinsam mit Adolf II. von Holstein auf einem weiteren Kriegszug des Herzogs gegen die Abotriten fallen. Beide hatten keine Zeit mehr, ihre Rüstungen anzulegen, als ihr Lager frühmorgens überfallen wurde und sie die Angreifer abwehren wollten.

Es ist eine hochrangige, zum Teil hochadlige Gesellschaft, die den Frieden zwischen den Kaufleuten bezeugt. Das gibt uns einen ersten Fingerzeig auf die Bedeutung, die dem Frieden beigemessen wird. Und noch ein Zweites: Die gotländischen Kaufleute werden in diesem Vertrag als Rechtspartner anerkannt. Das setzt Kenntnisse des Lebens, des Verhaltens bei Hof voraus, will man nicht von vornherein scheitern. Denn schon im Hochmittelalter sind die Höfe Natterngruben. Die Adligen und die Ministerialen am Hofe Heinrichs des Löwen sind ehrgeizig und haben hohe gesellschaftliche Ansprüche. Ihr Dienst für den Herzog verlangt Härte. Er fördert die ohnehin vorhandene Gewaltbereitschaft und paart sie mit einer enormen Empfindlichkeit gegenüber persönlichen Kränkungen. Auf der einen Seite sind sie auf den Herzog angewiesen und er auf sie. Andererseits versucht Heinrich jedoch, die Adligen in ihrer Eigenständigkeit zu beschneiden und sie zu «seinen» Baronen zu machen. Seine Ministerialen führt er am kurzen Zügel. Einen lässt er wegen eines Vergehens wie einen Sklaven auspeitschen. Auch weltliche und geistliche Größen sind sich nicht grün und überwachen eifersüchtig, wer welche Stellung beim Herzog einnimmt (Joachim Ehlers). In dieser Schlangengrube müssen sich die Kaufleute dieser Zeit bewegen und zurechtfinden.

Hier auf der Ertheneburg sollen an diesem Tag im Spätherbst des Jahres 1161 Mord und Totschlag beendet werden, die zwischen niederdeutschen Kaufleuten und ihren Konkurrenten aus Gotland stattgefunden hatten. Hartwig liest (wir übersetzen Hartwigs Latein und verkürzen den Text ein wenig): «Im Namen der heiligen und unteilbaren Dreifaltigkeit. Heinrich, durch Gottes mildtätige Gnade Herzog von Baiern und Sachsen. Alle gegenwärtigen wie zukünftigen Getreuen Christi sollen erfahren, dass wir aus Liebe zum Frieden und aus Verehrung der christlichen Religion, vor allem aber aus Betrachtung der ewigen Vergeltung den Streit, der seit langem verheerend zwischen den Deutschen und Gotländern geherrscht hat, zugunsten der Einigkeit und Eintracht beendet haben und dass wir auch die zahlreichen Übel, nämlich Hassausbrüche, Feindschaften und Morde, die aus der Uneinigkeit beider Nationen entstanden sind, unter helfender Gnade des Heiligen Geistes in ewiger Beständigkeit des Friedens beigelegt und daraufhin die Gotländer wohlwollend in die Gnade unserer Versöhnung aufgenommen haben.»

Wo Mord und Totschlag begangen wurden, ist seit langem zwischen deutschen und schwedischen Historikern umstritten. In der Urkunde lässt sich dazu nichts finden. Wenn man jedoch das übersteigerte Nationalbewusstsein vieler deutscher Historiker des späten 19. und frühen 20. Jahrhunderts nicht teilt, spricht mehr für das Herzogtum Sachsen als Schauplatz der Auseinandersetzungen als für die Insel Gotland. Dennoch: Die Überlieferung ist mehrdeutig und das letzte Wort wohl noch nicht gesprochen.

Im Herzogtum Sachsen waren – auch das erfahren wir aus der Urkunde, die Hartwig verliest – die gotländischen Fernhändler, Nachfahren der schwedischen Wikinger, von Heinrichs Großvater Kaiser Lothar III. von Süpplingenburg privilegiert worden. Vermutlich auf dem Halberstädter Hoftag im Jahr 1134 wurde ihnen Schutz und Frieden zugesichert. Sie sollten in möglichst großer Zahl mit ihren Waren nach Sachsen kommen. Die

König Heinrich von Alt Lübeck (1093–1127). Das ist die einzige von ihm überlieferte Darstellung. Mecklenburgische Reimchronik des Ernst von Kirchberg († 1379)

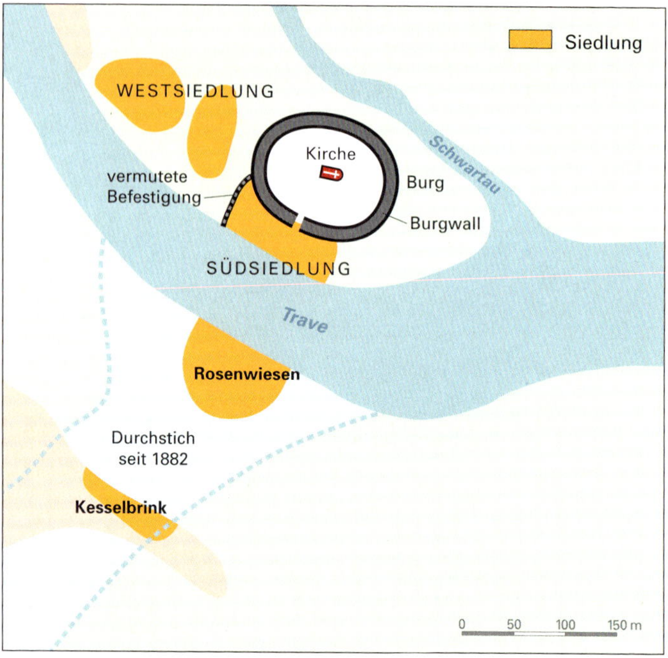

Alt Lübeck zur Zeit des Abotritenherrschers Heinrich (1093–1127). Die Durchstichskanten der Travebegradigung 1882 sind gestrichelt. Die Kaufleutesiedlung lag wohl auf dem Kesselbrink.

Kaufleute des Herzogtums hatten nämlich nur indirekten Zugang zu den Schätzen des Nordens und Nordostens, zu Pelzen, Wachs und Walrosselfenbein aus dem östlichen Ostseeraum, und zu den Transitgütern Seide, Weihrauch und Gewürzen aus Indien, China und von den Molukken, die über die nördlichen Routen der Seidenstraße nach Nowgorod und von dort von den seefahrenden Kaufleuten in die Hafenstädte an der Süd- und Westküste der Ostsee gebracht wurden. In allen diesen Hafenstädten waren die niederdeutschen Kaufleute Fremde. In der Stadt Schleswig, die zum Königreich Dänemark gehörte, und auch in der slawischen Residenz Alt Lübeck. Alt Lübeck war Sitz Heinrichs, des Herrschers über die slawischen Abotriten. Sein Reich erstreckte sich vom *Limes Saxoniae*, der sächsischen Grenze, die von der Kieler Bucht bis zur Elbe bei Boizenburg verlief, bis zum heutigen Vorpommern. Heinrich von Alt Lübeck war mit Kaiser Lothar III. verbündet und wurde von ihm zum König der Abotriten gekrönt. Weil die Abotriten eine schriftlose Kultur hatten und ihr Reich seit Ende der 1130er Jahre von den Deutschen erobert wurde, ist erst aufgrund der Ergebnisse der Archäologie in den letzten Jahrzehnten erkannt worden, dass es ein reiches Land war. Zu Beginn des 12. Jahrhunderts hatte es bereits eine Münzgeldwirtschaft entwickelt. Zeitweise expandierten die Abotriten bis in den östlichen Ostseeraum. Dort scheinen sie sich an der Düna, in der Gegend des späteren Riga, niedergelassen zu haben (Nils Blomkvist).

Das Abotritenreich war Teil einer blühenden Wirtschaftslandschaft, die Dänemark (wozu damals auch Südschweden gehörte) und die südliche Ostseeküste einschließlich des Gebiets der Pommoranen im späteren Pommern umschloss. Produkte von dort und Handelswaren aus dem östlichen Ostseeraum wurden an die deutschen, englischen, vermutlich auch die flämischen und an andere Kaufleute verkauft. Diese Kaufleute kamen nach Schleswig und nach Alt Lübeck, auch nach Wollin oder Stettin an der Odermündung, tauschten dort ihre mitgebrachten Waren gegen die Handelsgüter des Ostseeraums und die Transitgüter aus dem Fernen Osten.

Der sagenhafte Reichtum dieser Städte spiegelt sich bis heute in den Sagen vom Untergang Vinetas. So reich soll diese Stadt gewesen sein, dass ihre Stadttore aus Erz, die Glocken aber aus Silber hergestellt waren. Die Kinder spielten auf der Straße mit echtem Silbergeld, und ihre Eltern wischten ihnen den Hintern mit Semmeln. Es gibt verschiedene Versionen der Sage. Ob aber ein Streit zwischen den Bewohnern oder eine Sturmflut zum Un-

Die landseitige Stadtmauer von Visby vom Stadtinnern her gesehen. Die Halbschalentürme sind nach hinten offen, damit sich die Angreifer nicht in ihnen verschanzen können.

tergang führte und ob Vineta bei Wollin in Pommern oder vor der Insel Usedom lag, das Ende ist immer das Gleiche: Die Gotländer kamen und nahmen mit, was sie von den Reichtümern der Stadt an sich reißen konnten. Die Stadttore aus Erz brachten sie nach Visby, der größten Stadt auf Gotland. Dorthin verlagerte sich auch der Handel nach dem Untergang Vinetas.

Hier hat sich in der Volkssage ganz offensichtlich die Erinnerung an die Vorgänge im 12. Jahrhundert erhalten, die Gotland die Schlüsselposition im Ostseehandel verschafft und zum Niedergang der slawischen Städte an der Südküste der Ostsee geführt hatten. Zu diesen Städten hatte auch das slawische Alt Lübeck gehört. Die gotländischen Kaufleute, die dort anlandeten, versuchte Lothar III. durch sein Halberstädter Privileg an sein sächsisches Herzogtum zu binden. Alt Lübeck lag in seiner Machtsphäre. Im selben Jahr, in dem er die gotländischen Kaufleute privilegierte, hatte er die Burg Segeberg errichten lassen, um von dort aus das slawische Gebiet zu kontrollieren. Angesichts der Unruhen, die dort nach dem Tod (der Ermordung?) Heinrichs von Alt Lübeck und der Ermordung seiner Söhne und Enkel sowie seines Nachfolgers, des Dänen Knut Lavard, herrschten, musste er die gotländischen Kaufleute unter seinen Schutz stellen, um sie nicht an Schleswig zu verlieren. Schleswig war damals der zentrale Umschlagplatz zwischen dem Ostseeraum und Mittel- und Westeuropa. Rechtssicherung als institutionelle Maßnahme zur Förderung der Wirtschaft gab es also bereits im 12. Jahrhundert.

Heinrich der Löwe setzte die neue «Ostpolitik» seines Großvaters erfolgreich fort. Auch und gerade in Bezug auf die Gotländer, deren Delegation gerade der Verlesung der Friedensur-

Lübeck von Nordosten, gerahmt von der Trave im Westen und dem Elbe-Lübeck-Kanal im Osten, der hier im Flussbett der Wakenitz verläuft

kunde zuhört. Die älteren Teilnehmer der Delegation mögen als junge Kaufleute bei der Privilegierung in Halberstadt rund 30 Jahren zuvor dabei gewesen sein. Sie hatten anschließend erleben müssen, dass Alt Lübeck ein Jahr nach Lothars Tod (1137) im Verlauf innerslawischer Wirren zerstört worden war. Ohne den Schutz der Herrenburg zogen sich zumindest die niederdeutschen Fernhändler aus der Kaufleutesiedlung bei Alt Lübeck zurück und begaben sich weiter ins Landesinnere auf eine Halbinsel zwischen den Flüssen Trave und Wakenitz. Dort liegt Lübeck noch heute.

Unter den Feldzügen der Holsten und (Nieder-)Sachsen seit 1138 brach der westliche Teil des Abotritenreichs zusammen. Die Landschaft Wagrien, die etwa dem heutigen Kreis Ostholstein entsprach, und das Gebiet der Polaben bis Lauenburg an der Elbe wurden Teil des (Heiligen) Römischen Reiches. Das war der Beginn der Ostsiedlung nordöstlich der Elbe. Gewalttätige, blutige Eroberung und das Herbeirufen von Siedlern aus Deutschland und den Niederlanden durch slawische Fürsten zur friedlichen Besiedlung gingen zum Teil Hand in Hand.

In welchem Umfang der Handel der Gotländer während der mörderischen Kämpfe in Wagrien weiterlief, ist nicht bekannt. Dass er nicht abbrach, dürfen wir daraus schließen, dass die neue Siedlung auf der Halbinsel zwischen Trave und Wakenitz vom neuen Herrn des eroberten Landes, Graf Adolf II. von Schauenburg (das ist der, der Latein und Slawisch sprechen konnte), im Jahr 1143 das Stadtrecht erhielt. Er nannte sie *Lubeke*, «weil sie von dem alten Hafen und Hauptort, den einst Fürst Heinrich angelegt hatte, nicht weit entfernt war». Dies berichtet um 1170 Helmold, Pfarrer in Bosau, in seiner Slawenchronik. Die neue Stadt entwickelte sich so gut, dass sie den Neid Heinrichs des Löwen hervorrief. Denn bislang war Bardowick der nordöstliche Grenzhandelsort des Reiches zu den Slawen gewesen. Bardowicks Stadtherr war Heinrich. Er profitierte durch Zolleinnahmen, Marktgebühren und anderen Einnahmen von den Handelsgeschäften, die dort abgeschlossen wurden, und von den Wagenzügen, die dort die Grenze passierten. Seitdem mit Lübeck aber eine Hafenstadt mit deutschem Recht zum ersten Mal direkt an der Ostsee lag, lief der Großteil des Handels mit den Slawen und vor allem auch der hohe Gewinne abwerfende Ostsee-Fernhandel über Lübeck. Die Kaufleute zogen an Bardowick vorbei, viele, die dort wohnten, verließen den Ort und zogen nach Lübeck. Die Einkünfte des Herzogs verminderten sich. Zunächst versuchte er, den Grafen Adolf (der sein Lehnsmann war) zu überreden, ihm die Hälfte der Einkünfte der neuen Stadt zu überlassen. Der aber sah keinen Grund, das zu tun, sodass der Herzog den Fernhandel in der neuen Stadt verbot und die Kaufleute anwies, nach Bardowick zurückzuziehen.

Damit war der neuen Stadt die wirtschaftliche Existenzgrundlage entzogen. Sie war mehr als andere Städte auf den Fernhandel angewiesen, da das Umland wegen der Eroberungskriege der Sachsen und Holsten noch menschenleer war und erst langsam besiedelt wurde. Schließlich gelang es Heinrich den Grafen Adolf zu überreden, ihm die Halbinsel mit der inzwischen niedergebrannten Stadt zu übergeben: *multa spondens*, heißt es bei Helmold, indem er ihm viel versprach. Vermutlich viel Geld, das aber nicht Heinrich selbst, sondern die Kaufleute aufgebracht haben dürften, die an der Rückkehr interessiert waren.

Heinrich hatte Großes vor mit der Stadt an der Trave. Sie sollte Zentrum seiner Landesherrschaft nordöstlich der Elbe werden. Dort hatte er weit bessere Möglichkeiten, seine Macht auszubauen, als im linkselbischen Gebiet, wo die Adelsfamilien ihre angestammten Rechte hartnäckig verteidigten. Zusätzlich verfügte er in Lübeck über Einnahmen aus dem Fernhandel, die den Wert der agrarischen Abgaben, die er ansonsten aus dem Land erhielt, bei weitem überschritten haben dürften. Dies alles auszubauen, war sein Ziel. Deswegen, berichtet Helmold, schickte er «Boten in Hauptorte und Reiche des Nordens, nach Dänemark, Schweden, Norwegen und Russland, und bot ihnen Frieden und Zugang zu freiem Handel in seine Stadt Lübeck». Das bedeutete unter anderem Zollfreiheit für Dänen, Russen, Normannen, Schweden, Ölander, Gotländer, Liven und alle Völker des Ostens.

Sinn und Zweck der Botschaft waren klar: Das seit langem bekannte, früher slawische Handelszentrum steht nun unter der Herrschaft des mächtigsten deutschen Fürsten. Er kann in seiner vizeköniglichen Stellung in dem seit mehr als einem Jahrzehnt durch Kriegszüge erschütterten Gebiet die Sicherheit der Kaufleute gewähren.

Und dann diese Exzesse. Anstatt friedlich Handel zu treiben, schlagen Niederdeutsche und Gotländer sich gegenseitig tot.

Was mögen die Gründe gewesen sein? Drei Szenarien, die sich auch verschränkt haben können, sind möglich. Alle haben – selbstverständlich – mit Konkurrenz zu tun. Das erste Szenario: Der Aufruf des Herzogs, dessen Macht auch weit im Norden Europas bekannt war, veranlasste weit mehr gotländische Kaufleute, über Lübeck ins Herzogtum Sachsen zu fahren als früher. Dementsprechend größer war ihre Konkurrenz für die niederdeutschen Kaufleute in den Städten und auf den Märkten des Herzogtums. Es kam vermehrt zu Streitigkeiten und schließlich zu Mord und Totschlag.

Szenario zwei: Lübeck war die erste Stadt an der Ostseeküste, in der deutsches Recht galt. Die niederdeutschen und die gotländischen Kaufleute trafen hier nicht mehr als Fremde aufeinander, wie im dänischen Schleswig oder im slawischen Alt Lübeck. Dementsprechend war für die niederdeutschen Kaufleute keine aus dem fremden Recht heraus gebotene Zurückhaltung mehr nötig. Sie werden die Gotländer verstärkt unter Druck gesetzt haben, sie auf ihren Schiffen nach Gotland mitzunehmen und, wenn diese sich widersetzten, auch mal mit dem Schwert nachgeholfen haben. In den ersten Jahren oder Jahrzehnten waren die niederdeutschen Kaufleute auf den Schiffsraum der seefahrenden Ostsee-Fernhändler angewiesen. Sie selbst stammten ja aus dem Binnenland, vor allem aus dem Raum zwischen Niederrhein und Elbe. Sie besaßen folglich keine Schiffe. Wollten sie nach Gotland oder anderswohin im Ostseeraum, mussten sie eine «Mitfahrgelegenheit» finden. Außerdem muss die Zahl der in Lübeck ankommenden Kaufleute sehr groß gewesen sein. Bis zu den Kriegen in den späten 1130er Jahren konnten die Binnenkaufleute in Schleswig, in Alt Lübeck und an anderen Handelsplätzen an der Südküste der Ostsee mit den seefahrenden Ostseekaufleuten Handel treiben. Nun ballten sich wegen der Kriegszüge in den Slawenländern wohl fast alle Binnenkaufleute in Lübeck.

Szenario drei beruht auf der Zollfreiheit, die der Herzog den Kaufleuten des Ostseeraums zukommen ließ. Je mehr von diesen nach Lübeck kamen, desto heftiger die Wut derjenigen niederdeutschen Kaufleute, die Zoll zahlen mussten. Das waren vermutlich alle außer den Lübecker Bürgern. Außerdem, das ist auch für das Szenario eins zu berücksichtigen, verschaffte die Zollfreiheit der gotländischen Konkurrenz erhebliche Wettbewerbsvorteile.

Welches Szenario auch abgelaufen sein mag, der Zorn des Herzogs muss furchtbar gewesen sein. Die Verbrechen gefährdeten die wirtschaftliche Grundlage seines neuen, zum größten Teil noch zu erobernden Herrschaftsgebiets. Und mehr noch: Sie gefährdeten sein Ansehen als mächtiger Fürst, der fremden Kaufleuten Schutz gewähren kann. Deswegen lässt er – vermutlich zeitgleich mit dem Artlenburger Friedensvertrag – einen Befehl an einen gewissen Ulrich (*Odalricus*) schreiben. Er lässt an Deutlichkeit nichts zu wünschen übrig:

«Ulrich, wenn du weiterhin in meiner Gnade bleiben willst, befehle ich dir, die Rechte mit aller Sorgfalt aufrechtzuerhalten, die ich zum einen den Gotländern in meinem gesamten Herrschaftsbereich gewährt habe und die zum anderen den Deutschen gelten, die zu leiten ich dich eingesetzt habe. Insbesondere dass alle, die zum Tode oder zu einer Verstümmelungsstrafe der Hände verurteilt wurden, diese Strafen auch erleiden. Die anderen Verbrechen sollen nach den Gesetzen abgeurteilt werden, die oben genannt sind» (nämlich im Text des Friedensvertrages).

Offensichtlich hat es Ulrich bislang an der notwendigen Konsequenz bei der Verfolgung der Täter fehlen lassen. Nun wird ihm unter Androhung des Verlustes der herzoglichen Gnade befohlen, dafür zu sorgen, dass überführte Täter auch bestraft werden. Vermutlich war die persönliche Nähe Ulrichs zu den Kaufleuten zu groß. Man kannte sich, war vielleicht sogar miteinander verwandt. Und schließlich wollte man ja nur die gotländischen Konkurrenten in die Schranken weisen. Da saß das Schwert eben bisweilen etwas locker.

Wer aber war nun eigentlich dieser Ulrich? Darüber haben sich bereits Generationen von Historikern den Kopf zerbrochen, manche sich fast bis aufs Blut befehdet. Wir müssen wohl zugeben, dass es nicht mehr genau festzustellen ist. Es gibt zu wenig Nachrichten über ihn, auch wenn er, abgesehen von diesem Befehl Heinrichs des Löwen, bis 1174 als Zeuge ministerialischen Stands in Urkunden der Erzbischöfe von Bremen genannt ist. Am plausibelsten scheint mir zu sein, dass er der von Heinrich eingesetzte «Hansegraf» über die Kaufleute seines Herzogtums war. Er hätte dann die Aufgabe gehabt, die Kaufleute im Namen des Herzogs zu schützen (als *advocatus*), ihrem genossenschaftlichen Gericht vorzusitzen, vor dem die internen Belange der Kaufleute verhandelt wurden (als *iudex*), und die Gebühren einzunehmen und an den Herzog abzuführen, die die Kaufleute dem Herzog schuldeten. Er wäre laut dem Befehl Heinrichs außerdem verpflichtet gewesen, die wegen Mordes oder Totschlags gemäß dem besonderen Marktfrieden verurteilten Kaufleute ihrer Strafe zuzuführen. Sicher können wir aber sein, dass er nicht der Ältermann (gewählter oder eingesetzter Vorsteher, «Ältester», einer Personengruppe) deutscher Kaufleute *auf* Gotland war, wie deutsche Hansehistoriker bis in die 1990er Jahre hinein meinten. Der Wortlaut des Friedensvertrages und der Befehl an Ulrich sprechen eine eindeutige Sprache.

Inzwischen hat Hartwig die in der Urkunde verbrieften Rechte fast fertig vorgelesen: dass die Gotländer im gesamten Machtbereich des Herzogs sicher sind, dass sie in allen seinen Städten vom Zoll befreit sind, dass auf Totschlag oder Verletzung durch scharfe Waffen in den Städten unter Sonderfrieden die Todesstrafe oder das Abhacken der Hand droht, wenn es aber außerhalb eines Sonderfriedens geschieht, ein Manngeld in Höhe von 40 Mark gezahlt werden muss (eine hohe Summe, für die man damals sicherlich ein seegängiges Schiff erhalten konnte). Es folgte die fortschrittliche Regelung, dass beim Tod eines Gotländers im Herzogtum Sachsen seine Güter über einen Zeitraum von einem Jahr und einem Tag für seine Erben aufbewahrt werden mussten.

Aber der für die zukünftige Entwicklung des niederdeutschen Ostseehandels wichtigste Passus folgt noch. Zunächst verkündet Hartwig, dass die Gotländer die gleiche Gunst und die gleichen Rechte (*graciam et iustitiam*) wie die Kaufleute des Herzogs genießen sollen, und fährt dann fort: «und wir haben festgesetzt, dass dies für immer fest und unumstößlich gelten soll, vorausgesetzt die Gotländer gewähren unseren Leuten in dankbarer Wechselseitigkeit dasselbe».

Die Zukunftswirkung dieser Urkunde lag in der Gewährung der Gegenseitigkeit. Alle Rechte, die die Gotländer im Herzogtum Sachsen hatten, sollten die deutschen Kaufleute auf Gotland ebenfalls genießen. Das Erstaunliche daran ist, dass dieser Frieden auf der Basis der Gegenseitigkeit von Beginn an funktioniert. Zwischen Deutschen und Gotländern sind keine Auseinandersetzungen mehr überliefert. Im Gegenteil, die deutschen Kaufleute erschließen seit diesem Vertrag in den Fußspuren beziehungsweise im Kielwasser der Gotländer den Ostseeraum. Zwar werden auch von Schleswig oder von Alt Lübeck und vom Lübeck Adolfs II. aus einzelne niederdeutsche Kaufleute schon bis Gotland oder darüber hinaus gekommen sein. In großer Zahl sind sie aber erst nach dem Artlenburger Friedensvertrag im Ostseeraum nachzuweisen. Er bildet die Basis für eine rund 300 Jahre dauernde Handelsgemeinschaft niederdeutscher Kaufleute zunächst mit allen Bewohnern Gotlands, später mit den gotländischen Bürgern der Stadt Visby. Das ist im Hinblick auf die Mitgliedschaft im Verband niederdeutscher Kaufleute der einzige «internationale» Zug der frühhansischen Geschichte.

Es ging zügig voran. Einen ersten indirekten Hinweis gibt es aus dem Jahr 1177. Damals ermutigte König Waldemar I. von Dänemark die Mitglieder der neugegründeten St. Knuts-Gilde, mit dem Bau ihres Hauses auf Gotland fortzufahren trotz der Schwierigkeiten, die ihnen ihre Konkurrenten machten. Bei diesen dürfte es sich um die deutschen Kaufleute gehandelt haben. Um 1180 schloss Heinrich der Löwe Handelsverträge mit dem König von Schweden und dem Fürsten von Nowgorod (allerdings streiten Historiker bis heute, ob es den Vertrag mit Nowgorod tatsächlich gab). Seit 1180 lassen sich Deutsche in Visby nieder, bilden dort im frühen 13. Jahrhundert eine selbständige deutsche Stadtgemeinde neben der gotländischen (beide werden sich 1288 zu einer Gemeinde zusammenschließen). Auf Gotland treffen die deutschen Kaufleute auf ihre «Kollegen» aus Schweden, aus dem (später so genannten) Baltikum, aus Russland und aus den slawischen Ländern. Von Visby aus folgen sie wiederum den Gotländern nach Nowgorod. Spätestens durch einen Boykott des Handels mit Nowgorod Ende der 1180er Jahre erzwingen sie einen Handelsvertrag und erhalten eine Handelsniederlassung in der Stadt am Wolchow: den Peterhof, das erste der später so genannten hansischen Kontore.

Nicht nur über Lübeck kommen deutsche Kaufleute nach Gotland. Vermutlich muss ihnen auch der dänische König als Stadtherr von Schleswig angesichts der Konkurrenz durch Lübeck die Weiterfahrt auf die Ostsee erlauben. Schleswig hatte seit der zweiten Hälfte des 11. Jahrhunderts Haithabu als zentraler Umschlagplatz des Handels zwischen Ost- und Nordseeraum abgelöst. Die seefahrenden Kaufleute vom Niederrhein, wie die Mitglieder der wohl aufs 12. Jahrhundert zurückgehenden *fraternitas Danica*, der Bruderschaft der nach Dänemark handelnden Kölner Kaufleute, und die Kaufleute von der niederländischen und friesischen Nordseeküste, fahren per Schiff an der Küste entlang bis zur Eidermündung, die Eider hoch und auf der Treene bis Hollingstedt. Dort müssen die Waren auf Transportwagen oder Saumtiere verladen und auf dem nur 16 Kilometer langen Landweg nach Schleswig gebracht werden. Das Schleppen der Schiffe über diese Distanz ist übrigens ins Reich der Sage zu verweisen. Die Schiffe wären auseinandergebrochen. Für die Gruppe der seefahrenden Kaufleute aus dem Westen wäre der Weg über die neue Stadt Lübeck viel länger und umständlicher. Sie müssten die Elbe hoch bis Hamburg segeln und anschließend den mit rund 60 Kilometern wesentlich längeren Landweg nach Lübeck zurücklegen. Es wird noch rund ein Jahrhundert dauern, bis Schleswig seine Funktion als Umschlagplatz verlieren und der Transithandel zwischen Ost- und Nordsee fast ausschließlich über Lübeck laufen wird.

Als sich um 1180 die ersten frühhansischen Kaufleute in Visby auf Gotland niederlassen, wird im Heiligen Römischen Reich Heinrich gestürzt. Er verliert seine beiden Herzogtümer, muss ins Exil, und die niederdeutschen Kaufleute haben keinen mächtigen Schutzherrn mehr. Sie sind weitgehend auf sich selbst gestellt. Ob der Verlust des Schutzes des großen Herrn die Initialzündung für

Rekonstruktion der Hafenstadt Schleswig im 12. Jahrhundert. Schleswig war als Nachfolgerin Haithabus der zentrale Umschlagplatz im Handel zwischen Ost- und Nordsee.

den Zusammenschluss der niederdeutschen Kaufleute in Nowgorod war, wissen wir nicht. Plausibel ist es in jedem Fall.

Die Bedeutung Gotlands beruhte auf seiner geografischen Lage und darauf, dass die Gotländer ihre Insel in der ersten Hälfte des 12. Jahrhunderts dem «internationalen» Handelsverkehr geöffnet hatten (Nils Blomkvist). Zwar waren bereits die gotländischen Wikinger über Düna und Dnjepr bis nach Konstantinopel und ins Kalifat von Bagdad gelangt. Vor allem durch Sklavenhandel hatten sie große Reichtümer erworben. Gotland ist heute die Region mit der größten Anzahl an Schatzfunden in ganz Nordeuropa. Dirhems, das sind arabische Silbermünzen, sowie Silber- und Goldschmuck bestimmen bis zum Ende des 10. Jahrhunderts das Bild. Ihre Insel aber scheinen die Gotländer Fremden damals verschlossen zu haben. Erst seit dem 12. Jahr

hundert laufen die Schiffe russischer, slawischer, baltischer und dänischer Kaufleute, seit spätestens 1161 auch deutscher Kaufleute, Gotland an. Wegen ihrer Lage war die Insel der natürliche Sammel- und Umschlagplatz in der Zeit der Küstenschifffahrt. Mit den rahbesegelten Schiffen konnte man bis ins 14. Jahrhundert hinein nicht gegen den Wind kreuzen. Es war folglich unmöglich, sich bei auflandigen Winden von der Küste freizusegeln. Deswegen hielt man sich möglichst nahe an der Küste, um bei widrigen Windverhältnissen schnell an einem geschützten Platz vor Anker gehen oder das Schiff an Land ziehen zu können. Außerdem erlaubten die navigatorischen Mittel noch keine langen Fahrten ohne Landsicht. Der Kompass kam im Ostseegebiet erst um 1400 in Gebrauch. Die Schiffe fuhren also von Schleswig oder von Lübeck aus unter Landsicht bis Bornholm, dann die Küste entlang bis Öland und weiter bis Gotland. In sternenklaren Nächten, wenn sie sich am Nordstern orientieren konnten, segelten die Schiffer dann in Richtung Ösel oder Kurland und hatten bei Sonnenaufgang wieder Landsicht. In Gegenrichtung verfuhr man ebenso. Man ersparte sich dadurch die lange Fahrt auf der «Route der Könige», die von Öland die schwedische Ostküste entlang zu den Åland-Inseln und von dort an die finnische Südküste führte. Die Navigation mit Hilfe des Nordsterns («Polarsternverfahren») war für die Seefahrt der Ostseestädte von so grundlegender Bedeutung, dass manche den Nordstern auf ihren Stadtsiegeln darstellten. Als die Navigation mit Kompass das Polarsternverfahren ersetzte, verschwand auch der Nordstern aus den Siegelbildern. Das Danziger Siegel von ungefähr 1400 ist das letzte Beispiel mit Polarstern (siehe Abbildung auf S. 174).

Die Direktfahrt über die offene See, die mit Hilfe des Kompasses seit Ende des 14. Jahrhunderts möglich wurde, war auch das Ende der wirtschaftlichen Bedeutung Visbys. Die Stadt und die Insel hatten ihre Funktion im Ostseehandel verloren. 1476 wurde Visby zum letzten Mal zu einem Hansetag eingeladen, schickte aber keine Delegation.

Die Hanse entstand aber nicht (nur) im Osten. Der zweite, zeitlich sogar frühere Brennpunkt ihrer Entstehung lag im Westen. Dort kam den Kaufleuten der Stadt Köln eine ähnliche Rolle zu wie den Lübeckern im Osten, sodass man den hansischen Raum auch als eine Ellipse mit den beiden Brennpunkten Lübeck und Köln definieren kann. Köln steht dabei stellvertretend für den niederrheinischen Wirtschaftsraum, mit dem die heute niederländischen IJssel- und Zuiderseestädte eng verflochten waren. Zwischen diesem Raum und dem östlichen Sachsen mit seiner Verbindung zum Ostseeraum lag als Drehscheibe und Brücke Westfalen. Die Kaufleute dieser Region hatten Handelsverbindungen nach Westen und Osten. Wir treffen sie in Lübeck, auf Gotland und anschließend im Baltikum genauso wie in England und den Niederlanden. Sie spielen im Handel nach Ost und West bis zum 15. Jahrhundert eine herausragende Rolle.

Köln ist im Mittelalter die größte und reichste Stadt Deutschlands, eine Kaufmanns-, Messe- und Exportgewerbestadt. Ihre Kaufleute haben Verbindungen über Regensburg zum Donauhandel, über Augsburg nach Venedig. Sie handeln im Westen mit Frankreich und Flandern, nach Osten mit den westfälischen Städten und bis Magdeburg an der Elbe. Die engsten Wirtschaftsbeziehungen bestehen den Rhein hinab nach England. Sie beruhen auf Gegenseitigkeit, denn viele englische Kaufleute leben in Köln, und englische Münzen gelten in der Rheinmetropole und in Westfalen als Zahlungsmittel. Köln beherbergt außerdem zahlreiche Exportgewerbe, die Tuche, Metallwaren, besonders Waffen, Pelz- und Lederwaren herstellen.

Köln ist außerdem Sitz eines Erzbischofs, eines der mächtigsten Fürsten des Reiches (im 14. Jahrhundert wird er einer der sieben Kurfürsten werden, die den deutschen König wählen). In der Stadt stehen viele Kirchen und Klöster, wodurch eine große Nachfrage nach standesgemäßen Waren besteht. Ministeriale des Erzbischofs spielen in der Verwaltung, auch in der Wirtschaftsverwaltung, eine bedeutende Rolle und haben enge Kontakte und gemeinsame Interessen mit den reichen Kaufleuten der Stadt. Zusammen bilden sie im 12. Jahrhundert die Führungselite der Stadt. Sie greifen über ihren erzbischöflichen Stadtherrn mit ihrem Geld sogar in die Reichspolitik ein. 1198 finanzieren sie die Wahl des Welfen Otto IV., des dritten Sohnes Heinrichs des Löwen, zum deutschen König. Noch am Krönungstag erhielt die Stadt Köln ein Privileg von ihm.

Das Danziger Stadtsiegel zeigt eine Kogge mit Vorder- und Achterkastell sowie oben links den Nordstern (zweite Hälfte 13. Jahrhundert).

Die engen Wirtschaftskontakte zu England werden bei diesem Vorgang eine wichtige Rolle gespielt haben. Denn die Welfen hatten gute Beziehungen zum englischen Königshaus. Heinrich der Löwe war nach seinem Sturz 1181 zu seinem Schwiegervater, König Heinrich II. von England, ins Exil gegangen. Der junge Otto wuchs an dessen Hof auf.

Die Kölner unterstützten dadurch die englisch-welfische Allianz gegen die Partei der Staufer. Denn 20 Jahre zuvor hatten die Kölner eine Art Wirtschaftskrieg gegen Kaiser Friedrich I. Barbarossa führen müssen. Der förderte den Eigenhandel der flämischen Kaufleute, die ohnehin eine führende Rolle im Nordwesten Europas spielten. Flandern hatte sich seit dem 11. Jahrhundert zu einer reichen Produktions- und Handelsregion entwickelt.

Nun benötigten die Kölner einen mächtigen Verbündeten. Sie fanden ihn im englischen König. Vermutlich überzeugten sie ihn, dass die starke Stellung der flämischen Kaufleute im Handel mit englischer Wolle durch die zusätzliche Übernahme des Handels mit Rheinwein noch gestärkt würde. Dann hätten die Flamen den nordwesteuropäischen Handel vollkommen beherrscht, indem sie Wein vom Rhein nach England, von dort Wolle nach Flandern und von Flandern Tuche an den Rhein gebracht hätten. Das Kölner Vorgehen war erfolgreich. König Heinrich II. von England nahm die Kaufleute der Rheinmetropole 1175/76 unter seinen Schutz und verlieh ihnen die *guildhall*, die Gildehalle in London (aus der sich später der Stalhof – das Hansekontor – entwickeln sollte). Sein Sohn, Richard I. Löwenherz, gewährte ihnen im Jahr 1194 so weitreichende Privilegien, wie sie keine andere deutsche Stadt im 12. Jahrhundert irgendwo im Ausland erhielt. Richard Löwenherz war 1192 auf der Rückreise vom Kreuzzug gefangen genommen, an Kaiser Heinrich VI. überstellt und schließlich im Februar 1194 gegen ein immenses Lösegeld freigelassen worden. Nach seiner Freilassung hielt er

Evangeliar Heinrichs des Löwen, ca. 1185/88. Im Vordergrund Heinrich der Löwe und seine Gattin Mathilde. Hinter Mathilde ihr Vater, König Heinrich II. von England

Ansicht von London im 15. Jahrhundert. Die Szenen im Tower (rechts) zeigen Herzog Karl von Orléans, der 25 Jahre in England gefangen gehalten wurde. Im Vordergrund Traitor's Gate

sich drei Tage in Köln auf und stellte den Kölnern vor seiner Einschiffung nach England das Privileg aus. Wir können also sicher sein: Kölner Kapital war an der Auslösung des Königs beteiligt. Dieses Kapital kam von der Kölner Führungsgruppe, zu deren Spitzenvertretern Gerhard Unmaze gehörte. Er legte mit den Grundstein für die jahrhundertelange handelspolitische Ausnahmestellung Kölns im Englandhandel und wurde in der Erzählung «Der guote Gerhard» von Rudolf von Ems literarisch verewigt – als einziger Ministeriale und Kaufmann der deutschen Geschichte.

Die Kölner Privilegien wiederum waren der Kern, an den sich im 13. Jahrhundert die Privilegien der Ostseestädte anschlossen, aus denen sich die Gemeinschaft der niederdeutschen Kaufleute, die *hansa Alemanie*, entwickeln sollte, die in London im Jahr 1282 erstmals so genannt wird.

Außer dem gezielten Einsatz von Kapital, um handelspolitische Vorteile zu erhalten, wird noch ein Zweites deutlich. Während die Geschichte des deutschen Lübeck in der Mitte des 12. Jahrhunderts erst begann, blickte Köln damals bereits auf mehr als tausend Jahre eigener Geschichte zurück. Die Handelsinteressen dieser Stadt waren wesentlich älter als später die Interessen der Hanse. Gleiches gilt für alle Städte und Regionen westlich der Elbe. Diese lokalen und regionalen Interessen werden sich oft als stärker erweisen als gesamthansische Interessen – aber das lag nicht am ehrwürdigen Alter, sondern am Eigeninteresse, das auch Lübeck und die im 13. Jahrhundert gegründeten Städte an der südlichen Ostseeküste aufs feinste pflegten. Die Hanse ist im Ausland entstanden, und vor allem dort funktionierte sie auch. Das Verhältnis der Kaufleute und Städte im Reichsgebiet zueinander ist ein eigenes Thema, das die Historiker noch lange beschäftigen wird.

Gute Beziehungen zu den Königen und Fürsten waren das A und O für den Handel der frühhansischen und später der hansischen Kaufleute. Denn was sie an Rechten, an Privilegien erhielten, musste ihnen von dem Herrscher jedes einzelnen Ziel- oder Durchgangslandes verbrieft werden. Die Nähe zu den gekrönten Häuptern war lebenswichtig für die hansischen Kaufleute, vor allem für ihre Führungsgruppe. Als sie die Unterstützung der gekrönten Häupter nicht mehr hatten, konnten sie ihr spezifisches Handels- und Politiksystem nicht mehr halten. Das war nicht der einzige, aber ein wesentlicher Grund für das Ende der Hanse.

In der Frühphase der hansischen Geschichte war vor allem der Schutz der Fürsten für die Kaufleute unabdingbar. Nur unter dieser Voraussetzung war es möglich, in einem fremden Land einigermaßen sicher Handel zu treiben. Dazu benötigten sie nicht nur den Schutz der Herrscher der jeweiligen Länder, sondern auch die Vermittlung ihrer eigenen Herren. Je angesehener der Fürst war, als dessen Kaufleute sie galten, desto größer war ihre

Chance, im Ausland entsprechenden Schutz zu erhalten. Der Königsschutz für Kaufleute im Ausland lässt sich von der Karolingerzeit bis zu dem deutschen König Richard von Cornwall (römisch-deutscher König 1257–1272) nachweisen. Im Ostseeraum dürfte er, wie wir gesehen haben, von Heinrich dem Löwen aufgrund seiner vizeköniglichen Stellung ausgeübt oder in Anspruch genommen worden sein.

Fürsten und Adel waren aber nicht nur als Schutzherren und Privilegiengeber ebenso notwendig wie erwünscht. Sie waren auch die Hauptabnehmer für die Luxuswaren der Kaufleute. Die höfische Literatur bietet eine kaum überschaubare Fülle an Informationen über die Kleidung der adligen Gesellschaft, aus der sich auch Hinweise auf die Produktionsorte der jeweiligen Tuche oder die Herkunftsorte der Pelze und anderer Kleidungsattribute entnehmen lassen. Stoffe aus Frankreich und Flandern, Seidenstoffe aus dem Orient, Brokate aus dem byzantinischen Reich. Den Stellenwert dieser Stoffe für das adlige Selbstverständnis erfahren wir aber auch aus der Chronik des Abtes Arnold von Lübeck, der gewissermaßen die Fortsetzung von Helmolds Slawenchronik schrieb: Als Heinrich der Löwe im Jahr 1172 auf seiner Pilgerreise nach Jerusalem in Konstantinopel Station machte, schenkte ihm die Kaiserin «sehr viele Brokate, sodass er alle seine Ritter in Seidenbrokat kleiden konnte». Auf der Rückreise erhielt er von dem türkischen Sultan unter anderem «einen Mantel und einen Rock aus bester Seide». Die wertvollsten Wollstoffe dagegen kamen aus Flandern, aus Gent, Ypern und Arras. Tuche aus diesen Städten, die seit der Mitte des 13. Jahrhunderts das bevorzugte Ziel niederdeutscher Kaufleute werden sollten, werden von den deutschen Dichtern am häufigsten genannt.

Der Stoffverbrauch des Adels wächst ständig. Am Ende des Jahrhunderts ist das Metall der Ritterrüstungen (auch diese bezieht der Adel von den Kaufleuten) fast vollständig hinter bunten Stoffen und anderem Zierrat verschwunden. Die Schmuckdecken der Pferde hängen oft bis auf die Erde hinunter, was der militärischen Schlagkraft nicht unbedingt förderlich ist, den Umsatz der Kaufleute, die diese Tuche importieren, aber steigert.

Die Seidenstoffe des Fernen Ostens und die Brokate des Orients beziehen die niederdeutschen Kaufleute über Nowgorod, ebenso wie Weihrauch für die Kirchen. Wachs und Pelze erhalten sie aus dem gesamten nordöstlichen Europa, und im Gegenzug bringen sie Tuche aus Flandern, Schwerter und andere Metallwaren aus Westfalen und dem Niederrheingebiet.

Aber der Luxushandel ist nur die eine Seite der kaufmännischen Tätigkeit. Die andere dürfte, was Volumen und Wert anging, den Luxushandel möglicherweise übertroffen haben: Die Versorgung der verschiedenen städtischen Wirtschaftszweige mit Rohstoffen sowie die Versorgung der städtischen Bevölkerung mit Lebensmitteln. Güter beider Art wurden seit dem späten 12. Jahrhundert bereits über große Entfernungen vor allem für die metallverarbeitenden Gewerbe und für die Tuchherstellung in die Zentren der gewerblichen Produktion gebracht. Die Überlieferungslage ist jedoch sehr schlecht. Das Bild muss aus vielen kleinen Detailüberlieferungen zusammengepuzzelt werden, es ist eine wahre kriminalistische Spurensuche. Beide Handelsbereiche, sowohl der Handel mit Luxus- und anderen Konsumgütern als auch der Handel mit Rohstoffen und gewerblichen Produkten bilden die beiden Stützen der Hanse.

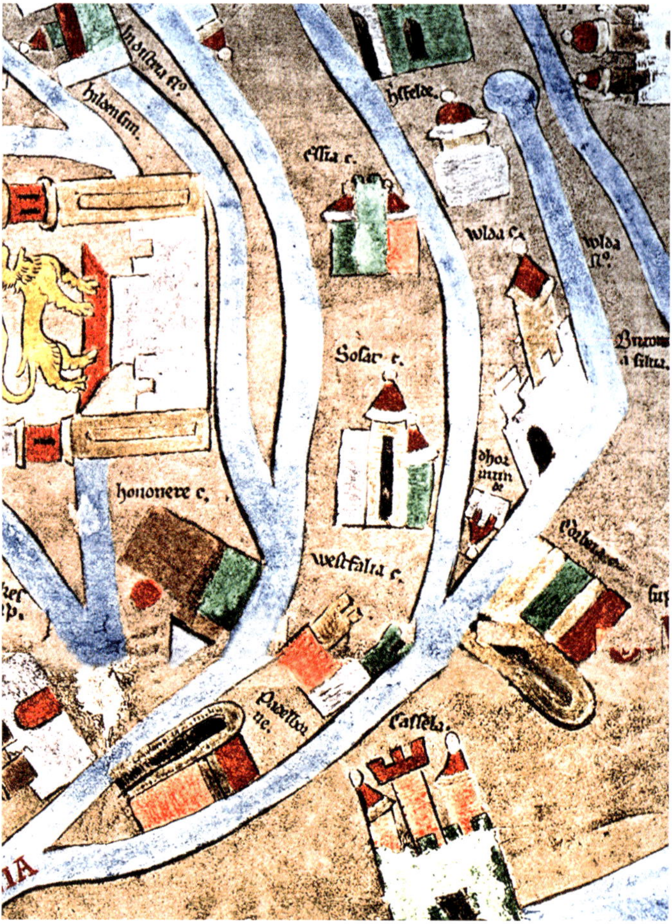

Soest, Dortmund und Westfalen auf der Ebstorfer Weltkarte, der mit rund 13 m^2 größten Weltkarte des Mittelalters. Sie wurde um 1300 im Kloster Ebstorf in der Lüneburger Heide hergestellt.

◂ Russische Kaufleute bieten einem deutschen Kaufmann vor dem Stadttor von Riga Pelze an. Ausschnitt aus dem Rigafahrer-Gestühl in der St.-Nikolai-Kirche in Stralsund (um 1360/70)

2 Gotland, Nowgorod und Riga – die frühe Hanse entsteht

Die Gefahr von Überfällen zwingt die Kaufleute im hohen Mittelalter zum Karawanenhandel beziehungsweise auf See zur Fahrt im Konvoi. Solche Fahrtgemeinschaften von Handelskaufleuten nennt man im westlichen Europa im 12. Jahrhundert *hanse*. In der Regel bilden Kaufleute aus jeweils einer Stadt eine solche Fahrtgemeinschaft. Das ist bis ans Ende des 13. Jahrhunderts oft überliefert. Im 12. Jahrhundert waren es wohl herrschaftliche Verbände, deren Ältermann zwar von den Kaufleuten selbst gewählt, aber vom Stadtherrn eingesetzt und mit den notwendigen Vollmachten versehen wurde. Von Lübeck aus fuhren die Kaufleute gemeinsam Richtung Gotland. Noch 1275 lässt der Lübecker Rat sich von seinem Stadtherrn, König Rudolf von Habsburg, bestätigen, dass die Kaufleute der Stadt auf ihren Handelsfahrten im fremden Land selbst ihre Morgensprache halten, das heißt über ihre Angelegenheiten beraten und beschließen dürfen.

Diese einzelstädtische Organisationsform ist in der damaligen Zeit der Normalzustand. So wird es in der Regel auch am Zielort gehalten. Die Kaufleute aus den großen italienischen Handelsstädten, aus Lucca, Genua, Florenz, Mailand, Venedig und anderen, bleiben aus rechtlichen Gründen (so zum Beispiel in Brügge) jeweils unter sich und entwickeln sich zu eigenen Körperschaften. Sie bilden keine Handelsgesellschaften mit Kaufleuten einer anderen italienischen Stadt, auch Heiratsverbindungen zwischen Familien dieser Städte sind im Ausland nicht überliefert.

Die niederdeutschen Kaufleute überwinden diese einzelstädtische Organisationsform und legen dadurch das Fundament der Hanse. Ereignisse in vier Regionen zeigen, wie dies vonstattenging.

Die deutschen Kaufleute segeln nicht nur nach Schweden, Gotland und Nowgorod. Sie versuchen über sämtliche Seehandelsplätze und Flussmündungen ins Innere Russlands vorzustoßen. So auch über das Mündungsgebiet der Düna (lett.: Daugava, russ.: Sapadnaja Dwina) im heutigen Lettland. Die Düna ist ein gut schiffbarer Fluss, der auf rund 1000 Kilometern Länge das russische Hinterland erschließt. An seinem Oberlauf liegt Witebsk. Von dort aus erreicht man nach einem relativ kurzen Landweg zudem die Stadt Smolensk am Dnjepr, der seit der Wikingerzeit vielbefahrenen Wasserstraße nach Kiew, zum Schwarzen Meer und schließlich nach Konstantinopel. An diese Handelsverbindungen suchen die niederdeutschen Kaufleute Anschluss.

Heinrich von Lettland berichtet in seiner zwischen 1224 und 1227 in Latein geschriebenen livländischen Chronik, dass der Missionar Meinhard aus dem Augustinerkloster in Segeberg um 1184 «mit einer Gesellschaft von Kaufleuten nach Riga [kam]». Genauer wäre: dorthin, wo siebzehn Jahre später die Stadt Riga gegründet wurde. Und er fährt fort: «Deutsche Kaufleute nämlich, mit den Liven in Freundschaft verbunden, pflegten Livland häufig zu Schiff auf dem Dünastrom zu besuchen.» Livland umfasste ungefähr die heutigen Staaten Estland und Lettland.

Aus dieser Hilfeleistung erwächst den Kaufleuten in den nächsten Jahrzehnten ein mächtiger Verbündeter: die römisch-katholische Kirche, die ihre Mission genannte Machtexpansion mit Unterstützung vor allem des deutschen und dänischen Adels nach Livland trägt. Bald wird der Krieg gegen die Heiden in Livland vom Papst mit dem Kampf gegen die Ungläubigen im Heiligen Land gleichgesetzt. Die Kreuzfahrer selbst und der Nachschub für sie schiffen in erster Linie in Lübeck in die Koggen der Kaufleute ein. So geraten Lübeck und die frühhansischen Kaufleute ins Blickfeld des Papstes. Das wird für sie in den kommenden Jahrzehnten nützlich sein.

Die Kaufleute sind an vielen Kriegszügen gegen die Liven, Esten und andere Stämme aktiv beteiligt. Die Christianisierung bringt viele Vorteile für sie. Mit der römisch-katholischen Kirche wird deren Rechtssystem in den eroberten Gebieten eingeführt. Das sind dieselben Rechtsnormen, die in «Alteuropa» gelten. Für die Kaufleute bedeutet dies mehr Sicherheit im Handel, als wenn sie sich mit Sitten und Gebräuchen völlig andersartiger Kulturen auseinandersetzen müssen.

Im Jahr 1201 verbietet Papst Innozenz III. unter Androhung des Bannes den Kaufleuten, die in Semgallen Handel treiben wollen, den dortigen Hafen anzulaufen, der an der (damaligen) Mündung der Kurländischen oder Semgaller Aa liegt. Das ist selbstverständlich nicht die Idee des Papstes. Er entspricht damit der Bitte des Bischofs Albert von Riga. Sinn und Zweck des Verbotes ist es, den Handelsverkehr nach Semgallen nicht mehr direkt, sondern nur noch über die im selben Jahr gegründete Stadt Riga laufen zu lassen. Heinrich von Lettland berichtet weiter: Dem Verbot, den Hafen anzulaufen, «haben die Kaufleute später selbst zugestimmt und auf gemeinsamen Beschluss [*communi decreto*] denselben Hafen unter Verbot gestellt, so dass, wer es weiterhin wagte, ihn zu Handelszwecken aufzusuchen, Gut und Leben verlieren sollte. Als darum später, zwei Jahre nach der Erbauung der Stadt [Riga], einige ihre Verpflichtung brechen wollten, wurden sie zuerst von allen Kaufleuten angelegentlich ersucht, nicht nach Semgallen zu gehen. Sie fuhren jedoch, des päpstlichen Befehls wie des gemeinsamen Beschlusses der Kaufleute nicht achtend, in ihrem Schiffe die Düna hinunter. Als die

Der Ostseeraum, das Ziel der niederdeutschen Kaufleute im 13. Jahrhundert

Ladogasee
nnischer
erbusen
Karelien
Åbo
Finnischer
Meerbusen
Åland-Inseln
Wierland
Harrien
Reval
Nowgorod
Estland
Peipus-See
Dagö
Ösel
Livland
Rigaer
Meerbusen
Visby
Kurland
otland
Riga
Lettgallen
Semgallen
Dwina
Ostsee
Polozk
Smolensk
Memel
Pruzzen
Weichsel
Pripjet

anderen ihren Übermut gewahrten, führten sie ihre Schiffe heran und griffen sie an. Zuletzt nahmen sie zwei Leute, den Lotsen nämlich und den Schiffsführer, gefangen und brachten sie grausam um; die anderen aber wurden zur Rückkehr gezwungen.»

Das ist der erste schriftliche Hinweis auf eine Organisation niederdeutscher Kaufleute im Ostseeraum. Es ist von einem gemeinsamen Beschluss der Kaufleute die Rede sowie davon, dass derjenige, der gegen den Beschluss verstoße, seine Güter und sein Leben verlieren solle. Der Bericht zeigt anschaulich, mit welch harten Mitteln das Einhalten einmal gefasster Beschlüsse erzwungen wird.

Heinrich von Lettland beschreibt hier das Prinzip der Einung. In einer Einung schließen sich besonders in Zeiten der Gefahr Individuen auf freiwilliger Basis zu gegenseitiger Hilfe zusammen und vereinbaren ihr Vorgehen sowie die Strafen für diejenigen, die den im Konsens gefassten Beschlüssen zuwiderhandeln. Dieses Vorgehen heißt Willkür, das bedeutet «nach eigenem Willen küren», nach eigenem Willen einen Beschluss fassen.

Heute hat die Willkür einen schlechten Ruf, weil die Juristen der fürstlichen Landesherren bei der Festigung der Landesherrschaft in den Territorialstaaten in der frühen Neuzeit alles daran setzten, dieses von alters her geltende Recht der Menschen, über die inneren Angelegenheiten ihrer Verbände frei und gemeinsam zu entscheiden, in Misskredit zu bringen und alles der fürstlichen Rechtsprechung unterzuordnen. Sie hatten Erfolg; denn nach unserem heutigen Sprachverständnis handelt der «willkürlich», der sich nicht an rechtliche Vorgaben hält oder prinzipienlos und unmethodisch vorgeht.

1229 sind die Mitglieder der Führungsgruppe solcher Kaufleute erstmals namentlich und mit ihren Herkunftsorten genannt. Vier Kaufleute aus Riga, je zwei aus Visby, Lübeck, Soest,

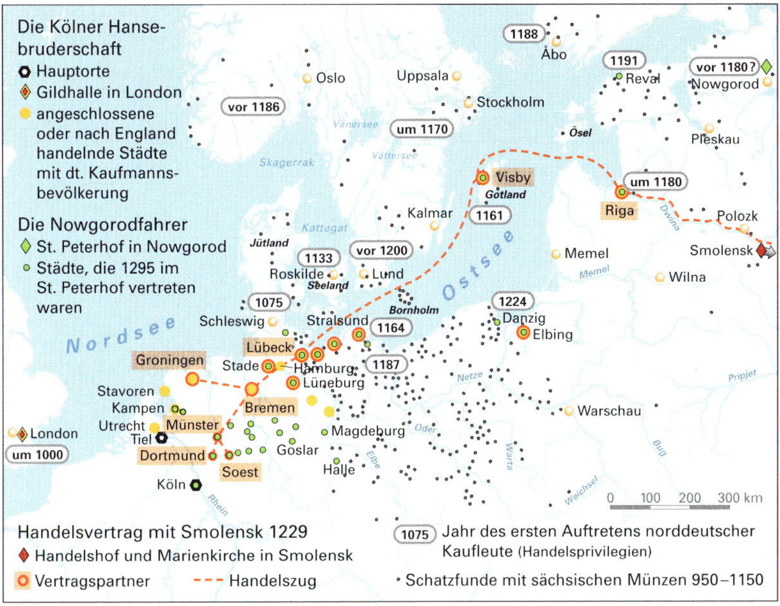

Anhand der Herkunftsstädte der Kaufleute, die 1229 den Vertrag mit dem Fürsten von Smolensk schließen, lässt sich die enorme geographische Weite der Einung der niederdeutschen Kaufleute veranschaulichen.

Münster, Dortmund und einer aus Bremen schließen einen Vertrag mit dem Fürsten von Smolensk. Ihre Herkunftsstädte liegen in verschiedenen Herrschaftsgebieten, Riga und Visby gehören nicht einmal zum Heiligen Römischen Reich. Dennoch erkennt der Fürst von Smolensk diese Gruppe als Rechtspartner an, und diese beglaubigt den geschlossenen Vertrag mit dem «Siegel aller Kaufleute».

Vermutlich handelt es sich um das Siegel der Gotland besuchenden Deutschen. Das ist zwar erst 1260 als Original überliefert, könnte aber bereits 1201 in Gebrauch gewesen sein, als die Kaufleute in der Semgaller Angelegenheit gemeinsam handelten.

Urkunde mit den Siegeln der gotländischen (links) und der deutschen Gemeinde (rechts) in Visby aus dem Jahr 1280

Die Umschrift des Siegels lautet: SIGILL[UM] THEVTHONICO[RUM] GVTHLA[N]DIA[M] FREQVENTANTIVM (Siegel der Deutschen, die Gotland aufsuchen). Im Text einer Urkunde aus dem Jahr 1291 nennen sie sich «Gemeinschaft der Kaufleute, die Gotland um des Handels willen besuchen» *(universitas mercatorum terram Gotlandie gratia mercandi applicantium).*

Außerdem gibt es auf Gotland eine zweite Einung deutscher Kaufleute, diejenigen, die sich in Visby niedergelassen haben. Sie versehen ihr 1280 überliefertes Siegel mit der Umschrift: SIGILL[VM] THEVTONICO[RUM] IN GOTLANDIA MANENCIVM (Siegel der Deutschen, die auf Gotland wohnen).

Selbstverständlich lösen sich die einzelstädtischen Fahrtgemeinschaften durch den Zusammenschluss nicht auf, sondern bestehen innerhalb der umfassenden Einung weiter. Zum Beispiel in der Einung der Gotland besuchenden Kaufleute. Denn wie zum Beweis schreibt der Rat von Lübeck 1263 seinem Ältermann und den anderen Lübecker Bürgern, die sich in Gotland aufhalten, dass sie die Salzwedeler Kaufleute, die nach Visby kommen, in ihre Bank, also in die Vereinigung der Lübecker Kaufleute in Visby, aufnehmen sollen.

Wie nun aber eine solche Einung vieler Kaufleute aus vielen verschiedenen Städten zustande kommt, berichtet um die Mitte des 13. Jahrhunderts die Ordnung des St. Peterhofes in Nowgorod, die sogenannte Schra. Der Begriff *schra* oder *skra* stammt aus dem Altnordischen und bedeutet «getrocknete Tierhaut» oder «Leder», bezeichnet also den Stoff (Pergament), auf den die Ordnung geschrieben wird. Die Hofordnung ist für die Kaufleute bestimmt. Sie wird daher in Mittelniederdeutsch geschrieben.

Die Ordnung ist ein Schlüsseltext der hansischen Geschichte. Sie reicht in die Gründungszeit des Hofes am Ende des 12. Jahrhunderts zurück (*recht, dhat van aneginne gehalden is unde gewesen hevet in dheme hove dhere Dhutschen to Nogarden*). Sie ist keine herrschaftliche Ordnung, sondern eine genossenschaftliche. Denn sie wurde in gemeinsamer Beratung der erfahrensten Fernkaufleute aus allen (!) Städten auf deutschem Gebiet beschlossen (*van ganceme rade unde van eneme gemenen wilcore dhere wisesten van allen steden van dhutscheme lande*). Die Ordnung verpflichtete nicht nur diejenigen Kaufleute, die bei der Beratung und ihrem Beschluss, der «Willkür», anwesend waren, sondern alle, die den Peterhof aufsuchen und aufsuchen werden. Dabei ist gleichgültig, ob per Schiff oder auf dem Landweg – wobei man bezüglich des Letzteren ergänzen sollte: von einer der livländischen Städte aus (*to haldende allen dhen genen, dhe dhen beschenen hof pleget to søkende bi watere unde bi lande*).

Auf der Newa (*so wanne se komet in dhe Ny*), dem Fluss, der den Finnischen Meerbusen mit dem Ladogasee verbindet, oder an deren Ufer schließen sich die von Gotland kommenden deutschen Kaufleute durch die Wahl gemeinsamer Älterleute zu einer Vereinigung zusammen. Sie wählen aus ihren Reihen je einen Ältermann für den Hof und einen für die St. Peterskirche, die der Niederlassung ihren Namen gab, und zwar jeweils den geeignetsten, gleichgültig, aus welcher Stadt er komme (*so solen se oldermanne kesen dhes hoves unde synte Peteres under sic selven, dhe dahr rechtest to sin, van wiliker stat so se sin*). Der Ältermann des Hofes wählt anschließend vier Männer aus, die ihm bei der Erfüllung seiner Aufgaben helfen sollen. Die Wahl ist verbindlich bei Strafe einer Mark Silbers (*Dhese olderman dhes hoves, dhe hevet vorth vrien wilcore to kesende ver man eme to helpe, dhe eme rechtest sin; we sic dhes enten wille, dhe betere sante Peter I marc silveres*).

Knapp formuliert erfahren wir hier, wie die zentrale Innovation der frühhansischen Kaufleute – die Grundlage der Bedeutung der Hanse – zustande kommt: der freiwillige Zusammenschluss von Kaufleuten aus zahlreichen Städten, die zudem in verschiedenen Herrschaftsgebieten liegen. Kein Herrscher zwingt sie, ihre zum Teil erbitterte Konkurrenz beizulegen, sie tun das aus freien Stücken. Sie tun dies aber nur im Ausland: in Nowgorod, auf Gotland und, wie wir sahen, in Livland.

Freiwillige Vereinigungen von Kaufleuten können in dieser Zeit zwar europaweit beobachtet werden. Aber keiner dieser Zu-

In Nowgorod und anderen russischen Städten wurde mit Knochen- oder Metallgriffeln auf die Innenseite besonders bearbeiteter Birkenrindenstücke geschrieben.

sammenschlüsse reicht in der Intensität der gemeinsamen Beschlussfassung und in der zeitlichen Dauer an das heran, was vermutlich auf Gotland begann (dort aber erst später überliefert ist) und in der Nowgoroder Niederlassung aufgeschrieben wird.

Ein solcher allgemeiner Zusammenschluss ist offensichtlich nur für eine Gemeinschaft mit Bezug zu einem eindeutig zuweisbaren Ort oder zu einer Region möglich: Gotland/Visby, Nowgorod und Riga beziehungsweise Semgallen. Denn die Kaufleute segeln in einzelstädtischen Fahrtgemeinschaften von Visby zur Newa (auch für die Fahrt nach Riga ist es 1211 überliefert). Erst dort schließen sie sich für die gemeinsame Fahrt auf dem Wolchow nach Nowgorod und für den Aufenthalt dort zusammen.

Es ist also eine Gemengelage von einzelstädtischen Einungen, die sich zur Durchsetzung gemeinsamer Ziele an gewissen Orten oder in gewissen Regionen zu übergreifenden Gemeinschaften zusammenschließen. Zusammenschlüsse dieser Art müssen von den örtlichen Machthabern genehmigt werden. Über den Druck, den die Kaufleute aufgrund ihrer wirtschaftlichen Stärke möglicherweise ausüben können, um diese Genehmigung zu erzwingen, ist damit nichts ausgesagt. In Riga jedenfalls lässt der erzbischöfliche Stadtherr im Jahr 1211 die Bildung einer *gilda communis*, einer gemeinsamen Gilde deutscher und gotländischer Kaufleute, nicht zu. Infolgedessen kann sich dort keine Niederlassung der Kaufleute mit eigener Rechtsprechung wie in Visby und in Nowgorod bilden. Stattdessen erwerben einzelne Städte wie Lübeck und Münster jeweils eigene (einzelstädtische) Höfe innerhalb der Stadt. Bei diesen Vorgängen spielte es keine Rolle, dass Riga später selbst Hansestadt werden sollte. Im Jahr 1211 toben noch die Kämpfe um die militärische Eroberung Livlands im Namen des christlichen Glaubens.

Seit Mitte des 13. Jahrhunderts nennen die Kaufleute ihren übergreifenden Verband *universitas mercatorum*, auf Niederdeutsch *gemener kopman*. Dieser *gemene kopman* ist der übergreifend gedachte Zusammenschluss aller niederdeutschen Kaufleute, der sich im Ausland in von Ort zu Ort wechselnder Zusammensetzung als Teil der *universitas mercatorum* konstituiert.

Das gemeinsame Auftreten nach außen verschafft den niederdeutschen Kaufleuten den entscheidenden Vorteil gegenüber ihren Konkurrenten. Denn sie treten nicht als einzelne Kaufleutegruppen aus Soest oder aus Osnabrück, Lippstadt, Bremen oder Lübeck auf, sondern als Gemeinschaft der Kaufleute, die Gotland aufsuchen, um Handel zu treiben (*universitas mercatorum terram Gotlandie gratia mercandi applicantium*).

Die zusammengeschlossenen Kaufleute können gemeinsam konkurrenzlos große Mengen an Produkten einerseits liefern und andererseits abnehmen, wesentlich mehr als es Kaufleutegruppen einzelner Städte möglich wäre. Dadurch sind sie – wir greifen jetzt zeitlich etwas vor und verallgemeinern die Aussage auch auf die anderen Niederlassungen – für die Wirtschaft des jeweiligen Ziellandes und besonders für dessen Machthaber bald unentbehrlich. Diese Position ermöglicht es ihnen, Privilegien genannte Handelsverträge zu erwerben, die vor allem Rechtsschutz und Zollbegünstigungen oder Zollbefreiungen enthalten und sie in eine noch bessere Position gegenüber ihren Konkurrenten bringen.

Außerdem erreichen die Kaufleute durch ihre starke Position eine relativ autonome Stellung ihrer Niederlassungen, der später sogenannten Kontore. Das ist ein grundsätzlicher Unterschied zu anderen Arten von Handelsniederlassungen, wie zum Beispiel dem etwa gleichzeitig mit dem Nowgoroder St. Peterhof entstehenden Fondaco dei Tedeschi in Venedig, die zur Kontrolle der auswärtigen Kaufleute durch die Stadtverwaltung dienten. Die hansischen Kaufleute dagegen hatten großen Einfluss auf die Art und Weise des Warenaustausches (wer durfte welche

Ware wann prüfen), und sie hatten das Recht, in ihrem Bereich Strafen selbst auszusprechen und durchzusetzen. Sie waren rechtlich unabhängig vom Stadtherrn – abgesehen selbstverständlich von Konflikten zwischen den Hansen und Bewohnern der betreffenden Stadt.

Diese Gemeinschaften in den Niederlassungen im Ausland sind der Kern der Hanse. Die von ihnen vereinbarten Verträge, die Privilegien, bilden bis zum Ende des 16. Jahrhunderts die Handlungsgrundlage für den gesamten Verband. Die Hanse entsteht somit im Ausland. Da die großen Fernkaufleute seit dem 13. Jahrhundert auch Mitglieder der städtischen Räte werden, führt ihre Einung im Ausland schließlich in einem langen Findungsprozess zu einer Einung der Städte oder besser: der Räte, der Ratsgremien der Städte in den heimischen Territorien.

Die so gewonnenen Vorteile beruhen auf einer neuen Form der Handelsorganisation: Im Gegensatz zum Seehandel der vorhansischen Zeit, der nur oder fast ausschließlich von den Küstenbewohnern der Ostsee getragen wurde, handeln die frühhansischen Kaufleute, die ja mehrheitlich aus dem Binnenland stammen, «über See und Sand», das heißt, sie verbinden den Landhandel aus dem weiten Hinterland von Lübeck bis zum Niederrhein mit dem Seehandel im Ostseeraum – ähnlich wie heutige Containerfirmen mit den Vorteilen des Land-Sea-Links werben (Detlev Ellmers). Die Durchschlagskraft der niederdeutschen Kaufleute beruht folglich auf der

Zweites Siegel der Stadt Wismar. Eine Kogge mit dem Wappenschild der Mecklenburger Fürsten, einem Stierkopf, am Mast (Mitte 14. Jahrhundert)

großen Nachfrage der vielen Verbraucher (Adel, Geistlichkeit, Bürger und Einwohner der Städte, städtische Gewerbe, Landbevölkerung) im weiten Binnenland des Reiches und, je länger, je mehr, auch auf den westeuropäischen Märkten. Die Nachfrage wächst ständig, da 12. und 13. Jahrhundert ein Bevölkerungs- *und* Wirtschaftswachstum aufweisen, wie es erst wieder im Zeitalter der industriellen Revolution erreicht werden wird.

Die Bedeutung der über See herangeschafften Handelswaren war für die Seehafenstädte dermaßen groß, dass die Räte vieler dieser Städte – beginnend mit Lübeck um 1223 – ein Schiff in das jeweilige Stadtsiegel setzen ließen. Lübeck «toppte» die Selbstdarstellung noch dadurch, indem es die beiden Personengruppen, die den Handel «über See und Sand» trugen, in der Darstellung eines binnenländischen und eines seefahrenden Kaufmannes in das Schiff setzten und damit die beiden Gruppen, die die wirtschaftliche Bedeutung der Stadt ausmachten, als Sinnbild ihrer Bürgergemeinde wählten (siehe Abbildung auf S. 14).

Die Zusammenarbeit der Kaufleute im Ausland wird von ihren Herkunftsstädten unterstützt. Mitte des 13. Jahrhunderts verhandeln Gesandte der Städte Lübeck und Hamburg für ihre Heimatstädte, aber auch im Auftrag westfälischer und niederrheinischer Städte und für die «Gotland besuchenden Kaufleute» mit der Gräfin von Flandern. Eine klare Aufgabentrennung zwischen Städten und dem *gemenen kopman* gibt es nicht. Der *gemene kopman* ist jedoch besonders in Nordosteuropa, in Nowgorod, Smolensk und Livland aktiv, während im Westen die Städte auch für den *gemenen kopman* verhandeln (Flandern 1252/53).

Damit haben die niederdeutschen Kaufleute auf Gotland und in Nowgorod ein Modell entwickelt, das sie im 13. und 14. Jahrhundert mit jeweils spezifischen Eigenheiten in den großen Kontoren in London, Brügge, Bergen und in zahlreichen kleineren Niederlassungen wie Lynn und Boston in England, Smolensk und anderen durchsetzen werden. Das Ziel ist die Anerkennung der Gemeinschaft der niederdeutschen Kaufleute aus zahlreichen Städten, die innerhalb und außerhalb des Römischen Reiches liegen, als *ein* Rechtspartner durch den jeweiligen Herrscher. Damit vollbringen die niederdeutschen Kaufleute eine Art organisatorischen Quantensprung. Dass diese ungewöhnliche Rechtskonstruktion im Prinzip bis zum Ende des 16. Jahrhunderts, bis zum Verlust der Privilegien in England, aufrechterhalten werden kann, spricht mehr als die eine oder andere gewonnene Seeschlacht für die (wirtschaftliche) Macht der Hanse. In diesem Sinne war sie tatsächlich eine «heimliche Supermacht».

Seegefecht zwischen zwei Koggen mit Bug- und Achterkastellen im frühen 14. Jahrhundert

Die Folgen von Acht und Bann: Links wird ein Geächteter getötet, rechts verliert ein vom Priester Gebannter seine Seele. Der Teufel zieht sie aus ihm heraus; Bilderhandschrift des Sachsenspiegels

3 Zwischen Konkurrenz und Bündnis: die Formierung des wendischen Städtebunds

Am 6. September 1259 verkünden die Räte der Städte Lübeck, Rostock und Wismar in einer gemeinsam ausgefertigten Urkunde, «dass alle diejenigen, die Kaufleute in Kirchen, auf Friedhöfen, zu Wasser und zu Lande berauben, keinen Frieden haben werden, sondern von den vereinigten Städten und Kaufleuten geächtet werden». Im Klartext heißt das: Jeder, der einen Piraten oder einen Räuber zu Land erwischt, darf ihn sofort töten – ohne jegliches Gerichtsverfahren. Zusätzlich zu den eigentlichen Tätern werden auch deren Helfer und Unterstützer mit derselben Strafe, der Acht, bedroht: «In welche Gebiete die Räuber auch immer mit dem Raub gehen werden, welches Land oder welche Stadt sie zum Raub ermutigen wird, sie alle werden, wie die Räuber, von den vereinten Städten und Kaufleuten angeklagt und geächtet werden.»

Das ist ein großer Unterschied nicht nur zu unseren heutigen Rechtsvorstellungen. Der Beschluss von 1259 war auch damals ein Bruch des geltenden Rechts. Diesem zufolge konnte eine Ächtung nur nach begangener Tat erfolgen, wobei der Geächtete mit Namen ausgerufen werden musste.

Hinter diesem Beschluss steht ein politisches Programm. Hier wird Machtpolitik angekündigt. Ob sie durchsetzbar sein wird, muss die Zukunft zeigen.

Warum dieses Vorgehen notwendig ist, wird eingangs begründet: «Weil nämlich viele Kaufleute, die um der göttlichen Gnade willen mit Handelswaren über die Meere segeln, wegen der Angriffe der Piraten und Räuber weder wahren Frieden noch wirkliche Sicherheit haben.» Es müssen auf der Ostsee und im Binnenland Zustände herrschen, die einen friedlichen Handel nicht mehr erlauben.

Mitte des 13. Jahrhunderts ist die Welt für die niederdeutschen Kaufleute endgültig aus den Fugen geraten. Schon seit rund 30 Jahren gibt es im Ostseeraum keine Macht mehr, die den Kaufleuten beim Auslandshandel Schutz bieten kann. Der letzte mächtige Schutzherr, den sie hatten, war König Waldemar II. von Dänemark. Seit 1202 hatte er sein Reich konsequent ausgedehnt und mit seiner militärischen Stärke für Sicherheit im Ostseeraum gesorgt. Seine Macht erstreckte sich von Dänemark einschließlich der Stadt Schleswig über Hamburg und Lübeck die südliche Ostseeküste entlang bis nach Samland. Im Nordosten gehörten Estland und auf der gegenüberliegenden Seite der Ostsee Öland sowie im heutigen südlichen Schweden die – allerdings von alters her zu Dänemark gehörenden – Landschaften Blekinge, Schonen und Halland dazu. Die niederdeutschen Kaufleute konnten unter seinem Schutz sowohl das Siedlungsgebiet an der südlichen Ostseeküste als auch ihren Handel im Ostseeraum ausbauen.

In die Zeit seiner Herrschaft fällt die Aufbauphase der dort gelegenen Städte. Rostock, das 1189 zum ersten Mal schriftlich erwähnt wird, erhält im Jahr 1218 das Stadtrecht, Danzig um 1224 und Wismar 1227 oder 1228, wenige Jahre nach dem Zusammenbruch des waldemarischen Imperiums im Jahr 1224. Damals kommen Lübeck, Holstein, Mecklenburg und Pommern wieder zum Reich – Friedrich II. hatte die Städte und Länder an Waldemar abgetreten. Aber der Kaiser, ihr neuer Schutzherr, ist fern und ohne reale Eingriffsmöglichkeit im Ostseeraum.

Der Zusammenbruch der Herrschaft Waldemars hat die gleichen Folgen wie der Zusammenbruch wohl jedes Imperiums. Örtliche «warlords» reißen die Macht an sich, wodurch die Sicherheit für die Schifffahrt und damit für den Seehandel auf der Ostsee dahin ist. Weil der Kaiser fern und ohne großen Einfluss ist, taugt er nicht als Schutzherr für die niederdeutschen Kaufleute. Und die Machtmittel der Fürsten von Holstein, Mecklenburg und Pommern reichen nicht aus, um wirksamen Schutz zu gewährleisten. Der Hochmeister des Deutschen Ordens, der später ein gewichtiges Wort in der Politik des Ostseeraums mitreden wird, steckt damals mitten in der Eroberung Preußens.

In dieser Situation beginnen die Städte sich zu gemeinsamer Politik zusammenzuschließen. Zunächst durch schriftlich abgesicherte bilaterale Verträge, wie im Norden Deutschlands zwischen Lübeck und Hamburg (vermutlich im Jahr 1241).

Es ist ein extrem schwieriges Unterfangen, diese Bündnisse zustande zu bringen, weil die Konkurrenz zwischen den einzelnen Städten sehr groß ist. Vor allem die wendischen Städte, die später die zentrale Gruppe innerhalb der Hanse sein werden, brauchen bis in die 1280er Jahre hinein, um sich zusammenzuraufen. Unter den wendischen Städten versteht man diejenigen Städte im und am Rand des ehemals slawischen Siedlungsgebietes, nämlich Hamburg, Lüneburg, Lübeck, Wismar, Rostock, Stralsund und Greifswald.

Der Beschluss kann erst 1259 zustande kommen, als Rostock und Lübeck durch die Vermittlung Wismars im Jahr 1256 ihre Differenzen beigelegt haben. Beide Städte verzichten auf jeden Ersatz für die erlittenen Schäden. Es muss also zumindest zu gegenseitigen Beschlagnahmungen von Schiffen und Waren, wenn nicht gar zu bewaffneten Auseinandersetzungen gekommen sein. Wir wissen nicht, welchen Grund die Differenzen hatten. Vermutlich war es wirtschaftliche Konkurrenz, vergleichbar dem Konflikt um die Heringsfanggründe vor Rügen, die ein Jahrzehnt zuvor, im Jahr 1249, so eskaliert sind, dass eine Lübecker Flotte Stralsund angreift und teilweise zerstört. Dies ist auch der Grund, dass Stralsund 1259 an den Beratungen nicht teilnimmt.

Konflikte dieser Art zwischen den späteren Hansestädten passen nicht in das hehre Bild, das manche frühere Historiker von den Anfängen der Hanse zeichneten. So verkündete zum Beispiel Fritz Rörig seit den 1920er Jahren: «Das Ganze war früher da als seine Teile», und meinte damit, dass das alles überwölbende Bewusstsein der Zusammengehörigkeit die Bürger der niederdeutschen Städte von Anfang an geeint habe. Das aber kann, wie wir sehen, nicht der Fall gewesen sein, denn Zusammengehörigkeitsgefühl führt wohl nicht zur Zerstörung einer benachbarten Stadt.

Was ist es dann, was die Ratsgremien der Städte dazu bringt, gemeinsame Politik zu machen? Es sind die Interessen der Kaufleute, wie es klar und deutlich in der Begründung des Beschlusses von 1259 heißt: «Weil nämlich viele Kaufleute, die um der göttlichen Gnade willen mit Handelswaren über die Meere segeln, wegen der Angriffe der Piraten und Räuber weder wahren Frieden noch wirkliche Sicherheit haben.»

Der seegestützte Fernhandel nach Dänemark, Schweden, Livland und Russland ist der wichtigste Wirtschaftszweig der Städte an der südwestlichen Ostseeküste. Außerdem ist er die wirtschaftliche Domäne der politischen Führungsgruppen der Städte. Es sind ihre ureigensten Interessen, die durch Piraterie und Straßenräuberei gefährdet sind. Gefährdet wie wohl noch nie zuvor. Die Situation ist schlimm, denn völlig unterschiedliche Welten prallen hier aufeinander.

In der Welt des Adels erlaubt das Fehderecht jedem Freien, tatsächliche oder vermeintliche Rechtsverletzungen zu ahnden und Rechtsansprüche durchzusetzen, und zwar mit Mitteln der Gewalt. Es ist zwar nicht so, dass die Fehdeführung völlig unreguliert ist. Sie unterliegt vielmehr relativ strengen Regeln, die jedoch nur den Ablauf der Fehde und die sukzessive Steigerung der Gewalttaten regeln, nicht aber diese selbst verbieten oder beschränken. Insofern ist es vom Standpunkt der Städte aus nur folgerichtig, dass eine ihrer ersten überlieferten Reaktionen diesem hauptsächlich vom Adel angewandten Recht gilt. Im Bündnis von 1241 nehmen Lübeck und Hamburg den Kampf gegen die Fehde auf: Seit diesem Jahr ist für beide Städte Fehde ein Verbrechen.

Warum das notwendig ist, zeigt noch rund 30 Jahre später ein Schreiben verschiedener niedersächsischer Städte an die Stadt Gent in Flandern. Darin beschweren sich die Städte, dass ihre nach Gent fahrenden Kaufleute für die Beraubung von Genter Kaufleuten im Herzogtum Sachsen haften müssen, und beteuern, dass sie die Genter Kaufleute nur innerhalb ihrer Stadtmauern beschützen könnten, weil sie nicht einmal das Gut, das ihren eigenen Bürgern gestohlen werde, den Händen der Räuber wieder entreißen könnten. Selbst die Fürsten könnten diese Tyrannen, wie die Straßenräuber genannt werden, nicht bezwingen, oder zumindest wagen sie es nicht.

In der Folgezeit wirbt man Söldner als militärische Begleittruppen für kaufmännische Warenzüge an, wie 1255 im Bereich der wendischen Städte zum ersten Mal überliefert ist.

Die große Gefahr für die Kaufleute sind eben nicht irgendwelche Outlaws, Banden von Ausgestoßenen, obwohl es diese vermutlich auch gibt. Die größte Gefährdung geht vom Adel aus, der durch Gewalt seine Beteiligung an dem lukrativen Handel erstreitet. Auch die meisten Führer der Piraten rekrutieren sich aus dem Adel. Schiffe kosten auch in der damaligen Zeit bereits viel Geld. Es sind also, wie an Land, kampfgewohnte Adlige, die auf der Ostsee bezwungen werden müssen.

Als der Leidensdruck bei Kaufleuten und Städten groß genug ist, beginnen sie politisch zu handeln. Und das Modell des gemeinschaftlichen Handelns kommt von den Fernkaufleuten!

Angesichts der Bedrohung erinnern sie sich an die Zusammenarbeit, die sie mit ihren Fahrtgemeinschaften an bestimmten Orten im Ausland bereits seit Ende des 12. Jahrhunderts betreiben, und zwar überall da, wo der Druck von außen so groß ist, dass man sich zusammenschließen muss, um Erfolg zu haben.

Um die Mitte des 13. Jahrhunderts überträgt man diese im Ausland bewährte Form der Zusammenarbeit auf die Politik der Städte. Der erste Schritt betrifft aber nicht eine wie auch immer geartete gemeinsame Politik im Inland, sondern die Sicherung der Handels-, insbesondere der Seewege durch gleiches Vorgehen gegen Piraten und Räuber.

Dabei ist man nicht zimperlich: Die See ist ein rechtsfreier Raum, also schafft man für sie eigenmächtig ein Recht, das auf dem bürgerlichen Einungsrecht basiert.

Das neue Recht, das mit dem Vertrag von 1259 gesetzt wird, ist in seiner Anlage nichts anderes als das innerstädtische Willkürrecht. Aber jetzt wird es über den Kreis der eigenen Bürgergemeinde hinaus auf Menschen ausgedehnt, die diesem Rechtskreis nicht angehören. Von einer Selbstunterwerfung der betroffenen Piraten und Räuber kann 1259 selbstverständlich keine Rede sein. Aber zumindest können die Städte auf der rechtsfreien Ostsee so handeln. Im Reichsgebiet, also gegen die Landräuber, hätten die Städte dieses Verfahren – an sich – nicht anwenden dürfen. Hier hätten sie die Erlaubnis des Königs einholen müssen, wie es aus dem 14. Jahrhundert für Hamburg überliefert ist. Damals wird der Stadt durch einen Brief des königlichen Hofgerichts die Bekämpfung der Seeräuber auf der Elbe genehmigt. Die Elbe gehört als Wasserstraße zum Reich, und deswegen greift die Bestimmung des Mainzer Reichslandfriedens von 1234, der zufolge der König/Kaiser für die Erhaltung des Landfriedens zuständig ist.

Die unmittelbaren Folgen des Vertrags von 1259 für die See- und Landräuber sind nicht überliefert. Aber die Führungsgruppen, die Ratsgremien und die Fernkaufleute, scheinen mit dem eingeschlagenen Weg zufrieden gewesen zu sein, da sie die Zusammenarbeit nun immer mehr ausbauen.

Zwischen 1260 und 1264 wird in Wismar ein regelrechter Bund geschlossen. Es geht in erster Linie um die Seeräuberei, aber ebenso um den gegenseitigen Beistand im Falle eines Krieges gegen einen der Landesherren, um gemeinsame Politik bei Ächtung, Freikauf und Bigamie eines einzelnen Bürgers (wobei auf Bigamie die Todesstrafe steht) und anderes mehr. Die Beschlüsse sollen für ein Jahr gelten, danach will man über weitere Maßnahmen beraten.

Bei einem weiteren Treffen im Jahr 1265 verzichten die Städte auf eine zeitliche Begrenzung und beschließen, die gemeinsamen Angelegenheiten nun jährlich zu beraten. Dieses Schriftstück ist gewissermaßen das erste Exemplar eines Hanserezesses, wie die Beschlussprotokolle der Hansetage später genannt werden. Es wird ins Wismarer Stadtbuch eingeheftet und bleibt dadurch mit dem Stadtbuch selbst dauerhaft präsent. In der Folgezeit kann man immer wieder auf die Aufzeichnungen zurückgreifen. Sogar ein Wechsel der Versammlungsorte ist im Text bereits vorgesehen, weil es heißt, dass man sich in der Folgezeit jährlich treffen wolle, wobei man über den Ort entscheiden werde.

Damit ist bereits 1265 ein Organisationsgrad erreicht, der die Planung und Durchführung einer gemeinsamen städteübergreifenden Außenhandelspolitik der wendischen Städte ermöglicht. Seit damals kann der wendische Städtebund, in frühhansischen Angelegenheiten der aktivste der regionalen niederdeutschen Städtebünde, als dauerhaft gelten. Zu seinem damaligen Kern stoßen ab 1281 noch die pommerschen Städte Stralsund und Greifswald sowie Stettin und Anklam hinzu.

Überall im niederdeutschen Raum bilden die Städte regionale Zusammenschlüsse, so auch in Westfalen, wo sich 1246 Münster,

Osnabrück, Minden, Coesfeld und Herford zusammenschließen. Die Bündnisverträge dieser Zusammenschlüsse lassen uns zum ersten Mal in der schriftlichen Überlieferung die verschiedenen Regionen erkennen, aus denen die Hanse sich zusammensetzt: aus den süderseeischen, niederrheinischen, westfälischen, (nieder-)sächsischen, brandenburgischen, wendischen, pommerschen, preußischen und livländisch-gotländischen Städten. Die süderseeischen Städte liegen übrigens an der Zuidersee.

Die Organisation von Versammlungen ist aber nicht alles. Man muss schließlich auch in der Lage sein, die dort gefassten Beschlüsse durchzusetzen, insbesondere gegen die See- und Landräuber. Im Bereich des Schiffsbaus gelingt es im Laufe des 13. Jahrhunderts den niederdeutschen Kaufleuten ganz offensichtlich, einen Vorsprung gegenüber den bis dahin dominierenden Schiffen skandinavischer Bauweise zu gewinnen.

Die erste nachgewiesene Kogge aus der Zeit um 1150/1200, die Kollerup-Kogge, ist ein Schiff mit relativ niedriger Bordwand. Im Verlauf des 13. Jahrhunderts wird die Kogge dann zwar nicht viel länger, aber breiter und höher gebaut, sodass sie von niedrigeren Schiffen anderer Bauart nur unter großen Schwierigkeiten geentert werden kann. Außerdem beginnt man zunächst am Heck, dann auch am Bug «Kastelle» (Aufbauten) anzubringen, wie das älteste Danziger Stadtsiegel aus der zweiten Hälfte des 13. Jahrhunderts zeigt (siehe Seite 39). Von diesen Kastellen aus können Schützen mit Armbrust oder Pfeil und Bogen von oben herab Angreifer gut bekämpfen und auch selbst wirkungsvoll angreifen.

Die Seeschlachten werden damals nach dem gleichen Prinzip geführt wie Schlachten an Land: zuerst versucht man, den Feind im Fernkampf mit Pfeil und Bogen und Armbrust zu zermürben, dann beginnt der Nahkampf Mann gegen Mann.

Wie groß die Koggen der zweiten Hälfte des 13. Jahrhunderts sind, ist leider nicht bekannt. Bis heute ist noch kein Schiff aus dieser Zeit archäologisch geborgen worden. Erst für das späte

Rekonstruktionszeichnung der Kollerup-Kogge, um 1150 gebaut, um 1200 an der Nordküste Jütlands gesunken. In solchen «Nussschalen» segelten die frühhansischen Kaufleute zur Newa.

14. Jahrhundert zeigt ein Größenvergleich zwischen der Kollerup-Kogge aus der zweiten Hälfte des 12. Jahrhunderts und einer Kogge von der Größe der 1380 gesunkenen Bremer Hansekogge deutlich die Entwicklung. Die späteren Koggen unterscheiden sich von der langen, schmalen und niedrigen Kollerup-Kogge vor allem durch eine größere Breite und durch höhere Bordwände. Die Kollerup-Kogge ist rund 21 Meter lang, 4,92 Meter breit, 2,21 Meter hoch und hat bei einem Tiefgang von 1,35 Metern (1,20 Meter) eine Tragfähigkeit von rund 21 Last, das sind circa 42 Tonnen. Die Bremer Hansekogge von 1380 ist mit einer Gesamtlänge von 23,3 Metern nicht viel länger, hat aber eine Breite von 7,6 Metern und ist mit einer Seitenhöhe mittschiffs von 4,26 Metern rund doppelt so hoch wie die Kollerup-Kogge. Sie hat bei einem Tiefgang mit Ladung von 2,25 Metern eine La-

dekapazität von bis zu 84 Tonnen. Sie gehört damit zu den kleineren Lastschiffen. Aus schriftlichen Quellen wissen wir, dass um 1400 die 100-Last-Grenze (200 Tonnen) bereits überschritten ist. Das belegt auch die Poeler Kogge. Sie wird Mitte des 14. Jahrhunderts gebaut und hat nur wenig Tiefgang, um besser auf den Bodden- und Haffgewässern der südlichen Ostsee fahren zu können. Bei einer Länge von 31,5 Metern, einer Breite von 8,5 Metern und einem Tiefgang von zwei Metern ist diese «baltische Kogge» mit einer Ladekapazität von rund 100 Last das größte Lastschiff dieses Zeitraums, das bislang geborgen wurde. Die Besatzung der Koggen ist in der Regel elf Mann stark.

Was aber nützen die Bemühungen um die Befriedung der See, wenn die Wagenzüge mit den Handelswaren auf ihrem Weg von und zu den Seehäfen auf den Landstraßen weiterhin

Rekonstruktion einer Kogge aus der zweiten Hälfte des 14. Jahrhunderts mit Achter- und Vorderkastell

ausgeraubt werden? Um diese Überfälle zumindest einzudämmen, haben Lübeck und Hamburg militärische Begleitung der Wagenzüge durch Söldner organisiert. Das ist für den einzelnen Wagenzug zwar effektiv, aber auch teuer, und vor allem greift es das Problem nicht bei der Wurzel. Um dies zu erreichen, müssen die festen Häuser, die «Motten», und andere Befestigungsanlagen der adligen Straßenräuber erobert und zerstört werden. Das erfordert jedoch eine intensive diplomatische Vorbereitung beim jeweiligen Landesherrn – dem Grafen von Holstein, dem Fürsten von Mecklenburg oder dem Herzog von Sachsen (wegen Lauenburg) – und bei dessen adligen Standesgenossen, die zumindest zum Stillhalten gebracht werden müssen. Das ist langwierig und teuer. Aber wenn die Zustimmung eingeholt ist, werden manchmal mehrere Motten während einer Kampagne erobert und dem Erdboden gleichgemacht. Der Einsatz von Kriegsmaschinen ist überliefert.

Möglicherweise sind es schon sogenannte Tribocks, Zieh-

Tribock im Einsatz bei der Belagerung einer Burg. Französische Miniatur um 1240

krafthebelwurfgeschütze, die seit Beginn des 13. Jahrhunderts auch im Reich eingesetzt werden. Sie schleudern Steingeschosse von einer Tonne Gewicht mehr als 800 Meter weit und haben angeblich eine Zielgenauigkeit von nur drei Metern Abweichung.

Die Verträge von 1259, 1260/64 und 1265 belegen die Entschlossenheit, mit der die Städte auf regionaler Ebene den Kampf gegen den unhaltbaren Zustand vorantreiben. Um den Seehandel und seine Routen bis nach Livland und nach Russland effektiv zu sichern, müssen auf der nächsten Ebene überregionale, gewissermaßen internationale Bündnisse folgen. 1280 schließen Lübeck und die deutsche Stadtgemeinde von Visby auf Gotland ein Bündnis zum Schutz des Handelsverkehrs «zwischen dem Öresund und Novgorod bzw. auf der ganzen Ostsee und in deren Häfen», dem 1282 auch Riga beitritt. Damit sind zum ersten Mal die zentralen Seewege des Ostseeraums, die früher von den Königen von Dänemark, Schweden und den Machthabern der russischen Fürstentümer kontrolliert wurden, unter städtischem Schutz und unter städtischer Kontrolle. Das ist ein zukunftsweisender Vorgang.

Im gleichen Zeitraum setzen die niederdeutschen Städte ihre Wirtschaftsinteressen gegen Brügge, den damaligen Welthandelsmarkt des nördlichen Europas, und gegen Norwegen mit Hilfe von Wirtschaftsblockaden durch. Die wendischen Städte organisieren diese gemeinsamen Unternehmungen. Der Rat der Stadt Wismar schreibt an Stade, an die westfälischen und niederländischen Städte, die bei den bisherigen Verhandlungen wegen der Probleme mit Norwegen nicht vertreten waren, speziell an Osnabrück, Münster, Coesfeld, Soest, Dortmund, Leeuwarden, Groningen, Stavoren, Kampen, Zwolle, Deventer, Zutphen, Harderwijk und Muiden. Die Städte werden aufgefordert, Boten an König Magnus von Schweden zu schicken, der als Vermittler fungiert. Dieses Schreiben und die Tatsache, dass die Sendeboten der Städte in den Jahren davor meist in Wismar zusammengetreten sind, zeigen, dass nicht nur Lübeck, sondern die Gruppe der wendischen Städte in dieser Entwicklungsphase der Hanse eine bedeutende Rolle spielt.

Zeitlich parallel zu den regionalen und überregionalen städtischen Bündnissen und zu dem Privilegienerwerb von Seiten des *gemenen kopmans* erwerben die einzelnen Städte Privilegien zur Sicherung und Befriedung der Wege zu den Außenhandelsplätzen sowie zur Minderung oder Befreiung von Zöllen auf diesen Wegen. Sie erwerben sie entweder für die Kaufleute einer Stadt oder auch für die Gemeinschaft der niederdeutschen Kaufleute. Diese Politik zur Sicherung der Land- und Seewege führt man in der Regel gemeinsam mit den Fürsten und adligen Herren durch. Das ist ein Erfolgsmodell hansischer Politik, das aufgrund der seit dem 15. Jahrhundert zunehmenden Auseinandersetzungen zwischen Territorialfürsten und Städten bislang zu wenig beachtet wurde. Es zeigt erneut die große Bedeutung, die ein gutes Verhältnis zwischen Fürst und Kaufmann hatte.

Vor allem forderten die Städte die Befreiung ihrer Kaufleute vom Strandrecht. Das ist das Recht der Küstenbewohner oder des Herrschers einer Küstenregion, alles, was vom Meer angespült wird, einschließlich auf den Strand aufgelaufener Schiffe, an sich zu nehmen und die Überlebenden eines Schiffsunglücks zu versklaven. Immerhin gelingt es, die Versklavung im Laufe des 13. Jahrhunderts abzuschaffen. Die Streitigkeiten um die Zurückgabe der Güter an die rechtmäßigen Eigentümer oder deren Erben binnen Jahr und Tag und über die Höhe des Bergelohns für die Strandbewohner reißen die ganze Hansezeit über nicht ab. Sie sind hervorragende Quellen für die Handelsgeschichte, weil die Stadträte in ihren Beschwerdebriefen genau auflisten, welche Waren in welchem Wert von welchem Kaufmann in so einem gestrandeten Schiff geladen waren – einschließlich der Hausmarken der einzelnen Kaufleute, die als Eigentumsmarker auf den Fässern, Ballen oder Packen angebracht waren. Diese

Beschwerdebriefe heißen *toversichtsbriefe*, weil man den Empfänger «zuversichtlich» stimmen möchte, dass ihm kein Schaden entstehen wird. An Land und auf Binnengewässern heißt das vergleichbare Recht «Grundruhr». Es tritt in Kraft, wenn zum Beispiel die Achse eines Fuhrwagens bricht und auch nur ein kleinster Teil der Ladung mit dem Boden in Berührung kommt.

Im Laufe des 12. und 13. Jahrhunderts wachsen die Städte gewissermaßen in die Hanse hinein. Ausgangspunkt sind ihre Kaufleute, die als Mitglieder des *gemenen kopmans* die Privilegien im Ausland in Anspruch nehmen. Zur Durchsetzung dieser Außenhandelsinteressen schließen sich die Räte der Städte im eigenen Interesse und dem der anderen, nicht ratssitzenden Fernkaufleute zu größeren Unternehmungen zusammen: eine Wirtschaftsblockade der Stadt Brügge oder des Königreichs Norwegen und anderes mehr. Ist eine Aktion beendet, betreibt man wieder «business as usual».

Die Suche nach dem Beitrittsdatum einer Stadt zur Hanse ist folglich unnötig (von wenigen Ausnahmen an der Wende vom 14. zum 15. Jahrhundert abgesehen). Ein zufällig überlieferter schriftlicher Beleg aus einem bestimmten Jahr, dass zum Beispiel Groningen an einem Beschluss oder einer Aktion teilgenommen hat, beweist nur, dass Groninger Kaufleute spätestens in diesem Jahr irgendwo als Mitglieder des *gemenen kopmans* aktiv sind. Er ist aber kein Beweis, dass Groningen in diesem Jahr in die Hanse «eingetreten» ist.

Ende des 13. Jahrhunderts verliert der *gemene kopman* an Einfluss. Die Stadträte versuchen, ihn zu entmachten. Das gelingt zwar weitgehend, aber gerade in den Kontoren halten sich althergebrachte Rechte. Die Frage, ob der Hansetag oder die Kontorgemeinschaften einen Kaufmann in die Hanse aufnehmen dürfen, bleibt bis zum Ende der Hansezeit umstritten.

Im Verlauf des 13. Jahrhunderts kommt die sogenannte kommerzielle Revolution von Italien aus auch nach Deutschland.

Die Seniorkaufleute sind nicht mehr das ganze Jahr unterwegs, sondern führen ihre Geschäfte von der heimatlichen Schreibstube aus. Zu den ausländischen Märkten schicken sie ihre Gesellen oder jüngere Kaufleute als Handelspartner. Die Aufträge werden mündlich oder schriftlich per Brief erteilt. Die schriftliche Auftragserteilung erlaubt eine Ausweitung des Handels an viele Orte, an denen Mitarbeiter oder Beauftragte sitzen, sodass sich dadurch Volumen und Reichweite des Handels vervielfachen können. Dass dieser Übergang vom reisenden zum sesshaften Kaufmann auf die Entwicklung der neuen Handelstechniken, insbesondere der Einführung der Schriftlichkeit und der damit zusammenhängenden Herausbildung der Arbeitsteilung (zum Beispiel der Bildung von Transportgewerben), zurückzuführen ist, ist neuerdings angefochten worden. Plausibel ist auch die Erklärung, dass die Kaufleute sich in ihren Heimatstädten in die Politik einmischen mussten, um die eigenen Interessen wirkungsvoll vertreten zu können.

Auch im niederdeutschen Raum besetzen Ministerialen und Fernkaufleute die Ratsstühle der Städte. Das hat zur Folge, dass in den Auslandsniederlassungen nicht mehr die erste Garde der Fernkaufleute vertreten ist. Immer noch aber siegeln die «Gotland besuchenden Deutschen» mit ihrem Siegel Verträge, die sie für alle niederdeutschen Kaufleute, die *universitas mercatorum* beziehungsweise den *gemenen kopman*, abschließen. Da der Rat von Visby auf diese Gruppiorung einen größeren Einfluss hat als das weitentfernte Lübeck, kommt es zu einem internen Machtkampf zwischen den beiden Städten. 1299 beschließt eine Versammlung in Lübeck, auf der auch Vertreter aus westfälischen Städten anwesend sind, dass in Gotland nicht mehr das Siegel des *gemenen kopmans* benutzt werden dürfe, weil dies anderen Städten auch nicht möglich sei. Außerdem habe jede Stadt ihr eigenes Siegel, mit dem sie die Angelegenheiten ihrer Kaufleute besiegeln könne. Der Hintergrund ist klar: Die Ratsherren der

Städte können nicht zulassen, dass die in Gotland versammelten Kaufleute (unter vermutlich starkem Einfluss des Rats der Stadt Visby) etwas besiegeln, worüber die Ratsherren der Städte keinen gemeinsamen Beschluss gefasst haben.

Der zweite Streitpunkt zwischen den beiden Städten endet unentschieden. Lübeck hatte versucht, die Berufungsinstanz für strittige Urteile des Nowgoroder Kontors von Visby nach Lübeck verlegen zu lassen. Nach zweijährigem Hin und Her beschließen die Städte 1295, dass die Berufungen jährlich abwechselnd nach Lübeck und nach Visby erfolgen sollen. Es ist jedoch kein einziger Berufungsfall überliefert.

Parallel zu den politischen Vorgängen in der zweiten Hälfte des 13. Jahrhunderts konsolidiert sich ein neues Handelssystem. Die Gewinner dieser Veränderung sind die wendischen Seestädte. Im vorangegangenen Zeitalter des Handels der Fahrtgenossenschaften, als die Fernkaufleute gemeinsam die Handelsniederlassungen im Ausland besuchten, waren die Seestädte hauptsächlich Umschlagplätze für den Transithandel durchreisender Kaufleute. Im Zuge der kommerziellen Revolution leiten die Seniorkaufleute ihre Geschäfte von ihrer jeweiligen Heimatstadt aus und senden jüngere Kaufleute oder ihre Gesellen ins Ausland. Als Folge dieser Arbeitsteilung entstehen nun auch die Berufszweige der Fuhrunternehmer zu Land und der Schiffer, der Kapitäne, im Seetransport. Im Zuge dessen werden die Städte an der südwestlichen Ostseeküste zu Stapelplätzen und erlangen eine zentrale Vermittlerfunktion im Handel zwischen Ost und West. Das lässt sich gut an der enormen Ausweitung der Speicherkapazitäten in diesen Städten im 13. Jahrhundert erkennen.

Spätestens seit der zweiten Hälfte des 13. Jahrhunderts sind die wendischen Seestädte die zentralen Verschiffungshäfen für den Ost-West-Handel und bleiben es für rund 100 Jahre. Viele Waren werden hier umgeschlagen und entweder auf Schiffen

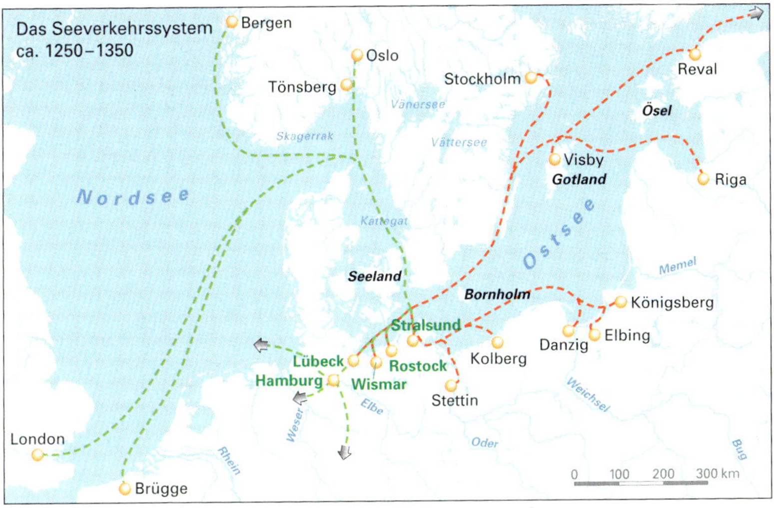

Im regionalen Seeverkehrssystem bringen die Schiffer der östlichen Ostseestädte ihre Ladungen bis zu den wendischen Seestädten. Diese transportieren sie weiter nach Westeuropa.

der wendischen Städte oder auf dem Landweg weitertransportiert. In dieser Umschlags- und Transportleistung und in der Versorgung eines großen Raumes mit den Grundnahrungsmitteln Hering, Getreide und Bier liegt die wirtschaftliche und damit auch politische Bedeutung der wendischen Städte in der hansischen Organisation. Sie umgeben Lübeck, die Königin der Hanse, gewissermaßen wie ein Kronrat. Diese Funktion wird 1418 schriftlich festgehalten, als es im Rezess des Hansetages zu Lübeck heißt, dass Lübeck mit dem Rat der wendischen Städte die Angelegenheiten der Hanse zwischen den einzelnen Hansetagen wahrnehmen soll.

Am Ende des 13. Jahrhunderts war ein dreistufiges Außenhandelsnetzwerk geschaffen (regional, überregional, «international»). Es betraf politisch-militärische, rechtliche und ökonomische Belange und überzog Gebiete von England und Flandern bis nach Nowgorod und Smolensk in unterschiedlicher Dichte mit rechtlichen Institutionen zugunsten der niederdeutschen Kaufleute.

Am Beginn des 14. Jahrhunderts erfolgt ein Rückschlag. Die Landesherren der südwestlichen Ostseeküste beginnen eine Rückeroberungspolitik, und der Dänenkönig Erich Menved (1286–1319) nimmt die Expansionspolitik Waldemars II. wieder auf. Erst als Stralsund 1316 siegreich eine mehrmonatige Belagerung übersteht – aus dem Lösegeld für den gefangen genommenen Herzog Erich von Sachsen wird die prächtige Schauwand des Stralsunder Rathauses errichtet –, die finanziellen Mittel der Fürstenkoalition erschöpft sind und 1319 Erich Menved und sein Konkurrent, Markgraf Waldemar von Brandenburg, sterben, können die Städte ihre für rund fünfzehn Jahre unterbrochene Politik wiederaufnehmen. Den vormaligen Organisationsgrad werden sie circa ein halbes Jahrhundert später nach der Verfestigung ihrer Organisationsstruktur zu den *steden van der dudeschen hense* wieder erreichen.

Die Schauwand des Rathauses von Stralsund, finanziert um 1325 aus dem Lösegeld für den 1316 gefangen genommenen Herzog Erich von Sachsen. Links der Nordturm der St.-Nikolai-Kirche

Stifterporträt des Kölner Kaufmanns und Ratsherrn Johann Rinck († 1464). Auf dem Wappenschild seine Hausmarke, das Zeichen seiner Handelsfirma

◂ Ausschnitt aus der Miniatur «Van schipprechte» aus der Bilderhandschrift des Hamburger Stadtrechts von 1497. Der Hafen mit Schiffen, Booten, Prähmen und Kran. Vorne rechts vor dem Haus vermutlich Schiffer und Kaufleute

4 Homines duri – harte Männer: die niederdeutschen Fernkaufleute

Im 12. und 13. Jahrhundert führte der Handel Menschen aus unterschiedlichsten sozialen Gruppen und aus den verschiedensten Rechtsverbänden zusammen. Die «eigentlichen» Fernkaufleute sind *homines duri*, harte, gewaltbereite Männer. So beschreibt schon der Kleriker Alpert von Metz zu Beginn des 11. Jahrhunderts, rund 150 Jahre vor «unserer» Zeit, die Kaufleute von Tiel an der Waal, einem der Rheinmündungsarme. Alpert hielt nicht viel von diesem Menschenschlag. Seine Sitten erschienen ihm roh, noch schlimmer war, dass sich die Kaufleute ein eigenes Recht, ein Sonderrecht anmaßten, von dem sie auch noch behaupteten, es sei ihnen vom Kaiser verliehen worden. Der in eine doppelte Hierarchie von Adelsgesellschaft und Kirche eingebundene und an sie gewöhnte Abt stand dem genossenschaftlichen Selbstbestimmungsrecht der Kaufleute, der Einung, verständnislos und ablehnend gegenüber. Außerdem galt beim Handel eine Art «internationales» Kaufmannsrecht, das sich in Jahrhunderten herausgebildet hatte und mündlich weitergegeben wurde. Auch dieses Recht wich in vielem von dem ab, was dem in ländlichen Verhältnissen lebenden Abt vertraut war.

Alpert vertritt eine innerhalb der römisch-katholischen Kirche verbreitete Einstellung, die den Kaufleuten ablehnend gegenübersteht. Deren Tätigkeit sei für das Seelenheil extrem gefährlich, weil kaum ein Handelsgeschäft ohne Betrug abgewickelt werden könne. Diese Meinung steigerte sich durch das Anwachsen des Handelsverkehrs und die Zunahme der Zahl der Kaufleute in der folgenden Zeit – zum Teil sicherlich nicht ohne Grund – bis hin zu einer Einstellung, derzufolge Kaufleute ein gottloses Gewerbe ausübten, betrügerisch seien, habgierig und dem Wucher verfallen.

Aber schon Zeitgenossen Alperts, auch Kleriker wie er (andere konnten ja nicht schreiben, weswegen wir aus den früheren Jahrhunderten des Mittelalters fast alles durch die kirchliche Brille sehen), hoben den Nutzen der Tätigkeit des Kaufmanns für den König, den Adel und die Reichen, sogar schon für das ganze Volk hervor. Der Mönch Notker der Deutsche († 1022) erkannte die seinem Zeitgenossen Alpert von Metz so fremden kaufmännischen Rechtsgewohnheiten beim Handelskauf auf dem Markt an, *uuánda siz îro geuuoneheéite is* (weil das ihre Gewohnheit, ihr Brauch ist).

Die Tieler Kaufleute sind Nachfahren jener Kaufleute, die seit karolingischer Zeit unter dem Schutz des Königs standen. Er hatte sie mit Schutzbriefen ausgestattet, in welchen er seine Amtsleute anwies, für den verordneten Schutz zu sorgen und sie von allen öffentlichen Lasten freizustellen, ausgenommen die Zollzahlung an bestimmten Zollstellen. Seit dem späten 10. Jahrhundert erwarben die geistlichen und weltlichen Herren, Bischöfe, Äbte, Grafen vom König die Schutzbriefe. Nun mussten sich die einzelnen Kaufleute und Kaufleutegruppen bei ihrem jeweiligen Gerichtsherrn um Zulassung zu der unter Königsschutz stehenden Gemeinschaft bemühen.

Kaufleute wie die Tieler waren den größten Teil des Jahres unterwegs. Sie begleiteten ihre Waren und die Knechte und Lasttiere, die diese transportierten. Am Zielort führten sie selbst die Verhandlungen mit den dortigen Machthabern und schlossen ihre Geschäfte ab. Fremde waren im Mittelalter prinzipiell schutzlos. Daher schlossen sich die Kaufleute meist in Gruppen zusammen, bildeten Karawanen, Fahrtgemeinschaften. Überliefert sind jedoch auch Fahrten einzelner Kaufleute, die aber selbstverständlich nicht allein, sondern mit einigen Knechten unterwegs waren.

Zu ihrem Schutz hatten Kaufleute das Recht, das Schwert zu führen. Seit Karl dem Großen ist es schriftlich überliefert, unter Kaiser Friedrich I. Barbarossa im Reichslandfrieden von 1152 dahin gehend präzisiert, dass sie das Schwert nicht am Gürtel führen dürfen, sondern am Sattel befestigen oder auf dem Wagen mitführen müssen. Die Begründung lautet: Der Kaufmann solle nicht einen Unschuldigen verletzen, sondern sich gegen Räuber verteidigen. Man will verhindern, dass der Kaufmann sein Gegenüber – Lieferant, Kunde, Konkurrent – bei einer Auseinandersetzung bereits im ersten Affekt mit der Waffe angreift. Ein Beispiel für die Gewaltbereitschaft der Kaufleute ist die Vorgeschichte des Artlenburger Friedens.

Die zweite Gruppe der Kaufleute waren die personenrechtlich abhängigen, also unfreien Kaufleute der Bistümer, Klöster und Abteien sowie der weltlichen Herrscher. Sie versorgten im Auftrag ihrer Herren deren Höfe.

Die Ministerialen bildeten die dritte Gruppe. Sie waren ebenfalls (ursprünglich) unfreie Dienstleute eines Herrn. Mit militärischen oder mit verantwortungsvollen Verwaltungsaufgaben betraut, gelang es diesem Stand, bis zum Ende des 13. Jahrhunderts die Merkmale der Unfreiheit abzulegen. Am bekanntesten ist der Ritterstand, der sich aus den Ministerialen entwickelte, die Kriegsdienst zu Pferd leisteten. Die Ritter bildeten seit dem späten 12. Jahrhundert die Kerngruppe des entstehenden Niederadels. Wenig bekannt ist dagegen, dass die «Kollegen» der Ritter, die Ministerialen, die im Verwaltungsdienst ihres Herrn in großen Städten standen, mit ihnen standesgleich waren. Und sie waren eine wichtige, wenn nicht gar die wichtigste Personengruppe bei der Emanzipation der Städte von ihren Stadtherren. Über Verwaltungsfunktionen bei der Markt- und Zollaufsicht, bei der herrschaftlichen Münzprägung und anderen Tätigkeiten hatten sie mit den Kaufleuten und den produzierenden Gewerben ihrer Stadt zu tun. Sie waren zuständig für die Versorgung des Hofes des Stadtherrn und mussten daher zum Nah-, Regional- und Fernhandel Kontakte haben oder ihn selbst durchführen (lassen). Sie konnten aber auch schon über die Vermarktung von Erträgen eines Dienstgutes als Kaufleute tätig geworden sein.

Letzteres galt auch für eine weitere Gruppe, aus der sich Kaufleute rekrutierten: die Freien. Sie waren unabhängige, keinem Herrn personenrechtlich unterworfene Personen. Viele Freie hatten ihren Sitz ursprünglich außerhalb der Städte, gehörten aber oft zu deren gesellschaftlichen Führungsgruppen. Viele Freie begaben sich freiwillig (oft wohl auch unfreiwillig) in die Ministerialität, um den Schutz eines mächtigen Herrn zu bekommen, aber auch um ein einträgliches Lehen, eine Vogtei oder ein Hofamt zu bekommen.

Lebenswichtig für den Kaufmann waren die Höfe. Nicht nur wegen des Umsatzes, sondern wegen der Schutz- und sonstigen Rechte, die er nur von den Fürsten erhalten konnte. Die niederdeutschen Kaufleute expandierten ihren Handel in die höfische Welt hinein. Das erforderte ein Auftreten, das den Anforderungen höfischen Benehmens entsprach. Leider gibt es im niederdeutschen Sprachraum keine schriftlichen Quellen, die vom Zusammentreffen frühhansischer Kaufleute und, zum Beispiel, dem schwedischen König oder dem Fürsten von Nowgorod erzählen. Die niederdeutsch-nordeuropäischen Quellen sind nüchtern und knapp. Alles, was wir erfahren, ist, dass etwa ein Vertrag zwischen den Gotländern und den Deutschen, deren gemeinsamer Bote Arbud hieß, und den Nowgorodern geschlossen wurde. In welchem zeremoniellen Rahmen das ablief, wird nicht erzählt.

Aufschluss über das Verhältnis zwischen Kaufleuten und Adel gibt aber die mittelhochdeutsche Dichtung, die bedeutenden Epen von Tristan und Isolde, von Parzival und Gawein, Willehalm und anderen. Sie entstanden fast alle im Zeitraum vom späten 12. bis zur Mitte des 13. Jahrhunderts. In vielen Szenen schildern sie das Auftreten von Kaufleuten bei Hofe. Das Publi-

Tristan als Brautwerber um Isolde vor dem König von Irland. Französische Darstellung aus dem 15. Jahrhundert

kum bei Hofe, dem diese Dichtungen vorgetragen wurden, erwartete einen Realitätsbezug der Handlung, sodass die Schilderungen den tatsächlichen Gegebenheiten entsprochen, ihnen wenigstens nicht widersprochen haben dürften.

Zwar waren der ober- und der niederdeutsche Raum unterschiedliche Sprachlandschaften, aber die ständische Gesellschaftsordnung und die Rolle der Kaufleute war in beiden die gleiche. Die mittelhochdeutschen Epen fanden auch in Niederdeutschland ihr Publikum. Mit dem «Guoten Gerhard» des Rudolf von Ems liegt ein Epos aus den 1230er Jahren vor, das den Kölner Gerhard Unmaze zum Protagonisten hat, der Ministeriale und erzbischöflicher Untervogt, Zöllner, Schöffe und Amtmann der «Richerzeche», einer Vereinigung der reichsten Kölner, war. Er reist auf seinen Handelsfahrten nicht nur nach Afrika und in den Nahen Osten, sondern auch nach Russland, eines der Haupthandelsgebiete der hansischen Kaufleute.

Im «König Rother» aus der Mitte des 12. Jahrhunderts wird Kaufleuten die Bewachung der mit Gastgeschenken reichbeladenen und für die Rückreise wichtigen Schiffe einer Gesandtschaft anvertraut. Sie sind verlässlich und wehrhaft, und zwischen ihnen und den Adligen besteht ein partnerschaftliches Verhältnis, keine ständisch geprägte Animosität.

Der Königssohn Tristan nimmt in Gottfried von Straßburgs gleichnamigem, um 1210 geschriebenem Roman mehrfach die Rolle eines Kaufmanns ein und besteht in dieser Tarnung auf dem Prüfstand der höfischen Gesellschaft. Auch die norwegischen Kaufleute, die Tristan aus Kanoêl entführen, sind adlig. Sie haben höfische Kultur, schätzen Tristans Gesang, und sie spielen Schach, das königliche Spiel. In welch hohem Maße eine Kombination von Kaufmann und ritterlichen Qualitäten für möglich gehalten wurde, zeigt der ritterlich gewappnete, drachenbesiegende, als angesehener Kaufmann Tantris auftretende Tristan. Auch die prinzipielle Offenheit des «Kaufmannsberufs» wird sichtbar, als in einer anderen Episode Tristans Geschichte, dass er von einem Spielmann zum Kaufmann geworden sei, von allen geglaubt wird. Weltoffenes Klima wird in dieser Dichtung durch häufigen Besuch ausländischer Kaufleute charakterisiert, die Kontakt mit anderen Kulturen, Sprachen und Verhaltensweisen haben.

Äußerlich waren Ritter und Kaufleute leicht miteinander zu verwechseln. Die Verkleidung als Kaufmann war für einen Adligen durchaus akzeptabel, was nur gelingen konnte, weil der Kaufmann «international geachtet, geschützt und respektiert»

Richard Löwenherz während seiner Gefangenschaft auf der Burg Trifels (links im Bild). Miniatur aus dem 14. Jahrhundert

wurde. «Weil er materiell gut ausgestattet, mit Knechten und bewaffnet reiste, bot sich diese List vor allem für hochrangige Persönlichkeiten an» (Heribert Brennig). Auch Richard Löwenherz reiste als Kaufmann verkleidet, als er 1192 gefangen genommen wurde. Er hatte sich durch zu großen Aufwand verraten.

In der Erzählung von «Gawan» im «Parzival» des Wolfram von Eschenbach, geschrieben im ersten Jahrzehnt des 13. Jahrhunderts, werden aber auch die Merkmale herausgearbeitet, die den Ritter vom Kaufmann unterscheiden: adliges Wesen und Verhalten, die gepflegte Ausdrucksweise sowie die körperliche Konstitution, die von ständigen Übungen in ritterlich-militärischen Disziplinen geprägt ist, wohingegen die Kaufleute im Kampf ungeübt sind. Man denkt unwillkürlich an das Erscheinungsbild regelmäßiger Besucher von Kraftstudios.

Kaufmännisches und Ritterliches vereint sich in Eschenbachs «Willehalm», geschrieben ungefähr zehn Jahre später. Dort verbindet der ritterliche Kaufmann Wimar ritterlichen Geist und ritterliche Waffenübung mit kaufmännischem Pragmatismus. Möglicherweise nachgeborner Sohn eines Ritters und somit nicht erbberechtigt, übt er erfolgreich den Beruf eines Kaufmanns aus. An ihm wird deutlich, was diesen Beruf für alle sozialen Gruppen so attraktiv macht: Man kann schnell reich werden.

Die enge Verbindung zwischen Fernkaufmann und Ritter spiegelt sich auch im Begriff *âventiure*. Er bezeichnet die ritterliche Bewährungsfahrt ebenso wie den Handel des Fernkaufmanns. Von dort geht er über in den Begriff des wirtschaftlichen Risikos in der Sprache der kaufmännischen Buchführung des 14. Jahrhunderts.

Kommen wir zurück zu den niederdeutschen Kaufleuten. Wiederum im «Parzival» erfahren wir, wie deren Fahrtgemeinschaften ausgesehen haben dürften. In der Geschichte von Gawan besuchen Kaufleute das Lager des Königs Artus. Sie führen

Wolfram von Eschenbach († um 1220), der Dichter des «Parzival» und des «Willehalm», als Ritter im Codex Manesse (entstanden 1300 bis 1340)

Streitrösser, Schilde und Speere mit sich, nicht als Handelsgut, sondern zum persönlichen Schutz. Solcherart gerüstet trafen sich auch die Mitglieder der kaufmännischen Führungsgruppen aus den niederdeutschen Städten im Ausland, nur, wegen der langen Seereise, ohne Pferde.

Diese Fahrtgemeinschaften setzten sich aus Angehörigen der unterschiedlichen Stände zusammen. Was sie einte, war die Tätigkeit (!) als Kaufmann, nicht ein allen gemeinsamer Stand. Weil aber die Gesellschaft des hohen Mittelalters eine ständische war, dürften zu den Älterleuten, den Führern dieser Fahrtgemeinschaften im Ausland, diejenigen gewählt worden sein, die auch in der Herkunftsstadt oder der Herkunftsregion das höchste Ansehen hatten: die rittergleichen Ministerialen. Sie waren es gewohnt, Befehle zu erteilen, waren durchsetzungs- und im wahrsten Wortsinne schlagkräftig und im Umgang mit adligen Herren geschult. Sie beherrschten das Auftreten bei Hofe und konnten daher die Interessen der Kaufleutegruppen am besten vertreten. Gerne wüssten wir, wie es zugegangen ist, wenn Männer aufeinandertrafen, deren hervorstechende Verhaltens- und Charakterzüge in ihren Bei- und Familiennamen überliefert sind: Gyr (Gier), Hardevust (Harte Faust), Vulpus (Geier), Unmaze (Unmaß), Rapesulver (Raubsilber). Diese Männer leiteten die genossenschaftlichen Verbände.

Entscheidend für die Hanse sollte werden, dass Männer dieses Schlages im Laufe des 13. Jahrhunderts in den niederdeutschen Städten Stück für Stück die politische Macht oder zumindest weite Bereiche davon übernehmen. Sie besetzen die Schöffenbänke in den Regionen des Reichs, in denen die Schöffenverfassung vorherrschte, und die Ratsstühle dort, wo die Ratsverfassung sich durchsetzte. Beide Verfassungsarten haben insofern das gleiche Ergebnis: Mitglieder dieser Führungsgruppe haben die leitenden Funktionen inne – und zwar schon in der Zeit, als die politische Macht noch in den Händen des Stadtherrn liegt. Ihre

Der Ritter und Dichter Hartmann von Aue († um 1210) auf «vordeckedem ross». Darstellung im Codex Manesse rund 100 Jahre nach seinem Tod

Vorrangstellung beruht darauf, dass sie (zunächst im Auftrag des Stadtherrn) dem Gericht vorsitzen, den Marktverkehr – unter anderem Maße und Gewichte – beaufsichtigen, die Finanzverwaltung als Zöllner, Münzer und Wechsler in den Händen haben und das militärisch wirkungsvollste Kontingent der Stadt bilden, die Panzerreiter.

Immer mehr stadtherrliche Rechte kommen in die Hände der Bürger oder besser in die Verfügungsgewalt der Führungsgruppe. Sie lassen sie sich von den stets in Geldnot befindlichen Stadtherren verpfänden oder kaufen sie ihnen ab. Zunächst die wirtschaftlichen wie Zoll, Marktaufsicht und Münze, später oft auch die politisch-rechtlichen wie das Gerichtswesen.

Die tatsächliche Ausübung dieser Rechte liegt in den Händen der städtischen Führungsgruppe, die sich aus Angehörigen der Ministerialität, der weitgereisten Fernkaufleute und Freien zusammensetzt. Handwerker sind nicht zum Rat zugelassen. Sie müssen sich ihre Ratsstandschaft in zum Teil blutigen innerstädtischen Verfassungskämpfen im Laufe des 13. und 14. Jahrhunderts erstreiten.

Als die Städte beginnen, sich von ihren adligen Stadtherren zu emanzipieren, müssen die in der Stadt ansässigen Ministerialen sich entscheiden, ob sie im Dienst ihres Herrn bleiben, ihm quasi «aufs Land» folgen wollen, oder ob sie die städtische Lebens- und Wirtschaftsform vorziehen. Viele wählen die Stadt.

Die Quellenlage zur Frage der stadtsässigen Ministerialität ist im niederdeutschen Raum schlechter als in rheinischen Bischofsstädten oder in den oberdeutschen Stauferstädten. In den erst im 13. Jahrhundert an der südlichen Ostseeküste gegründeten kommunalen Städten spielte sie keine Rolle mehr, da die dortigen Fürsten keine Ministerialität mehr ausbildeten. In Köln, Bremen und Magdeburg ist die Herkunft eines prägenden Teils der städtischen Führungsgruppe aus der Ministerialität erwiesen. Durch Heiratsverbindungen zwischen den Ministerialenfamilien und den Familien freier Kaufleute kam es zu einer ständischen Angleichung zwischen den beiden Gruppen. In vielen Städten bildete sich daraus im 13. und 14. Jahrhundert die Gruppe der Ratsverwandten. Ihrer Herkunft waren sich die ministerialischen Familien aber weiterhin bewusst. In Bremen gab es einen regen Wechsel zwischen Angehörigen dieser Familien in die Stadt hinein und aus ihr heraus. Der Sohn eines landsässigen Ministerialen wird Bürger und Ratsmann, der Sohn eines städtischen Ratsherrn landsässiger Ritter (*miles*). In der Hansestadt Stade haben die engen verwandtschaftlichen Beziehungen zwischen landsässigem Niederadel und den Ratsfamilien bis in die frühe Neuzeit angedauert.

In Lübeck waren die Familien Morum, Hattorp, «cum ferrea manu» (mit der eisernen Hand), Ostinchusen, Pape und Hamer namensgleich mit altfreien Geschlechtern, die in Soest zur städtischen Führungsgruppe gehörten. Giselbert von Warendorp stammte aus einem ministerialischen Geschlecht aus dem Münsterland. In Hildesheim waren Familien mit Namen Rufus, de Domo und Pepersack beheimatet. Ebenfalls aus einem niedersächsischen Ministerialengeschlecht stammten die Boizenburgs, die bei der Stadterhebung der Hamburger Neustadt eine wichtige Rolle spielten. Die Wickede in Dortmund gehörten zur ministerialischen Dortmunder Bürgerschaft mit Reichshufen (Lehnsbesitz), die allein die Ratsherren der frühen Stadt stellten. Mitglieder der Vifhusen (Fünfhausen), einer westfälischen Adelsfamilie, deren städtischer Zweig in Lübeck im 13. Jahrhundert vier Ratsherren, darunter einen Bürgermeister, hervorbrachte, waren in den 1320er Jahren Vasallen in der Diözese Dorpat. Aus dem Lübecker Zweig der Familie kam Vromhold, der um die Mitte des 14. Jahrhunderts Erzbischof von Riga war. Zu dessen mächtigsten Stiftsvasallen wiederum gehörte sein Bannerträger Bartholomäus Thisenhusen aus einer niedersächsischen, an der Weser beheimateten Familie, die wiederum einen städtischen Zweig in Lübeck hatte. Johann Tisenhusen wird 1401 als Mitglied der elitären Lübecker Zirkelgesellschaft als Ritter bezeichnet. Bereits um 1200 sind in Lübeck Namen überliefert, die auf Bremer Ministerialenfamilien weisen: de Domo, van Bremen, Monik (Monich), Frese (Friso), Schernbeke, de Urbe.

Diese städtischen Führungsgruppen behielten ihre niederadelsgleiche Position bis ins 15. Jahrhundert hinein. Im 13. und 14. Jahrhundert waren Söhne solcher Familien aus zahlreichen Hansestädten Ritterbrüder des Deutschen Ordens, aber auch des livländischen Schwertbrüderordens. Karl IV. redete die Lübecker Ratsherren mit *domini*, «ihr Herren», an. Die so Angesprochenen hatten das Recht, gleich dem Adel weiße Leinwand zu tragen. In der städtischen Chronik wurden sie mit adligen Tugenden geschmückt: Kriegstaten, Tapferkeit und Teilnahme an Turnieren.

Als 1278 das erzbischöflich-magdeburgische Aufgebot gegen den Markgrafen Otto von Brandenburg ins Feld zog, sandten die Bürger «de riken (...) mit vordeckeden rossen, de middelmatigen mit starken perden unde wepenere, die meinheid mit kulen, swerden unde speten» ins Feld («die Reichen mit Streitrossen, die [nach Ritterart] mit Tuchen bedeckt waren, die Mittelmäßigen mit starken Pferden und Gewappneten, die sonstige Bürgergemeinde mit Keulen, Schwertern und Speeren»). Die *riken* entsprechen hier dem, was auf der markgräflichen Seite die *riddere*, die Ritter, waren. Die *rikesten* hielten auch Turniere ab, sind Träger adliger Kultur. Auch das ist für Magdeburg überliefert, wo um 1284 die *konstabler*, die ritterlich Gewappneten innerhalb der Bürgerschaft, ihre standesgleichen Genossen der übrigen niedersächsischen Städte zu einem *grale*, zu einem Turnier einladen. Der erste Preis ist übrigens eine Dirne, die ein älterer Braunschweiger Kaufmann gewinnt.

Die ständische Qualität der Lübecker Führungsgruppe dürfte auch entscheidend gewesen sein, als die Stadt 1226 die

Der hochgotische Chor der Marienkirche in Lübeck. In der Marienkirche feierten die Ratssendeboten der Hansestädte zu Beginn und am Ende eines Hansetages die heilige Messe.

Reichsfreiheit erhielt, in einer Zeit als Kaiser Friedrich II. und die Landesherren die bürgerlich-kommunale Bewegung aufs schärfste bekämpften und kommunale Einungen verboten. Das sogenannte Reichsfreiheitsprivileg war an die *burgenses* adressiert. In Lübeck kann man deren ständische Qualität nicht mehr bestimmen. In Magdeburg bezeichnet derselbe Begriff zur selben Zeit, nämlich 1224, nur die stadtsässigen Ritter, die Schöffen, Ratsherren und die ministerialischen Familien.

Angehörige dieser städtischen Führungsgruppen leiteten die Geschicke der Fernhändler in den Außenkontoren und später als «Herren der Hanse» die Geschicke der Hanse. Dieser relativ kleinen Personengruppe ist es gelungen, die Politik ihrer Städte in ihrem eigenen fernhändlerischen Interesse zu instrumentalisieren.

Um die Diskrepanz zwischen Eigeninteresse und Verantwortung für das Allgemeinwohl im städtischen Alltag ausgleichen zu können, waren die hansischen Ratsherren auf etwas angewiesen, was man neuerdings «symbolisches Kapital» nennt. Die führenden Familien einer Stadt mussten ihre Fähigkeit, das Gemeinwesen führen zu können, durch ehrenhaftes Verhalten der Bürgerschaft gegenüber unter Beweis stellen. Sie mussten freigebig sein, das heißt Speisungen finanzieren, Armenbehausungen in den eigenen vier Wänden vornehmen und Armenhäuser errichten oder unterstützen; sie mussten die Pflege der Kranken und Aussätzigen fördern, auch das durch Finanzierung oder Unterstützung von Leprosen- und Siechenhäusern, von Hospitälern und anderem mehr. Diese Freigebigkeit war, wie besonders die Armenspeisungen zeigen, ein öffentlicher Akt.

Die Mitglieder der Führungsgruppen mussten auch die Kunst der Selbstdarstellung beherrschen, um sich – möglichst positiv – in das Gedächtnis der Bürger einzuprägen. Das geschah oft in Form aufwendiger Stiftungen in den Kirchen und Klöstern, wo die Gläubigen am Wappen der Stifter erkennen konnten, welche

Skulpturen, Altäre oder gar Kapellen die einzelnen Familien für ihr Seelenheil, aber auch zum gemeinen Besten gestiftet hatten. Über Generationen zeigten die so gekennzeichneten Stiftungen, die Memorialbildnisse und später die Epitaphien den «normalen» Mitgliedern der städtischen Gemeinde, welche Familien meinten, zur Führung der Stadt berufen zu sein.

Diese gewissermaßen informelle Absicherung des eigenen Führungsanspruches war auch nötig, weil die Räte keine Obrigkeit waren, sondern – modern gesprochen – von den Bürgern gewählte Verwaltungskörperschaften. Dass die Ratsherren das bisweilen anders sahen, steht auf einem anderen Blatt, entsprach aber nicht der niederdeutschen Stadtverfassung.

Unabhängig von der Zulassung weiterer Gruppen der Bürgerschaft zum Rat gab es ein Mitspracherecht der städtischen Bürger. Der Rat musste nach den Regeln der meist nur mündlich tradierten niederdeutschen Stadtverfassung bei «hochbeschwerlichen Geschäften» (*negotia ardua et magna*) die Handwerksämter und die Gemeinde, also die gesamte Bürgerschaft, zur Beratung und Entscheidung heranziehen. Hochbeschwerliche Geschäfte waren alle diejenigen, die die Gemeinde in ihren Rechten oder in ihrem Vermögen beschnitten. Das schloss auch Bündnisse, Kriegserklärungen und die Geldpolitik mit ein. Das war jedoch keine niederdeutsche Besonderheit. In der spätmittelalterlichen politischen Theorie und Jurisprudenz beruhte die Verfassung der Kommunen auf der Wahl des Rates und der Mitwirkung des Volkes in zentralen Fragen. Der wohl bedeutendste Jurist des 14. Jahrhunderts, Bartolus de Saxoferrato († 1350), brachte dies auf die Formel: *consilium repraesentat mentem populi* (der Rat repräsentiert den Willen des Volkes). In welchem Maße diese Grundregel eingehalten wurde, war von den tatsächlichen Machtverhältnissen abhängig.

RELAIS OUD HUIS

Wohnung und Warenspeicher eines flämischen Kaufmanns um 1440. Flämische Miniatur aus einer französischen Ausgabe des «Dekameron»

◂ Brügge, der «Welthandelsmarkt» Europas nördlich der Alpen im 14. und 15. Jahrhundert. Blick aus einer Gracht auf den «Jan van Eyck-plein» und die «Poortersloge»

5 1358: die Ausrufung der *hense van den dudeschen steden*

Die Stadt Brügge in Flandern ist um die Mitte des 14. Jahrhunderts der *stapel der cristenheit*, der «Welthandelsmarkt» Europas nördlich der Alpen. Dort laufen die Handelsbeziehungen englischer, französischer, spanischer, portugiesischer, italienischer und deutscher Kaufleute zusammen. Sie sind durch ein System von Hosteliers (Wirten), Wechslern und Maklern miteinander verbunden, wie es keine andere Stadt Europas zu dieser Zeit hat. Die niederdeutschen Kaufleute wohnen, wie die meisten fremden Kaufleute, in «hostels», die nicht nur Gasthaus und Herberge, sondern auch wirtschaftliche Kontaktbörsen sind. Sie finden dort Unterkunft und Lagerräume für ihre Waren, können ihr mitgebrachtes Geld oder ihr Edelmetall in örtliche Münzen tauschen, Informationen erhalten sowie Kontakte knüpfen. Viele Hosteliers betreiben ihr Unternehmen mit Hilfe eines Stabs von Geldwechslern, Maklern und Notaren. Sie haben Konten bei den Wechslern, die Zahlungen über Buchtransfers ermöglichen, also ohne den Einsatz von Bargeld. Der Trick dabei sind die Guthaben, die die Wechsler untereinander haben, über die auch der Zahlungsverkehr der Gäste der Hosteliers, also der fremden Kaufleute, abgewickelt werden kann; entweder über eigene Konten der Kaufleute oder über die der Hosteliers. Mit dem bei ihnen deponierten Geld betätigen sich die Hosteliers und Wechsler auch im Großhandel.

Obwohl der Stapel für Wolle aus England in der englisch besetzten Hafenstadt Calais liegt, ist Brügge der Hauptmarkt für englische Wolle. Auch die Wollkaufleute und die Tuchhersteller haben Konten bei den Wechslern, über die zum Beispiel die Weber für die von ihnen hergestellten Tuche bezahlt werden, sodass dieses System von Buchüberweisungen, Kontenausgleich und Barauszahlungen eine zentrale Dienstleistung für die Geschäfte der einheimischen und fremden Kaufleute sowie der örtlichen und regionalen Produzenten darstellt. Sein Wirkungsraum reicht weit über Brügge hinaus.

Brügges Bedeutung liegt somit in der Summe der Netzwerke, die in der Stadt zusammenlaufen. Die geografische Weite dieser Netzwerke reicht von der Levante im Nahen Osten bis Island, von Portugal bis Russland. An ihnen sind so viele Akteure beteiligt wie nirgendwo anders in Europa nördlich der Alpen. Keiner der Kaufleute hat selbstverständlich Verbindungen zu allen Außenposten dieses Netzwerkes, aber durch den Aufenthalt in Brügge kann er zu allen diesen Regionen Zugang finden.

Die niederdeutschen Kaufleute verdrängen seit Ende des 13. Jahrhunderts die flämischen Aktivhändler recht erfolgreich aus dem Handel mit Nordosteuropa. Daher sind sie in dem Brügger Groß-Netzwerk um die Mitte des 14. Jahrhunderts das wichtigste Teilnetzwerk für diesen Handelsraum. Damals halten sich durchschnittlich rund 100 hansische Kaufleute längerfristig in der Stadt am Swin auf. Wie viele saisonal die Stadt besuchen, ist nicht bekannt. Sie wohnen bei rund 200 Hosteliers, wovon rund 120 ausschließlich hansische Kaufleute beherbergen.

Hosteliers und Hansekaufleute bilden bisweilen sogar gemeinsame Handelsgesellschaften und besitzen gemeinsame Schiffsanteile. Allerdings müssen die Hosteliers auch den städtischen Behörden melden, wer bei ihnen wohnt. Ende des 15. Jahrhunderts fertigen die Herbergen täglich Gästelisten an. Wann mit diesen Aufzeichnungen begonnen wurde, ist nicht bekannt.

Verkauf von Tuchen, Kannen, Schalen und Schmuck in einem «Upperclass»-Geschäft um 1454

Was sich aus der Entfernung so schön als funktionierendes System von vielen Netzwerken präsentiert, ist jedoch ein permanenter Kampf um den eigenen Status. Es ist ein Kampf mit harten Bandagen, unlauteren Mitteln, um sich bessere Rechte zu verschaffen, als die anderen haben, beziehungsweise die Rechte, die man gewähren musste, zu unterlaufen oder wieder abzuschaffen. Es ist eine Konstante in der hansischen Geschichte, dass kurze Zeit nach dem Erhalt eines Privilegs die Klagen der hansischen Kaufleute beginnen, die zugesagten Rechte würden nicht eingehalten.

Seit Mitte des 14. Jahrhunderts häufen sich die Klagen der deutschen Kaufleute über die städtischen Amtsleute in Brügge und in Sluis, dem Vorhafen der Stadt. Es geht um viele kleinere und größere Behinderungen, Rechtsverweigerungen, neue Abgaben wie etwa eine neue Gebühr, die für das Teeren der Schiffe erhoben wird, darum, dass die Kaufleute beim Verkauf eines Schiffes zehn Pfund Pariser Währung zahlen sollen; es geht um eine Akzise (Verbrauchssteuer), die auf den Eigenbedarf des von ihnen selbst importierten Bieres erhoben wird, und – am schwerwiegendsten und deshalb im Beschwerdeschreiben des Kontors an Bürgermeister, Schöffen und Rat von Brügge an erster Stelle genannt – dass niederdeutsche Kaufleute in den *steen*, das Schuldgefängnis der Stadt, geworfen werden, obgleich sie Bürgen hätten stellen können.

Am 20. Januar 1358 fassen die Ratssendeboten der wendischen Städte sowie von Goslar, Braunschweig, Elbing und Thorn einen historischen Beschluss von großer Tragweite. Sie vereinbaren ein Handelsembargo zu Lande und zu Wasser. Das Embargo richtet sich nicht nur, wie in früheren Fällen, gegen die Stadt Brügge, sondern gegen die gesamte Grafschaft Flandern einschließlich des Landesherren. Flandern ist die wirtschaftlich mächtigste Region im Europa nördlich der Alpen. Die Blockade kann also nur wirksam sein, wenn sich tatsächlich sämtliche niederdeutschen Kaufleute an dieser Aktion beteiligen. Die Blockade betrifft auch die Städte Mecheln und Antwerpen, die sich Graf Ludwig II. von Flandern kurz zuvor angeeignet hatte. Das Ziel der Ratssendeboten ist eindeutig: Man will Flandern aushungern und die flandrische Tuchindustrie lahmlegen. Dabei ist zu berücksichtigen, dass die Hansen nicht die einzigen Kaufleute sind, die in Flandern Handel treiben. Sie müssen sich der Unersetzbarkeit ihrer Güterzufuhr und der Unersetzbarkeit ihrer Abnahme flandrischer Produkte sehr sicher sein, denn wir sahen bereits, wie viele Kaufmannsnationen dort vertreten sind.

Wie sehr die Lage drängte, zeigt der Versammlungstermin mitten im Winter, obgleich das Reisen aufgrund von Kälte, Schnee und Eis extrem beschwerlich ist. Vermutlich sind die

Nachrichten des Lübecker Ratsherren Bernard Oldenborch, der sich zu Verhandlungen in Brügge aufhält, dermaßen schlecht, dass man sich gezwungen sieht, sofort zu handeln.

Aber wie organisiert man die Wirtschaftsblockade einer reichen Wirtschaftsregion? Als Erstes braucht man, mit heutigen Worten ausgedrückt, eine Corporate Identity! Es muss ein Begriff her, der den flandrischen Städten und ihrem Grafen klarmacht, dass sie es mit einem starken und geeinten Gegner zu tun haben. Der Begriff, der dies zum Ausdruck bringt, ist: die *dudesche hense*. Urplötzlich kommt er in allen drei überlieferten Schriftstücken dieses Hansetags vor, nicht nur einmal, sondern in jedem Schriftstück mehrmals. Bis zu diesem Zeitpunkt war nur ein einziges Mal von der *duschen henze* die Rede. Im Jahr 1350, als der Kaufmann Thideman Blomenrod aus dem Recht des deutschen Kaufmanns in Brügge ausgeschlossen wurde, beschloss man, dass kein Kaufmann, der zur *duschen henze* gehört, mit ihm weitere Geschäfte eingehen dürfe. Die «offizielle» Bezeichnung der Älterleute des Brügger Kontors ist im Jahr 1358 (und auch weiterhin bis 1380) *mercatores Romani imperii* oder *coepmanne van dem Roemschen rike*, aber niemals der Begriff Hanse. «Das unvermittelte, massive Auftauchen des Hansebegriffs am 20. Januar 1358 war ein neues, propagandistisches Zeichen, um für eine in ihrem Ausmaß noch nie da gewesene Embargo-Aktion, die nur in Verbindung mit einem neuartigen solidarischen Handeln der Flandernfahrer und mit einer ebenfalls nicht da gewesenen organisatorischen Gemeinschaftsleistung der Städte funktionieren konnte, eine maximale Beteiligung zu organisieren.» (Thomas Behrmann)

Das erste Schreiben der Ratssendeboten geht in mittelniederdeutscher Sprache an Bernard Oldenborch, den Gesandten der Städte in Brügge; in Mittelniederdeutsch, damit Oldenborch die Beschlüsse den dort anwesenden deutschen Kaufleuten bekanntgeben kann. Die in Lübeck nicht anwesenden niederdeutschen Städte werden per Brief aufgefordert, sich anzuschließen. Die Versammlung in Lübeck schreibt direkt an Dortmund und Soest, die Lübecker Ratssendeboten nach Gotland und Schweden (vermutlich nach Stockholm und Kalmar; beide Städte haben in dieser Zeit einen von niederdeutschen Kaufleuten dominierten Rat), die Ratssendeboten von Thorn und Elbing an die livländischen Städte. Die Räte dieser Städte werden aufgefordert, diese Schreiben den eigenen Bürgern und Kaufleuten sowie allen benachbarten Städten bekanntzugeben.

Man versucht auch, den Kreis der beteiligten Städte über die niederdeutschen hinaus zu erweitern. Die Thorner Ratssendeboten übersetzen das lübische Niederdeutsch des ersten Schreibens aus diesem Grund in Thorner Ostmitteldeutsch, das in Nürnberg besser verstanden wird. Die Erweiterung gelingt jedoch nicht. Nichtsdestoweniger ist dieses Schreiben ein Hinweis auf die Sprachbarriere zwischen Niederdeutschland und Mittel- und Oberdeutschland im 14. Jahrhundert.

In den Schreiben wird festgelegt: Wer als Kaufmann gegen das Verbot des Handels mit Flandern, Antwerpen und Mecheln verstößt, soll sein Gut verlieren, die Stadt aber, die gegen diese Abmachung verstößt, wird auf ewig aus der deutschen Hanse ausgestoßen. Die Durchführungsbestimmungen schreiben genau vor, bis wohin die niederdeutschen Kaufleute segeln dürfen; dass sie an keinen Flamen, noch andere Kaufleute, die mit Flamen Handel treiben, ihre Waren verkaufen oder von ihnen kaufen dürfen. Außerdem darf man vom Tag der Heiligen Philipp und Jakob (1. Mai) an keine in Flandern hergestellten Tuche mehr kaufen, weder in Flandern noch außerhalb, auch von niemandem außerhalb der Hanse. Außerdem sollen alle niederdeutschen Kaufleute an diesem Tag Flandern, Mecheln und Antwerpen räumen und nicht wiederkommen, bis die Rückkehr einträchtig beschlossen worden sei. Später beschließen die Ratssendeboten, den Sitz des Kontors in das niederländische

Dordrecht zu verlegen, wo die deutschen Kaufleute ähnliche Rechte bekommen wie in Flandern.

Die Blockade ist ein voller Erfolg. Das Ausbleiben der Getreidelieferungen aus Preußen bringt Flandern an den Rand einer Hungersnot und die ausbleibende Abnahme von flandrischen Produkten die Tuchindustrie an den Rand des Ruins. Die Wirkung verstärkt sich noch durch die zweite Pestepidemie, die 1358 auch Flandern erreicht, sowie durch innere Unruhen, die erneut in den flandrischen Städten ausbrechen. Das alles führt dazu, dass die hansischen Kaufleute im Sommer 1360 sowohl von den flandrischen Städten als auch vom Grafen Privilegien erhalten, deren Rechte weit über die bislang erzielten hinausgehen. Die bislang nur für Brügge geltenden Freiheiten werden auf die gesamte Grafschaft Flandern ausgedehnt. Die hansischen Kaufleute sind damit in Brügge und Flandern besser gestellt als die Kaufleute jeder anderen Handelsnation. Das birgt allerdings auch den Keim kommender Auseinandersetzungen, denn für die Flamen ist mit diesen Privilegien die Grenze des Zumutbaren erreicht.

Andererseits zeigt sich Brügge auch dankbar: denn die niederländische Stadt Kampen, die sich der Blockade nicht angeschlossen hatte, sowie Nürnberg, das trotz der Aufforderung durch die Ratssendeboten weiterhin mit Flandern Handel trieb, bekommen exakt dieselben Privilegien verliehen wie die hansischen Kaufleute.

Zurück zum Begriff der *dudeschen hense*: Die flämischen Unterhändler, die 1360 zu den Verhandlungen nach Lübeck reisen, können ganz offensichtlich mit der *dudeschen hense*, die ihnen als Rechtspartner entgegengetreten war, nichts anfangen. In den Schreiben, die sie zu den Verhandlungen mitbringen, ist an keiner Stelle von einer «Hanse» die Rede. Sie schreiben an die «Herren Bürgermeister und Ratsherren der Stadt Lübeck und anderer Städte und Dörfer in den Gebieten Alemaniens, die die Interes-

Tuchfärber in Flandern. Färbemittel wie Kermes und Waid brachten die hansischen Kaufleute ins Land. Flämische Miniatur aus dem 15. Jahrhundert

sen der Kaufleute vertreten» oder verwenden ähnlich komplizierte Umschreibungen. Aber als die Gesandten dann im Verlauf der Verhandlungen den von ihnen zu leistenden Schadensersatz beurkunden, wird die *dudesche hense* als Vertragspartner genannt. «Auch hier erkennen wir also eine plötzliche Änderung quasi von einem Tag zum anderen. Die in Lübeck versammelten Ratssendeboten – dies ist die Schlussfolgerung – treten ihren flandrischen Besuchern bewusst unter dem immer noch neuen Aushängeschild der ‹Deutschen Hanse› entgegen, um ihnen die Geschlossenheit ihrer Interessenlage zu demonstrieren.» (Thomas Behrmann)

Die *dudesche hense* wird folglich in der Auseinandersetzung mit Flandern in den Jahren 1358–1360 als neuer Begriff aus der Taufe gehoben. Sie wird damals aber *nicht* gegründet. Die schon seit langem bestehende Einung der niederdeutschen Städte wählt aus aktuellem Anlass einen gemeinsamen Namen, um nach außen und innen ihre Geschlossenheit zu betonen.

In den folgenden Jahren taucht der Begriff der *dudeschen hense* oder ihrer lateinischen Entsprechungen fast ausschließlich auf der politisch-diplomatischen Ebene auf. Er wird von den Politikern der Hanse einschließlich der Älterleute der Kontore immer dann ins Spiel gebracht, wenn es gilt, die Geschlossenheit der Kaufleute zu unterstreichen. Von der Hanse lesen wir folglich fast ausschließlich in Schreiben an Herrscher und Institutionen im Ausland und in Territorialstaaten des Reichs.

Die niederdeutschen Kaufleute werden im westlichen Europa, also in England, Flandern und in den Niederlanden, *esterlinges, oosterlinges, sterlingi, Ostelins, Austerlins* oder ähnlich genannt, Bezeichnungen, die schlicht auf ihre Herkunft aus dem Osten (jenseits des Rheins) verweisen. In den nordischen Ländern heißen sie *hensebrodere,* Hansebrüder.

Auch die niederdeutschen Kaufleute selbst bezeichnen sich so gut wie nie als Hansekaufleute. Sie benennen sich nach ihrer Familie, nach der Stadt, deren Bürger sie sind, und nach der Kaufmannsgenossenschaft im Ausland, wo sie sich jeweils aufhalten, in Brügge, Bergen, Boston oder wo auch immer.

Auch in der Selbstdarstellung der Hansestädte, wie sie in Chroniken fassbar wird, spielt die Hanse erst seit der Wende

Weinhandel und Weintransport am Kran in Brügge. Ein Kaufmann reicht einem Kunden eine Weinprobe. Rechts ein zweispänniger Transportschlitten für die Weinfässer. Miniatur aus dem 15. Jahrhundert

zum 15. Jahrhundert eine Rolle, zudem eine sehr bescheidene. Ganz offensichtlich hält die hansische Führungsgruppe, die ja gleichzeitig Teil der Führungsgruppen der Städte ist, die öffentliche Darstellung ihrer Interessenpolitik bewusst zurück.

Die *dudesche hense*, die 1358 ausgerufen wird, ist ein wirtschaftspolitischer Zweckverband niederdeutscher Kaufleute und Städte, in deren Räten niederdeutsche Fernhändler entweder die Mehrheit haben oder eine gewichtige Rolle spielen und deren Kaufleute seit dem 13. Jahrhundert die Privilegien des *gemenen kopmans* im Ausland nutzen. Wie der Verband des *gemenen kopmans* ist die *dudesche hense* eine Einung mit rechtlich gleichgestellten Mitgliedern. Die wirtschaftlichen Interessen liegen im Zwischenhandel auf der Hauptachse von Nordwest-Russland nach Flandern und England sowie in Skandinavien. Seit dem späten 14. Jahrhundert wird der Handel zur französischen Westküste, nach Spanien, Portugal, Italien und nach Island ausgedehnt.

Im 15. Jahrhundert umfasst die *dudesche hense* rund 70 aktiv an den hansischen Angelegenheiten teilnehmende und circa 130 von diesen vertretene kleinere Städte, die zwischen Zaltbommel an der Rheinmündung im Westen und Dorpat (Tartu/Estland) im Osten und zwischen Visby auf Gotland im Norden und der Linie Köln – Breslau (Wrocław) – Krakau im Süden liegen. Die Hauptstützpunkte des hansischen Handels sind die Kontore in Nowgorod, Bergen, Brügge und London sowie 11 Faktoreien (kleinere Niederlassungen) von Litauen bis Portugal.

Das «Waldemarkreuz» vor den Toren der alten Hansestadt Visby erinnert an die blutige Schlacht vom 27. Juli 1361, als der dänische König Waldemar IV. dort das gotländische Heer niedermetzelte.

◂ Schädel eines der 1800 Gefallenen, den die Archäologen aus einem Massengrab vor dem südlichen Stadttor bargen. Die Kettenhaube konnte den Krieger offensichtlich nicht schützen.

6 Die Schicksalsmacht der Hanse oder: Der Bürgermeister auf dem Schafott. Johan Wittenborg gegen König Waldemar IV.

Gotland, 28. Juli 1361. Die stolze Hansestadt Visby ist in den Händen des Dänenkönigs. Nach drei gewonnenen Schlachten hat Waldemar «Atterdag» IV. die Reste des gotländischen Heeres vor der Stadtmauer brutal niedergemetzelt. Nun lässt er sich schubkarrenweise die Schätze der Kaufleute bringen. Bei einem Schäferstündchen hat der König der Sage nach von dem immensen Reichtum der Stadt erfahren. Als Kaufmann verkleidet sei der Däne im Herbst des Vorjahrs inkognito in Visby gewesen. Eines Goldschmieds hoffähiges Töchterlein habe ihm die unermessliche Wohlhabenheit der Bewohner verraten. Folgerichtig schildert der Chronist Detmar, wie Waldemar auf der Überfahrt seine Soldaten für den Kampf heißmachte: Er wolle sie bringen, wo Goldes und Silbers genug wäre und die Schweine aus silbernen Trögen fräßen. Und auch in einem alten gotischen Volkslied heißt es:

Nach Centnern wogen die Goten das Gold,
Sie spielten mit Edelsteinen.
Die Frauen spannen mit Spindeln von Gold,
Aus silbernen Trögen gab man den Schweinen.

So ein Übermut musste bestraft werden. Das kennen wir von den Handelsplätzen Rungholt – wohl bei Pellworm – und Vineta an der Ostsee. Da sandte Gott zur Bestrafung der hochmütigen Frevler eine Sturmflut. Die reichen Orte versanken im Meer. Nur in manchen klaren Nächten hört man noch das Kirchglöcklein läuten. Und seit Jahrhunderten haben sich Historiker, (Hobby-) Archäologen, Sagen- und Heimatforscher in Regimentsstärke auf die Suche begeben und wissen jeweils ganz genau, wo die versunkenen Städte verborgen liegen. Nicht viel anders als bei der Bestimmung der Örtlichkeit der Varus-Schlacht ist die Lokalisierung in auffälliger Nähe zum jeweiligen Heimatort.

In der Sache Waldemar gegen Visby ging das Ganze handfester zu. Der König war keineswegs auf den Verrat des Goldschmieds angewiesen, auch wenn es eine hübsche Geschichte ist. Der Reichtum des Handelsstützpunktes unter schwedischer Oberherrschaft war kein Geheimnis. Die alte Stadt am Meer war eine der ersten und bedeutendsten Hanseniederlassungen, lange mit Lübeck um den Titel Haupt der Hanse streitend. Die Insel war eine Keimzelle des hansischen Ostseehandels, Mittelpunkt der Genossenschaft der Gotlandfahrer – eine Frühform der Hanse – und Kreuzungspunkt der Handelswege mitten in der Ostsee zwischen Russland, Livland und Lübeck. Innerhalb ihrer stark befestigten Mauern wurde die Kasse des Nowgoroder Hansekontors aufbewahrt. Zahlreiche deutsche Kaufleute hatten sich hier niedergelassen. Gemeinsam mit den gotländischen Fernhandelskaufleuten stellten sie den Rat der Stadt. Wer Gotland beherrschte, beherrschte die schwedische Küste, kontrollierte den Russlandhandel und die Warenströme von Ost nach West und umgekehrt. Und machte seine Bürger reich.

Von Schonen kommend, das Waldemar bereits vom schwedischen König Magnus zurückerobert hat, landet er mit einer Flotte Schwerbewaffneter am 22. Juli 1361 an der Küste der Insel. Magnus hatte bereits im Februar und dann noch einmal am 1. Mai Rat und Gemeinde von Visby ermahnt, wachsam und zur Verteidigung bereit zu sein. Es gäbe geheime Informationen über einen geplanten Angriff. Man möge die Sache Schwedens beherzt verteidigen. Doch nicht geschützt von der hohen Stadtmauer, sondern davor, im offenen Feld, stellen sich die Inselbewohner zum Kampf. Ein Bauern- und Händlerheer, das keine Chance gegen die Ritter des Königs hat. Die Bürger schließen die Stadttore und schauen von den Zinnen dem Abschlachten zu. Gold und Silber sind ihnen wichtiger als das Leben der Bauern. 1800 Gotländer sollen am 27. Juli gefallen sein, gefangen zwischen Dänenheer und Stadtmauer. Ein Kreuz erinnert noch heute an die Stätte. «Vor den Toren Visbys fielen die Goten unter die Hände der Dänen», vermeldet es. Fast 300 Jahre, bis 1645, soll die dänische Herrschaft bestehen bleiben.

Welches Blutbad König Waldemar unter dem nur mit Beilen und Hacken bewaffneten Landvolk anrichtete, ergaben archäologische Untersuchungen, die seit 1905 andauern. Kaiser Wilhelm II. besichtigte bereits im Juli desselben Jahres die Aus-

Der an Archäologie interessierte deutsche Kaiser Wilhelm II. (links) besucht im Juli 1905 die Ausgrabungen vor der alten Stadtmauer von Visby.

grabungen. Galt Dänemark doch schon zu Zeiten der Hanse als deutsche «Schicksalsmacht». Zahlreiche Massengräber wurden vor dem südlichen Stadttor freigelegt. Wie durch ein Fenster in die Vergangenheit erkennen wir Einzelheiten der überlieferten Kämpfe: Knochen, die von mit Eisendornen beschlagenen Keulen zerschmettert sind, durch Schwerthiebe gespaltene Schädel, in Rippen steckende Pfeilspitzen, von hinten erschlagene Opfer. Die Grabungsergebnisse zeigen, dass viele Alte, Kinder, Invaliden zum letzten Aufgebot gehörten. Gnade kannte der König nicht.

Am 28. Juli 1361 ergab sich Visby, «denn man sah wohl, dass Widerstand nicht mehr möglich war», wie der Chronist Detmar berichtet. Damit es so aussah, als habe er die Stadt erobert, ließ der König eine Lücke in die Stadtmauer brechen und marschierte mit seinem Heer in Schlachtordnung hindurch, obwohl die Einwohner längst die Tore geöffnet hatten. Die Bürger kauften sich frei. Die Kapitulation bewahrte die Hansestadt vor Zerstörung, Brand und Plünderung, war aber teuer, die Lösegeldforderungen waren hoch. Kirchen, Klöster, Einwohner wurden um Berge an Gold, Silber, Pelzen und anderen Handelswaren erleichtert. Visby erkannte die dänische Vorherrschaft an, und Waldemar legte sich den Titel «Herr der Gotländer» zu. Dass dies zu einem Konflikt mit den Königen von Schweden und Norwegen und der Hanse führen musste, sollte Waldemar klar gewesen sein.

Der schwedische Historienmaler Carl Gustaf Hellquist war so von den vergangenen Ereignissen fasziniert, dass er ihnen 1882 in seinem Gemälde «Waldemar Atterdag brandschatzt Visby» ein Denkmal setzte. Ein grimmig blickender Waldemar mit langem, grauem Bart sitzt erhöht auf einem rot ausgekleideten Thron und beobachtet argwöhnisch das Heranschleppen der Kleinodien. Gleich schüsselweise gießt ein Mönch Goldmünzen in einen riesigen Trog. Einige Bürger werden mit Gewalt herangezerrt. Im Hintergrund lauern drohend seine Bewaffneten. Glaubt

Das Historiengemälde des schwedischen Malers Carl Gustaf Hellquist von 1882 zeigt, wie Waldemar IV. Atterdag nach der Kapitulation Visbys das Lösegeld eintreibt.

man heutigen Fremdenführern in Visby, sollen es zwei bis drei Tonnen Gold und Silber gewesen sein, die der König erbeutete.

Doch das Schicksal ist gerecht: Des Goldschmieds Töchterlein soll der Sage nach ihre Strafe erhalten haben. Die Verräterin, von Waldemar schmählich verlassen, wurde ausfindig gemacht und lebendig im Jungfrauenturm, einem der Türme der Stadtbefestigung, eingemauert. So erzählt es Dietrich Schäfer.

Hellquists bekanntes Historiengemälde mit dem langbärtigen, wüst aussehenden König ist zwar dramatisch und theatralisch wie ein Bühnenbild, ob es aber so ganz die Tatsachen wiedergibt, kann bezweifelt werden. Waldemar IV. war ein eleganter, gepflegter Mann. Die Untersuchung seiner Knochen aus dem Grab in der Klosterkirche von Sorø ergab eine Körpergröße

Das Fresko in der gotischen Sankt Peders Kirke in Naestved, Südseeland, stellt Waldemar IV. dar, wie er vor Gott kniet. Es ist das einzige zeitgenössische Bild des dänischen Königs.

von 1,85 Meter, also recht stattlich bei einer Durchschnittsgröße von 1,75 Meter zu jener Zeit. Seine Grabfigur in der Kathedrale von Roskilde zeigt ihn als Ritter in einem Waffenrock, der bis zur Mitte der Schenkel reicht. Kürzer durfte er nicht sein, hatte der Papst doch von seinen Kreuzrittern angemessene Bekleidung verlangt. Denn die hauteng anliegenden Beinkleider ließen doch zu viel Männliches mehr als nur erahnen. Es gibt ein einziges zeitgenössisches Bild von Waldemar, das kurz nach seinem Tod angefertigt wurde. Es schmückt die Kirche St. Peter in Naestved auf Seeland. Er trägt einen Lippenbart und einen vornehm geschorenen Kinnbart. Ein stark ausgeprägter Unterkiefer betont sein Profil. Unter dem roten Rock trägt er enganliegende Strümpfe und moderne, spitz zulaufende Schuhe. Ein attraktiver, modisch gekleideter Mann, der – soweit bekannt ist – seiner Ehefrau Helwig, Schwester des Herzogs von Schleswig, die er mit zwanzig heiratete, sein Leben lang treu war. Recht ungewöhnlich für weltliche und geistliche Herrscher seiner Zeit.

Bei seinem Tod mit 54 Jahren waren noch alle Zähne gesund. Er muss sich relativ zuckerfrei ernährt haben. Ein Brustwirbel war einmal gebrochen, die Handgelenke zeigen Spuren von Gicht. Schwere Verknöcherungen der Gelenkbänder an beiden Fußgelenken weisen auf wiederholte Verrenkungen hin, die durch forciertes Reiten hervorgerufen werden. Er liebte die Jagd, blieb ihretwegen bedenkenlos auch kurzfristig hochoffiziellen diplomatischen Treffen fern. Er war ein aalglatter Meister der Verhandlungskunst. Geschickt und erfindungsreich, aber auch arglistig und verschlagen zögerte er Versprechungen und Abreden immer wieder hinaus. Deshalb wohl sein Beiname ‹Atterdag› – am ‹anderen Tag› wolle der Zögernde alles Zugesagte erledigen. Dass auch dieses dann nicht eingelöst wurde, mussten die Vertreter der Hansestädte als Leidtragende seiner Verzögerungstaktik oft genug erfahren.

Seine abgeschliffenen Kauflächen kommen wahrscheinlich von starkem nervösem Zähneknirschen, was heute auf psychische Belastungen zurückgeführt wird. Und davon gab es genug für Junker Waldemar. Als er 1340 auf dem jütischen Landesting, der Ständeversammlung, mit rund zwanzig Jahren zum König gekrönt wurde, existierte keine Territorialmacht Dänemark mehr. Er bestieg einen Thron ohne Land. Weite Teile des Reichs waren aus Geldnot verpfändet, wie zum Beispiel Schonen an Schweden. Die Pfandherren beherrschten die Provinzen. Als er fünf war, musste sein Vater König Christoph II. außer Landes gehen. Nach dessen Tod 1332 blieb der Thron acht Jahre lang verwaist. Im Ostseeraum herrschte Chaos, See- und Landraub waren an der Tagesordnung.

Waldemar wuchs bei seinem Schwager, Markgraf Ludwig

aus dem Hause Wittelsbach, im Exil in Brandenburg auf. Doch wer von den Fürsten und Königen den jungen Mann nach seiner Rückkehr als Marionette des dänischen Reichsrats und des Adels unterschätzte, irrte. Zeitgenossen beurteilen ihn als klug, tapfer und diplomatisch geschickt – er reiste als Pilger nach Jerusalem und wurde dort zum Ritter geschlagen –, aber auch skrupellos und brutal in der Verfolgung seiner Ziele. Doch es gab offensichtlich noch eine andere Seite des inzwischen mächtigen Herrschers: Als zungenfertig, sarkastisch und ironisch wird er beschrieben und mit dem «Küning von Dänemark» gleichgesetzt, an dessen Hof sich Till Eulenspiegel gemäß der ältesten Fassung des Volksbuchs aufhielt. Der König habe den Schalk wegen seiner Schlagfertigkeit und seiner Kunst, die Leute an der Nase herumzuführen, «vast lieb», also sehr liebgewonnen, und gibt sich belustigt vom Narren geschlagen. Als Belohnung für sein Amüsement hatte er Till den «allerbesten Huffschlag» für sein Pferd versprochen. Eulenspiegel ließ vom Goldschmied sein Pferd mit goldenen Hufen und silbernen Nägeln beschlagen. Das kostete «100 dänische marck», ein Vermögen (umgerechnet circa 800 000 Euro). Des Königs Schreiber weigerte sich, die Summe auszuzahlen. Schalk zum König: Einen besseren Hufschlag habe er nicht finden können. Der lachte, bezahlte den Preis und ließ ihn bis an sein Lebensende an seinem Hof. Nachzulesen in der 23. Histori. Versteht sich, dass der Narr Gold und Silber später wieder von den Hufen abnehmen ließ und es verkaufte.

Waldemar IV. hatte sich nicht weniger vorgenommen, als die Königsgewalt zu stabilisieren und zu stärken und das Königreich, das geschwächte, zerstückelte Dänemark, das sein Vater hatte räumen müssen, wieder zu einen. Dänemark sollte wie einst zum stärksten Reich des Nordens aufsteigen. Eine permanente machtpolitische Expansion war die Folge. Doch Söldnertruppen waren teuer. Dazu brauchte er Geld, das er durch erhöhte Steuern, Privilegienvergabe und den Verkauf Estlands an den Deutschen Orden einnahm. Sein extremer Finanzbedarf lenkte zwangsweise seinen Blick begehrlich auf die Profite des hansischen Handels.

Ohne Rücksicht auf bestehende Verträge löste er Pfand um Pfand ab, eroberte Burg um Burg, brachte 1354 Jütland vollständig in seinen Besitz, vertrieb die Schweden aus Kopenhagen und fügte das auseinandergefallene dänische Reich Stück für Stück wieder zusammen. Und dann wandte er sich folgerichtig dem schwedischen Schonen und Gotland zu. Das reiche Schonen, das mit der mächtigen Königsburg Helsingborg die schmale Durchfahrt durch den Sund in die Nordsee beherrschte, gehörte zur Lebensader der Hanse. Von Lübeck aus wurde es mit dem Lüneburger Salz zur Konservierung des Herings versorgt. Wobei das Salz ein Vielfaches teurer war als der Fisch. Denn die Heringsschwärme um Schonen schienen unerschöpflich. Der dänische Historiker Saxo Grammaticus schreibt um 1200, die Schwärme seien so dicht, dass man die Fische mit bloßen Händen fangen könne. Die eingesalzenen und so haltbar gemachten Fische waren als Fastenspeise in ganz Kontinentaleuropa begehrt. Und Fastentage gebot die katholische Kirche an rund 140 Tagen im Jahr. Speziell auf Schonen besaßen die Hansen etliche gewinnbringende Privilegien, die durch die neue dänische Herrschaft gefährdet waren.

Waldemars erfolgreiche Expansionspolitik, seine Eroberung von Schonen und Gotland, führte zu einer dänischen Kontrolle über die wichtigsten Handelsplätze und -wege in der Ostsee. Über verbriefte Rechte und Privilegien setzte er sich bedenkenlos hinweg, Verträge galten ihm nichts. Abgaben und Zölle erhöhte er nach Belieben. Dadurch wurde der Konflikt mit der Hanse unausweichlich. Die Unterstützung, die sie ihm zu Anfang seiner Regierungszeit gegeben hatte in der Hoffnung auf Stabilität im Ostseeraum, kehrte sich jetzt gegen sie – ein früher Taliban-Effekt.

Der im Mittelalter nicht zu bezwingende Turm Kärnan in der Festung von Helsingborg, von der die Durchfahrt in die Nordsee kontrolliert wurde. Über eine Zugbrücke gelangte man in den 1. Stock.

Hatten ihn seine politischen Erfolge übermütig gemacht? Glaubte er seine Macht inzwischen so gefestigt, dass er die – strategische und kommerzielle – Herrschaft über den gesamten Ostseeraum erringen konnte? Mit der Einnahme Gotlands warf er den von ihm verspotteten Städten endgültig den Fehdehandschuh hin. Seine Gegner waren zwar Bürger, Ratsherren und Bürgermeister, doch die agierten im deutschen Spätmittelalter auf Augenhöhe mit Königen.

Lübeck um 1321, Johannisstraße 9, heute Dr.-Julius-Leber-Straße. Dem begüterten Fernhandelskaufmann Herman Wittenborg und seiner Frau Margarethe, geb. Grope, wird als einziges Kind der ersehnte Sohn geboren. Etwa gleich alt wie Junker Waldemar, Sohn des dänischen Königs Christoph II., ist Johan Wittenborg nichts in die Wiege gelegt, das auf ihr tödlich endendes Aufeinandertreffen hinweist. Und doch treiben der Bürger und der Edelmann fast schicksalhaft verknüpft auf einen Showdown zu.

Über Herman und Johans Vermögenslage und ihre Geschäfte wissen wir außergewöhnlich gut Bescheid: Im Lübecker Ratsarchiv fand sich das von Vater Herman eingerichtete und von Johan fortgeführte Rechnungsbuch, das älteste Handlungsbuch hansischer Kaufleute. Ein Heft im Quartformat aus – dem neu in Gebrauch gekommenen – Papier in einem Lederumschlag.

Neben einer militärischen Grundausbildung – und nicht zu vergessen Kirchengesang – lernten die Bürgersöhne vor der kaufmännischen Lehre lesen, schreiben, rechnen und Latein, und so ist auch dieses Buch in großen Teilen in Latein geschrieben. Allerdings in recht mangelhaftem. Denn der Unterricht bestand darin, dass die wichtigsten Wörter und Floskeln des Geschäftsverkehrs auswendig gepaukt wurden. Die Lernresultate seiner Lateinschule an der Jacobi-Pfarrkirche erscheinen uns entsprechend mager. Herr Johan verbucht wohl auch deshalb komplexe Geschäftsvorgänge in niederdeutscher Sprache, der

Das Handlungsbuch der Lübecker Kaufleute Wittenborg. Es ist das älteste erhaltene Rechnungsbuch hansischer Fernhändler. Abgeschlossene Geschäftsvorgänge wurden durchgekreuzt.

lingua franca in seinem Handelsraum. Die Buchführung dokumentiert die Jahre von 1345 bis 1359. Wobei vier Seiten durch Herausschneiden fehlen. Nur schmale Stege blieben erhalten.

Können die Lücken Indizien für eine nachträgliche Manipulation sein? Etliche Ungereimtheiten weisen darauf hin. Wie in einem Puzzle haben Forscher den «Fall Wittenborg» rekonstruiert. Ihre Ergebnisse sind, um das vorwegzunehmen, verblüffend. Sein gut dokumentiertes Leben und sein geheimnisvoller, schmachvoller Tod machen ihn neben Claus Störtebeker zur bekanntesten Gestalt der Hansezeit. Nur wissen wir von Herrn Johan, dass er wirklich lebte, was beim legendären «Claus Störtebeker» keineswegs unumstritten ist.

Vater Herman Wittenborg etablierte sich um 1310 als selbständiger Kaufmann in Lübeck und erlangte einen gewissen Wohlstand auf der hansischen Ost-West-Route und mit seinen

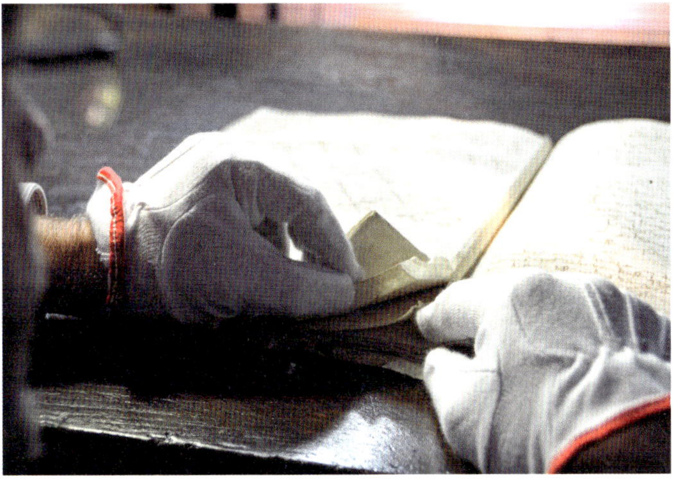

Vier Seiten fehlen im Wittenborg'schen Geschäftsbuch. Sie wurden säuberlich herausgeschnitten. Nur die Stege blieben erhalten. Hinweise auf eine bewusste Manipulation für das Jahr 1357

Bierbrauereien. Zwar nicht zu den Reichsten der Stadt gehörend, galt er immerhin als so bedeutend, dass er in der Marienkirche begraben wurde. Nach dem Tod seines Vaters 1337 reist Johan geschäftlich nach Flandern und England, teilweise begleitet von seinem Freund Brun Warendorp. 1345 heiratet er, Bruns Tante wird seine Schwiegermutter. Bis dahin wird das Handlungsbuch von seiner Mutter fortgeführt.

Während der junge Dänenkönig Waldemar Atterdag sein Reich erfolgreich ausweitet und zielgerichtet seine Macht festigt, laufen auch die Geschäfte und der gesellschaftliche Aufstieg des etwa gleichaltrigen Hansekaufmanns bestens. Beiden scheint das Glück mehr als gewogen. Der vermögende junge Mann heiratet in die alteingesessene, aber überschuldete Ratsfamilie derer von Bardewik ein. Das Paar bekommt sechs Kinder. Die Familie wohnt im väterlichen Erbe Johannisstraße 9.

Wir erfahren aus seinen Aufzeichnungen präzise, womit er sein Geld machte. Die Auflistungen – über Im- und Export, Kauf und Verkauf welcher Waren in welchen Mengen, die Routen, die An- und Verkaufspreise, die Umrechnungskurse, die Handelspartner – geben uns einen unschätzbaren Einblick in das Geschäftsgebaren von Hansekaufleuten im 14. Jahrhundert.

Wittenborgs Handelsverbindungen erstreckten sich über fast die gesamte hansische Welt, von Russland und dem Baltikum (Pelze, Wachs, Getreide) über Schonen nach England (Wolle) und Flandern (Tuche) und zurück. Der Handel ging immer über Lübeck als Zwischenstapelplatz. Die in West- wie in Osteuropa gekauften Waren wurden in Lübeck veräußert. Beide Handelsräume blieben klar voneinander getrennt. Dies wird sich erst in späteren Kaufmannsgenerationen wie den Veckinchusens ändern, die einen Direkthandel zwischen Brügge und Livland betrieben.

Dazu sind seine Geldgeschäfte notiert, wem er welche Kredite gab. Üblich waren 5 bis 6,5 Prozent, doch andere Geschäfte brachten ihm höhere Renditen. Den Gewinn legte er zum Teil in Immobilien an. Als er starb, besaß er fünf Häuser in Lübeck und hatte so viel Bargeld im Haus, dass davon mehrere Messpriester ein Jahr lang hätten gut leben können, wie sein verdienter Biograph Gerald Stefke ausrechnet. Seine hohen Profite und sein ständig wachsendes Vermögen sorgten wie so oft im Leben auch für eine glänzende politische Laufbahn.

Eine Katastrophe beförderte seine Karriere: das große Sterben, das «Ende der Welt».

Erste Gerüchte erreichten Europa im Sommer 1346. In Zentralasien wüte, so berichteten Händler, die mit Karawanen auf der Seidenstraße das Schwarze Meer erreichten, eine unheimliche Krankheit, die die Menschheit dahinraffe. Was sie nicht wissen konnten: Ihre Ladung, mit Pestflöhen verseuchte Murmeltierpelze, war der Herd der Seuche.

Im Oktober des folgenden Jahres lief ein Handelsschiff in den Hafen von Messina auf Sizilien ein, von der genuesischen Niederlassung am Schwarzmeerhafen Kaffa (heute Feodossija) kommend. Wie auf einem Geisterschiff hingen die Seeleute tot in den Rudern. Die Besatzung war ausnahmslos schwer krank oder bereits gestorben. Die Männer hatten seltsame hühnereigroße Schwellungen unter den Achseln und in der Leistengegend, die von Blut und Eiter nässten und schon bald dunklen Flecken wichen. Alle Körperausscheidungen, der Atem, das Blut aus den Lungen, die blutschwarzen Exkremente, rochen faul. Die Menschen hatten hohes Fieber, als ob sie von innen verbrannten, rasende Kopfschmerzen, Schüttelfrost, Erbrechen, Delirium und starben wenige Tage nach den ersten Anzeichen. Die Krankheit verbreitete sich mit einer unfassbaren Geschwindigkeit.

Wir wissen es heute und können die Wege präzise nachvollziehen: Die Pest folgte den Handelsrouten zu Wasser und zu Land. Man hatte kein Mittel gegen sie, ahnte in Europa noch nicht, wie hochgradig ansteckend sie war. Und man war vorerst sorglos. Auch als die Epidemie Genua und Venedig erreichte und zu Allerhei-

Auch nach der großen Pestepidemie von 1348–1352 gab es immer wieder Ausbrüche der Seuche. Das Bild zeigt einen Pestarzt in Schutzkleidung.

ligen 1347 Marseille, war Europa noch nicht ernsthaft beunruhigt. Anfang 1348 wütete sie bereits in Avignon, dem damaligen Papstsitz, im Sommer hatte sie Kärnten und Paris erreicht, im August Norddeutschland. Und doch waren die Ärzte in den Städten angewiesen, die Todesmeldungen kleinzuhalten. Es durfte nur ja keine Panik geben, Trauerfeiern wurden verboten. Es sollten keine Pestfälle nach außen dringen, die Kaufmannsmessen nach wie vor gut besucht und die Geschäfte und Handelsverbindungen nicht gestört werden. Die Obrigkeiten verschlossen bewusst die Augen vor der aufziehenden Gefahr, vor Grauen, Ohnmacht, Verzweiflung.

Wer hatte Schuld? Einzelne Bevölkerungsgruppen wie die Juden, die angeblich die Brunnen vergifteten, oder auch alleinstehende, als Hexen verschriene Frauen auf dem Land waren wie üblich schnell ausgemacht. Seltsam nur, dass die Krankheit auch in Gegenden auftrat, wo kein einziger Jude lebte. Oder auch, dass sie selber befallen wurden. Der französische König Philipp VI. wollte die genaue Ursache des entsetzlichen Massensterbens wissen, methodisch belegt von den besten Professoren der Universität Paris. Er beauftragte die medizinische Fakultät mit einer Expertise.

Nach langen gelehrten Diskussionen und sorgfältiger Prüfung erkannten die Gutachter den Grund für das Dahinsiechen der Menschheit: Schuld war eine Dreierkonstellation aus Saturn, Jupiter und Mars, die unglücklicherweise am 20. März 1345 in einen schlechten, nämlich 40°-Winkel zum Sternbild des Wassermanns getreten sei. Die Schlussfolgerung galt als offizielle Ursache der Apokalypse in ganz Europa bis in den arabischen Raum hinein und wurde aus dem Lateinischen in viele einheimische Sprachen übersetzt. Die Menschen sahen sich der Geißel Gottes ausgeliefert, lebten sie doch in einer Zeit, die beherrscht war von kollektiven Ängsten, dem Glauben an Magie und dunkle Kräfte und der Furcht vor der Macht der Sterne, besonders dem Mond, umzingelt von Satan. Die Angst vor den Sternen war größer als das Hoffen der Christen. Und doch, so ganz sicher waren sich die Pariser Ärzte nicht: Es gäbe vielleicht auch noch weitere Erklärungen, die allerdings selbst «den feinsten Geistern verborgen blieben» (Barbara Tuchmann).

Lübeck, August 1349. Die Pest erreicht die Stadt. Die Pandemie war mit den Händlern über die Alpenpässe und Nürnberg in die alte Hansestadt gekommen. Für August 1349 vermeldet das Archiv die ersten Toten. Die Zahl der Testamente steigt sprunghaft an. Innerhalb von 17 Jahren starben in zwei, vielleicht drei Epidemieschüben (1350, 1367, eventuell 1358) rund 40 Prozent der Einwohner aus den kaufmännischen und handwerklichen Bevölkerungskreisen. 1351 verzeichnen die Ratsschreiber 6966 Namen im Todesbuch. Erst vor wenigen Jahren wurde ein Massengrab aus dieser Zeit am alten Heiligen-Geist-Hospital entdeckt. 900 Skelette wurden von den Archäologen freigelegt. Sie können im nahe gelegenen Burgkloster besichtigt werden. Hausbesitzer, das erfahren wir aus den Grundbüchern Lübecks, traf es weniger oft als die arme, gedrängter lebende Bevölkerung.

Das Pestfries in der Totentanzkapelle in der Lübecker Marienkirche wurde durch den Bombenangriff 1942 zerstört. Auf den Handelswegen der Hanse hatte die Pest die Stadt erreicht.

Die Städter traf es mehr als die Landbevölkerung. Heute wissen wir, warum, nachdem wir die Ansteckungswege über Ratten und Flöhe kennen.

Die Schiffsverbindungen der Hansestädte trugen ihren Teil zur Ausbreitung bei. Mit den Koggen der Kaufleute wurde der Schwarze Tod ins norwegische Hansekontor nach Bergen gebracht, 1352 erreichte er Nowgorod, wenig später Moskau. Ein Domherr aus Brügge, mit dem Herr Johan zu der Zeit Handel treibt, schreibt 1348 aus Avignon (zitiert nach Delumeau/Mollat): «Der Vater läßt seinen Sohn im Stich, die Mutter die Tochter, der Bruder den Bruder, der Sohn den Vater, der Freund den Freund, der Nachbar den Nachbarn, der Partner den Partner. Man besucht einander nur, um gemeinsam zu sterben.»

Ein Drittel der Weltbevölkerung stirbt. Die Menschenverluste sind in der Geschichte der Epidemien ohne Beispiel. Der schwedische König Magnus empfahl Kirchgang, Fasten und die Spende von Almosen, da die Seuche von Gott gesandt sei. König Waldemar ging es typischerweise praktischer an. Da die dänische Bevölkerung so stark geschrumpft war, verbot er Hinrichtungen und Verstümmelungen. Jeder Mann wurde gebraucht für seine Feldzüge. Ironie der Geschichte: Die große Pest in Dänemark, die 1361 wütete, wurde von seinem aus Schonen und Gotland kommenden Heer eingeschleppt.

Norddeutschland wird besonders hart getroffen, ein Drittel der Bevölkerung Schleswig-Holsteins wird dahingerafft. Nach hundertjähriger Bauzeit war in Lübeck gerade direkt neben dem Rathaus die großartige gotische Marienkirche fertiggestellt worden. Die Kirche der Kaufleute ist nicht durch Zufall höher als der Dom, sie sollte ihren Reichtum zeigen. Mit dem fast 40 Meter hohen Mittelschiff hat sie das höchste Backsteingewölbe der Welt. Bis zum 29. März 1942, dem Tag des verheerenden Bombenangriffs auf die alte Hansestadt, gab es eine «Totentanzkapelle» mit dem 1463 gemalten Pestfries von Bernt Notke.

Ausgelöst von den Epidemien wurden nach 1348 in ganz Europa noch Jahrhunderte später von großen Künstlern wie Holbein dem Jüngeren Totentänze gemalt, zu Bild gewordene Reaktionen auf eine der größten Ängste des Abendlandes. Holbein half es nichts, er starb gut zehn Jahre später in London selber an der Pest.

Der Totentanz erfasste auch Arnold von Bardewik, Johans Schwiegervater. Nach einem Vierteljahrhundert Ratszugehörigkeit erliegt er dem Schwarzen Tod. Mit ihm sieben weitere Ratsherren von insgesamt dreißig. Der lübische Rat ist stark ausgedünnt. Vielleicht dadurch begünstigt wird Wittenborg im Frühjahr 1350, mit noch nicht einmal dreißig Jahren, in die Ratsversammlung gewählt. Ratsfähig ist er, durch seine Herkunft und Einheirat in die Lübecker Ratsfamilie von Bardewik gehört er zur Elite der Stadt. Auch in Lübeck hatte sich ein hansisches Patriziat entwickelt von wenigen politisch und wirtschaftlich mächtigen Familien, den *heren der hanse*.

Aufgrund der kurzen Inkubationszeit können wir die Ausbreitung der Pandemie in Chroniken, Annalen, Archiven und Kirchenbüchern genau verfolgen, die Wege Ort für Ort, die Opfer, die Zahlen und die Namen. Und während die Welt um ihn herum stirbt, die Apokalypse der Offenbarung des Johannes Wirklichkeit wird – was notiert Johan Wittenborg in seinem Handlungsbuch für diese Zeit des furchtbaren Grauens? Seine Umsätze und Gewinne. Kein Wort der Angst, der Verzweiflung oder des Erschreckens und Mitleids. Geschäfte, Geld und Gier sind offensichtlich einzig von Bedeutung.

Obwohl die Pest besonders unter jungen Menschen wütete, blieben Johan Wittenborg und Waldemar Atterdag verschont. Auch in ihren Familien erfahren wir, abgesehen von Johans Schwiegervater, von keinem Pesttoten. Erst 62 Jahre später wird Waldemars Tochter Margarethe der wieder aufgeflammten Pestilenz erliegen, auf einem Schiff vor Flensburg. Da ist sie schon

Herrscherin über die drei skandinavischen Reiche Dänemark, Norwegen und Schweden.

Wie der König weiter im Norden sein Reich geschickt und rücksichtslos vergrößert und handels- und machtpolitisch stärkt, arbeitet auch der junge Hansekaufmann zielstrebig an seinem politischen und geschäftlichen Aufstieg. Er wird bald einer der beiden Richteherren, der größere Zahlungen an das Gericht entgegennimmt, und auch geschäftsführender Provisor der Pfarrkirche St. Jacobi. Wobei zwei Reisen bis heute mysteriös sind und Anlass zu Spekulationen geben. Er notiert für 1354 eine «private» Reise. Über das Ziel der Reise erfahren wir nichts. Es gibt nur einen rätselhaften Eintrag über eine Kiste voller Geld, die er seiner Frau zurücklässt. Und dann die «Wallfahrt» nach Aachen 1356. Ein Ritt ohne Begleitung. Wir können davon ausgehen, dass die Reise weiter nach Brügge führte. Bemerkenswert ist dabei, dass die Hanse zu der Zeit im Streit mit Flandern lag und eine Handelsblockade vorbereitete.

Johan Wittenborg macht Karriere. Als Vertreter der Stadt Lübeck verwaltet er Schloss Dömitz, nachdem die Burg in einer großen Militäraktion eingenommen wurde, wohl mit ihm als Kommandeur des Lübecker Kontingents. 1358 vertritt er Lübeck auf zwei Hansetagen, auf denen die Blockade Flanderns beschlossen und die ‹dudesche hense›, die Deutsche Hanse, aus der Taufe gehoben wird. 1359 wird er Bürgermeister von Lübeck, damit im nördlichen Europa einer der angesehensten Männer seiner Zeit. Als er zwei Jahre später im Juli 1361 zum Hansetag nach Greifswald aufbricht, hat er also bereits militärische und politische Erfahrung vorzuweisen. Die sich jedoch keineswegs mit denen des siegesverwöhnten Kämpfers Waldemar vergleichen lässt, als der zeitgleich mit starker Flotte unterwegs nach Gotland ist, um zum Schlag gegen Schweden auszuholen.

Mit dem norwegischen König Hakon und seinem Vater, dem schwedischen König Magnus, hatte König Waldemar Atterdag noch eine ganz besondere dynastische Auseinandersetzung zu regeln. Drei Jahre lang hatte Waldemar versucht, Schonen von Schweden zurückzugewinnen. Dann, Ende 1360, gelang es ihm, die starke Festung Helsingborg zu besetzen, den Schlüssel zu Schonen, indem die Burgherren für ihn Partei ergriffen. Wenige Monate später folgte die Rache Schwedens und Norwegens. Eine ziemlich gemeine Intrige sollte die von ihm geschickt eingefädelte dynastische Hauspolitik verhindern. Im Jahr zuvor war Waldemars Tochter Margarethe, gerade sieben Jahre alt, mit König Hakon verlobt worden. Nicht ungewöhnlich früh, da mit dem siebten Lebensjahr eine förmliche Verlobungsabrede rechtlich bindend war. Das Kind hatte deutlich ja gesagt. Nach dem Gesetz, das offensichtlich südeuropäischen weiblichen Reifeprozessen angepasst war, brauchten nur fünf Jahre bis zum Vollzug der Ehe vergehen. Üblicherweise wartete man auf den Eintritt der Pubertät. Die Braut sollte «mannbar» – *viripotentes,* also geschlechtsreif – sein. Durch Margarethes Eheschließung mit Hakon würde Waldemars Tochter Königin von Norwegen werden und über Hakons Vater Magnus nach dessen Tod auch Königin von Schweden. Die drei skandinavischen Reiche würden also vereint in Margarethes und ihres Mannes Hand liegen. Seine Enkel würden die Superherrscher des Nordens sein.

Nach der Einnahme Schonens sannen Hakon und Magnus auf Rache. Hakon löste die Verlobung. Die 21-jährige Elisabeth, Schwester des Grafen von Rendsburg, sollte jetzt seine Frau und Königin von Norwegen werden. Sie machte sich per Schiff auf den Weg. Waldemar, in seiner Ehre gekränkt und in seinen Plänen betrogen, schäumte vor Wut. Seine Antwort war der Angriff auf Gotland mit den geschilderten Folgen. Die Invasion richtete sich also in erster Linie gegen Schweden, dessen Flanke er von der Insel aus beherrschte.

Die Eroberung des schwedischen Gotlands war die logische Fortführung einer Territorialpolitik, die er sich als junger König

Zahlreiche Massengräber wurden seit 1905 als Zeugen der Schlacht vom 27. Juli 1361 freigelegt. Die Funde werden heute in Visby mit modernsten Methoden neu untersucht.

vorgenommen und bislang erfolgreich durchgesetzt hatte. Doch auch wenn der Schlag vor allem Schweden galt, war das hansische lukrative Gleichgewicht des Geschäfts- und Privilegiensystems empfindlich gestört. Die veränderte politische Lage in der Ostsee hatte Auswirkungen auf die Handelsinteressen der Städte, die diese keineswegs dulden konnten. Dem Städtebund ging es nicht um Territorien, um Eroberung und Besitz von Land, sondern einzig und allein um tüchtige Gewinne. Und die waren bedroht. Sie griffen zum äußersten, ungeliebten, selten angewandten Mittel: Krieg. Denn der war teuer, störte den Handel und minderte den Profit. Doch ihre Lebensader war bedroht.

Greifswald, 1. August 1361: Versammlung der Städte. Bereits vier Tage nach der Besetzung Visbys werden die ersten Sanktionen gegen Dänemark beschlossen: Erhebung von Zöllen für den zu erwartenden Krieg und ein Handelsboykott. Woran sich die niederländischen Städte wie Kampen aber nicht hielten. Bis heute ist es ein Rätsel, wie in einer so kurzen Zeitspanne die Ratsversammlung einberufen werden und tagen konnte. Mit einem schnellen Schiff wäre es möglich gewesen, innerhalb einer guten Woche die Ereignisse auf Gotland in Greifswald zu vermelden. Aber der Hansetag war schon Wochen vorher anberaumt worden. Die Vertreter der Städte waren zum Teil von weit her angereist. Es gibt zwei Möglichkeiten der schnellen Information, für die man sich aber auch in den Archiven nicht zufriedenstellend entschieden hat: Zum einen könnte die frühe Einberufung zum Hansetag die Reaktion auf die Eroberung Schonens gewesen sein. Und/oder Lübeck war – wie der Rat der Stadt Visby – vom Schwedenkönig Magnus über Waldemars Pläne informiert gewesen.

1361 ist ein historischer Moment in der Geschichte der Hanse: Zum ersten Mal setzten die Städte eine gemeinsame Steuer fest, den Pfundzoll, zur Finanzierung des Krieges. Eine Art Bundessteuer der Städte. Zum Hansetag erschienen zusätzlich Vertreter des Deutschen Ordens und Gesandte mit Blankovollmachten der beiden Könige von Norwegen und Schweden. Die sollten in einer militärischen Auseinandersetzung 2000 Ritter und Knappen sowie Schiffe stellen. Ein entsprechender Vertrag wurde beurkundet und ein gemeinschaftlicher Krieg gegen Dänemark beschlossen. Das Ziel war: «König Waldemar und sein Land zu schwächen». Als Oberbefehlshaber wurde der Bürgermeister von Lübeck, dem Haupt der Hanse, bestimmt. Im Juni 1362 kam es zur entscheidenden Schlacht um Helsingborg. Johan Wittenborg war etwa vierzig Jahre alt. Er hatte noch ein Jahr zu leben.

Helsingborg, Juni 1362. Flottenkommandant Wittenborg muss verzweifelt gewesen sein, zornig und wütend. Vergeblich wartete er auf die zugesagten schwedischen Hilfstruppen. Seit zwölf Wochen schon belagerte er die Feste Kärnan. Sein Freund Brun Warendorp war als Söldnerführer dabei, wie wir aus Lohnlisten erfahren. Dazu auch ein Arzt, zwei Bäcker, drei Köche, drei Pfeifer und weitere Musiker. Die Abrechnung der Lebensmittel ergibt einen massenhaften Bierkonsum: Für 20 Mann rechnete man eine Tonne Bier – pro Tag.

Der Kriegsbeginn hatte sich verzögert. Nach der Einnahme von Kopenhagen beschlossen die Verbündeten, sich zunächst gegen das für den Handelsverkehr wichtigere Helsingborg zu wenden, das den Öresund kontrollierte, die Durchfahrt in die Nordsee. Die Verbündeten der wendischen Städte waren Schweden, Norwegen und der Deutsche Orden. Doch die in Greifswald zugesagte Flotte der Könige kam nicht. Und auch der Hochmeister des Deutschen Ordens sandte keine Mannen, sondern beteiligte sich nur finanziell. So lag die Hauptlast bei den Städten, vor allem Lübeck, im Kampf gegen einen Berufsmilitär wie den gerissenen Dänenkönig.

Wittenborg befehligte ein Geschwader von 27 Koggen und 25 kleineren Schiffen mit 2740 Mann, die Bootsmannschaften nicht mitgerechnet. Er war der führende Vertreter einer aggressiven Politik gegen Waldemar gewesen. Und nun war er allein auf sich gestellt. Die Städte waren die Einzigen, die ihren vertraglichen Verpflichtungen nachkamen. Man wollte den König an seiner empfindlichsten Stelle treffen: der Sunddurchfahrt. Die Invasionsflotte hatte schwere Wurfmaschinen zur Belagerung der Festungen an Bord. In Kopenhagen wurde Herzog Christoph, Waldemars 22-jähriger Sohn, von einem lübischen Steingeschoss getroffen. An seinen Verletzungen starb er wenig später. Drei von Waldemars Kindern waren schon sehr früh gestorben. Dem dänischen König blieben jetzt nur noch seine Tochter Margarethe, deren Verlobung Hakon im Jahr zuvor gelöst hatte, und eine zweite Tochter Ingeborg. Es sah alles nicht gut aus für Waldemar. Doch was tat der? Gar nichts. Atterdag

Das «Hamletschloss» Kronborg im dänischen Helsingør liegt in Sichtweite gegenüber von Helsingborg an der schmalen Sunddurchfahrt in die Nordsee.

zögerte mal wieder, die dänische Flotte zog sich zurück, auch dem belagerten Helsingborg kam er nicht zu Hilfe. Er wartete ganz gelassen auf einen Fehler seines Gegners.

Denn Krämer besiegen keine Könige.

Die Hanse besaß in ihrer 400-jährigen Geschichte kein stehendes Heer, keine gemeinsame ständige Kriegsflotte. Die Seemacht Hanse fußte auf ihrer zusammen rund tausend Schiffe zählenden Handelsflotte. Doch die konnte kurzfristig zu Kriegsschiffen umgebaut und aufgerüstet werden. Wobei es bis weit ins 14. Jahrhundert hinein noch keine Schiffsartillerie gab. Feuerwaffen waren im ersten Waldemar-Krieg noch nicht an Bord. Da hatten die Lübecker gerade schmerzhafte Erfahrungen gemacht. Beim Hantieren mit Schießpulver in den Kellergewölben war im Jahr zuvor ein Teil des Lübecker Rathauses in die Luft geflogen.

Vor Helsingborg kommt es zum Showdown zwischen Bürger und Monarch. Welten treffen aufeinander: das aufstrebende Bürgertum und das traditionelle Königtum. Die Anlandung erfolgte am Ufer vor der höher gelegenen Burg. Militärhistoriker bewerten Wittenborgs Landung auf Schonen als «erste amphibische Operation in der nordeuropäischen Seekriegsgeschichte» (Krause). Dazu gehörten die Ausladung von Truppen, Pferden und schweren Belagerungsgeräten an der gegnerischen Küste.

Die Kriegsentscheidung konnte auf dänischem Territorium erfolgen. Doch dann der verhängnisvolle Fehler, die Katastrophe. Erfolglos hatte Johan Wittenborg täglich den Horizont im Öresund nach der schwedischen Flotte mit den zugesagten 2000 Mann abgesucht. Doch die Kontingente der Könige erschienen nicht. Anders als Waldemar verließ ihn die Geduld. Zwölf Wochen Belagerung der Feste Kärnan waren vergeblich gewesen. Auch der Einsatz schwerer Wurfmaschinen konnte die Kapitulation nicht erzwingen, 16 Maschinen hatten erfolglos Tag und Nacht die mächtigen Steine auf die Burg geschleudert. Er beschloss, mit dem vorhandenen Aufgebot die Festung zu stürmen.

Wittenborg konnte nicht wissen, wie autark die Belagerten in der neunstöckigen Königsburg waren. Der 35 Meter hohe Turm Kärnan war von einer mächtigen äußeren Ringmauer mit 14 Verteidigungstürmen, Burggraben und Zugbrücke geschützt. Aufgrund der gewaltigen, bis zu fünf Metern starken Mauern und des hochplatzierten Eingangs war eine Eroberung nahezu unmöglich. Auch eine Belagerung konnte nicht zum Ziel führen, da das Bollwerk eine eigene Wasserversorgung hatte sowie das ganze acht Meter hohe Erdgeschoss gefüllt war mit Lebensmitteln und Holz.

Noch heute ist der restaurierte Wehrturm eine schwedische Landmarke. Er steht unter Denkmalschutz und kann besichtigt werden. Im dritten Geschoss liegt der Königssaal mit kleinem

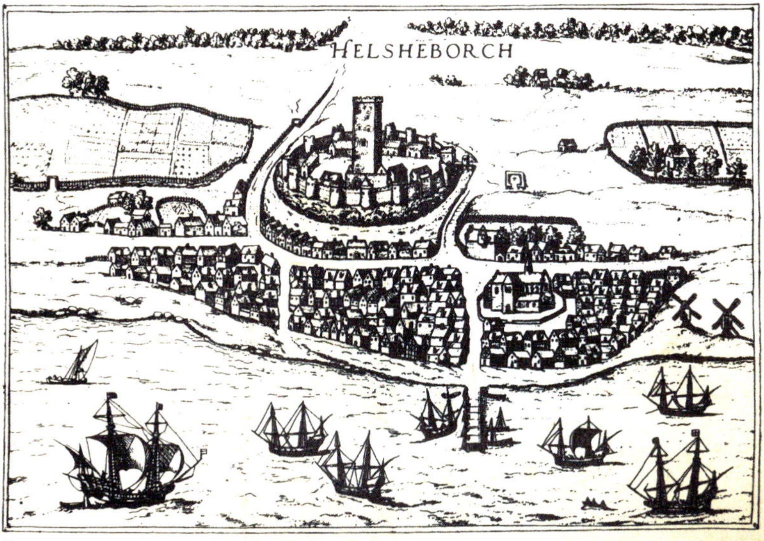

Helsingborg mit Festung um 1590. Der Turm Kärnan oberhalb des alten Stadtkerns ist von dicken Ringmauern und Erdwällen umgeben. Er steht unter Denkmalschutz und kann besichtigt werden.

Balkon und Abtritt und einer Treppe ins königliche Schlafgemach. Von ganz oben, dem mittelalterlichen Wehrgeschoss mit Brustwehr, kann die strategische Lage gut nachvollzogen werden. Schon von der dänischen Seite aus, von Schloss Kronborg in Helsingør, sieht man die Zitadelle auf der felsigen Anhöhe emporragen. Das berühmte Schloss Kronborg gehört heute zum Weltkulturerbe der UNESCO, William Shakespeare siedelte hier die Figur des Prinzen Hamlet an. Gefeierte Hamletdarsteller gaben in Kronborg Gastspiele, wie 1938 Gustaf Gründgens. Heute gibt es eine Fähre hinüber nach Helsingborg.

Von hier aus konnte die nur vier Kilometer schmale Durchfahrt in die Nordsee perfekt kontrolliert werden. Als Machtinstrument zur Eintreibung des Sundzolls war Helsingborg eine der politisch und militärisch entscheidenden Bastionen Dänemarks. Waldemar hielt sich während der Belagerung durch die Hansestädte bei seiner Flotte auf. Und lauerte auf seine Chance. Für den Angriff auf die Festung brauchte Johan Wittenborg jeden Mann an Land. Er zog alle Einheiten von den Schiffen ab. Nur die 40 Mann Besatzung der Kieler Schute ließ er an Bord zur Bewachung der Reede. Ungeschützt lag die Flotte der Hanse für den Dänen wie auf dem Präsentierteller.

Und Waldemar griff zu. In einem Handstreich überfiel er überraschend von See her die Kieler, nahm sie gefangen, besetzte die unzureichend gesicherten Schiffe, eroberte auch die im Schutz der Hanseflotte versammelten Handelsschiffe, und Wittenborg war ihm ohne Aussicht auf Nachschub samt Heer ausgeliefert. Nur unter großen Zugeständnissen erreichte der Bürgermeister vom König einen Waffenstillstand und die Einwilligung zum Abzug der Überlebenden. Zwölf Koggen erbeutete Waldemar und forderte für die gefangenen Söldner und hansischen Bürger, darunter mehrere Ratsherren, astronomisch hohe Lösegelder.

Als der Befehlshaber der städtischen Streitmacht im Juli 1362 mit dem kläglichen Rest der Flotte nach Lübeck zurückkehrte, wurde er gefangen genommen und in Ketten gelegt.

Auch das Fräulein Elisabeth aus Holstein war inzwischen zum unglücklichen Spielball der nordischen Mächte geworden. Im Sommer 1361 hatte die Einundzwanzigjährige ihr Jawort gegeben, Hakon war durch einen Bevollmächtigten vertreten, damit war sie eigentlich Königin von Norwegen und Erbin von Schweden – statt Waldemars Tochter Margarethe. Die sorgfältig gesponnenen dynastischen Pläne Waldemar Atterdags, das Ziel einer skandinavischen Union, schienen hinfällig. Doch auf dem Weg zu ihrem rechtmäßig Angetrauten geriet Elisabeths Schiff in einen Sturm und strandete in Schonen an der Küste des dänischen Erzbischofs. Der wurde auf einmal ganz fromm und setzte Elisabeth fest, da sie die gültige Ehe Hakons mit seiner

Erstverlobten Margarethe brechen wolle, und damit habe sie «gegen Gott und das Kirchenrecht gehandelt». Vor allem wohl gegen die Interessen seines Königs. Der sorgte dafür, dass sie jahrelang in Gefangenschaft blieb, bis sie endlich gegen hohes Lösegeld freikam und schließlich in einem Kloster ihr tragisches Leben beendete.

Ihre Brüder warfen Waldemar Menschenraub vor. Das kümmerte ihn wenig. Er strebte dem Zenit seiner Macht entgegen. Nach seinem gewonnenen Krieg gegen die Hanse erinnerten sich Hakon und Magnus freudig an die Verlobung mit Waldemars Tochter, reisten nach Kopenhagen, und am 9. April 1363 wurde die nunmehr elfjährige Margarethe schließlich Hakon VI. angetraut. Die Basis der skandinavischen Union war gelegt.

Waldemar IV. Atterdag war auf dem Höhepunkt seiner Herrschaft. Er hatte in 23 Jahren Krieg und Diplomatie alles erreicht, was er sich als König ohne Land erträumt hatte. Dänemark war wieder vereint und stärker denn je. Die Union der drei großen nordischen Reiche schien in greifbarer Nähe, mit seinen – zu erwartenden – Enkeln als Superherrscher. Doch die bereits existierende Supermacht des Nordens, die Hanse, war so leicht nicht zu besiegen, auch wenn sein gleichaltriger Gegenspieler, der Bürger Johan Wittenborg, da bereits tot war, öffentlich mit dem Schwert enthauptet auf dem Marktplatz von Lübeck. Ein Jahrhunderte später entstandenes Bild zeigt die Hinrichtung, das Ende und der Anfang des rätselhaften Falls Wittenborg, der bis heute nicht eindeutig gelöst ist.

Auf den ersten Blick scheint alles ganz einfach und logisch. Dem gescheiterten Feldherrn wird die Schuld an der Niederlage gegeben. Er ganz persönlich hat einen folgenschweren strategischen Fehler begangen, den die Bürger mit dem Tod ihrer Männer und Söhne bezahlen mussten oder für die Überlebenden mit gewaltigen Lösegeldsummen. Und den Griff in ihr Portemonnaie mögen Kaufleute nun gar nicht. Dazu kommt der Verlust von

Die Hinrichtung des Lübecker Kaufmanns, Bürgermeisters und Flottenkommandanten Johan Wittenborg 1363 auf dem Marktplatz zu Lübeck. Aus der Rehbein-Chronik von 1619

zwölf Koggen, Ausrüstung und der Handelsschiffe samt Ladung. Also wird er angeklagt, für schuldig befunden und hingerichtet.

Doch irgendetwas stimmt da nicht.

Die Umstände der Verhaftung, die Verurteilung, das alles ist bis heute geheimnisumwittert. Denn Wittenborg wurde eben nicht angeklagt. Der Lübecker Rat und nicht die verbündeten Städte, die ihn als geschlagenen Flottenkommandeur hätten vor Gericht stellen können, behandelt die *causa domini Johannis Wittenborch*. Es kann also nicht um sein militärisches Versagen gegangen sein. Es gibt keine Anklagepunkte, keine offiziellen Vorwürfe, warum er im Kerker sitzt. Die Lübecker Politik der Geheimhaltung geht so weit, dass alle Außenstehenden, auch die anderen Hansestädte, über den Grund der Verhaftung nicht informiert werden. Die Lübecker antworten der Städtegemeinschaft, es ginge «um andere Rechtssachen, die sie mit Johan Wittenborg allein hätten». Der Rat ist eine Mauer des Schweigens. Freunde versuchen vergeblich, die Anklagepunkte zu erfahren. Auch Brun Warendorp wird immer wieder vorstellig. Noch kurz vor der Enthauptung beklagen sich die Freunde, dass ihnen der Schuldvorwurf nicht bekanntgegeben werde. Man solle ihn endlich vor Gericht stellen oder freilassen. Ohne Erfolg. Handstreichartig wird der ehemalige Bürgermeister, Mitglied einer der angesehensten Familien Lübecks, geköpft.

Wittenborgs steile Karriere erlitt ein abruptes Ende. Doch warum? Heerführer wurden im Mittelalter auch nach einer Niederlage als Herren behandelt (Ehrenkodex). Eine Verurteilung wegen Hochverrats konnte es nicht sein, sonst wären zum einen die Verbündeten zuständig gewesen und nicht nur die Ratsmänner Lübecks, zum anderen wäre sein Vermögen konfisziert worden. Doch seinen gesamten Besitz hat er an seine Frau und die sechs Kinder vererben können. So schmerzlich – und teuer – die Niederlage gegen Waldemar war, es muss einen anderen Grund für die Hinrichtung gegeben haben. Wollte man ihn zum Schweigen bringen? Was wollte man vertuschen? Was war faul im Fall Wittenborg?

So tragisch sein Schicksal ist, für uns ist es ein Glücksfall. Wittenborgs Handlungsbuch wurde als Beweisstück konfisziert – und blieb deswegen im Stadtarchiv bis in unsere Tage erhalten. Beim Zusammenpuzzeln von Fakten, Dokumenten und vor allem den Aufzeichnungen in seinem Geschäftsbuch ergeben sich zumindest Indizien. Und die betreffen seine Geschäftsmoral. Wittenborg könnte unerlaubte Geschäfte mit Flandern gemacht haben zu einer Zeit, als der Handelsboykott vorbereitet wurde. Ein Hinweis ist seine «Wallfahrt» ins nahe Aachen ohne Begleitung. Hinzu kommt, dass im Handelsbuch Eintragungen über den Ritt und seinen Aufenthalt seltsamerweise fehlen.

Gerald Stefke weist in seiner kürzlich veröffentlichten Biographie auf Transaktionen im Handlungsbuch «in maskierter Form» hin: «Aber die Masken sitzen nicht so fest, dass sie der heutige Wirtschaftshistoriker nicht abreißen könnte.» Offenbar hat Herr Johan, wie im südlicheren Europa jüdische und lombardische Pfandleiher, Wucherzinsen genommen. Bei einigen Krediten lassen sich 22 Prozent rekonstruieren statt der üblichen sechs Prozent. Bei einem als Warentermingeschäft verschleierten Darlehen lässt sich sogar ein Zinssatz von fast 35 Prozent pro Jahr ausrechnen. Die Indiziensammlung ergibt: Kaufmann Wittenborg hatte deutlich den Bogen überspannt, aus Gier unanständige Profite erzielt, aus hemmungslosem Gewinnstreben die allgemein anerkannten Schranken missachtet.

Das Leitmotiv der Hanse *ere ind geloven* (Ehre und Glaubwürdigkeit) bedeutete Kreditwürdigkeit, die Basis im Geschäftsleben eines Kaufmanns. Das ökonomische Netzwerk der Hansekaufleute beruhte auf Vertrauen. Dieses Vertrauen war durch die Furcht vor dem Ausschluss aus dem Netzwerk – der Verhansung – abgesichert. Die Namen solcher Kaufleute wurden in den Versammlungsräumen – auch in den ausländischen Kontoren und Niederlassungen – ausgehängt, womit jeder «ehrbare» Kaufmann vor dem Kontakt mit ihnen gewarnt war. Doch dass ein Mitglied der Elite, der *heren der hanse*, Ratsmann, Bürgermeister, wie ein Jude Wucherzinsen nahm, offenbar auch als Provisor in die Kirchenkasse von St. Jacobi gegriffen hatte, das durfte nicht publik werden. Das hätte die Kreditwürdigkeit aller Lübecker Hansekaufleute beschädigt. Das musste unter allen Umständen geheim gehalten werden, auch nach innen. Denn die durch die Pestepidemien und den verlorenen Krieg verunsicherte Bürgergesellschaft durfte nicht am lübischen Rat und seiner Herrschaftslegitimation zweifeln. Die Autorität des Rats und der Glaube an seine Führungsqualitäten durften nicht gefährdet werden. Vielleicht gab es schon erste Hinweise auf die kommenden Unruhen und Aufstände, auf eine «vorrevolutionäre» Stimmung, der ein Opfer gebracht werden musste.

Seiner Familie, Brun Warendorp und den Freunden wurde bis zum Schluss kein Grund für die Hinrichtung angegeben. Warendorp stand der Witwe als Testamentsvollstrecker bei. Unauffällig zahlte man das «geliehene» Geld an die Kirchenkasse zurück, um die delikate Angelegenheit der Unterschlagung im Amt zu verschleiern. Heute, nach über einem halben Jahrtausend, wissen wir, dass es vor allem ein politisches Urteil zur Herrschaftssicherung war, um das Ansehen des Rates zu schützen. Wittenborg hatte anscheinend fundamental gegen das Gesetz der «ehrenwerten Gesellschaft» verstoßen. Und dies durfte nicht nach außen dringen. *Ere ind geloven* durften nicht beschädigt werden. Und die waren durch die Niederlage im ersten Waldemar-Krieg sowieso schon empfindlich gestört. Im Herbst 1363 schreibt der Lübecker Vogt aus der Schonen'schen Niederlassung: «Über die Maßen ist der gemeine Kaufmann zornig und betrübt, dass ein jeder so gebrandschatzt wird, wie es früher nie geschehen ist, und er beklagt sich über die Maßen sehr und sagt, dass schlecht für ihn gesorgt werde in den Verhandlungen, und bittet um Gottes willen, dass ihr anders verfahret und uns zurückschreibt, wie wir dieser großen Not widerstehen sollen.»

König Waldemar war noch selbstherrlicher, noch skrupelloser und hochfahrender geworden. Zumindest sieht es die deutsche Geschichtsschreibung so. Sein Volk verharrte in «erschrockener Bewunderung» vor dem Machtmenschen. In den Mitteln nicht wählerisch, brach er auch mit althergebrachten Traditionen, wenn es ihm nützte. Vom *stupor mundi*, dem Staunen der Welt, ist in dänischen Chroniken die Rede, die ihn mit Friedrich II. dem Staufer vergleichen. Wobei dieser Vergleich wohl nicht nur aus deutscher Sicht etwas überhoben scheint. Denn es liegen Welten zwischen dem wenn auch bedeutendsten mittelalterlichen König Dänemarks und Friedrich, dem Mann der Wissenschaften, der Künste und der Poesie, dem Baumeister, Naturforscher und souveränen Verführer in Liebesdingen.

Die Verhandlungen mit Atterdag verlaufen erfolglos. Er hält sich nicht an Zusagen, bricht Verträge und den Frieden, erhöht Steuern und Zölle und verweigert vertraglich abgesicherte Privilegien. Seine Beamten pressen ohne Maß und Besonnenheit, was sie nur können, aus den hansischen Kaufleuten. Im offenbar zunehmenden Größenwahn behindert er den gesamten Umschlag im Sund, plündert und brandschatzt, bis hin zur Kaperung von Handelsschiffen. Die Städte beschweren sich bei Kaiser und Papst über Waldemar, dessen Gewalttaten sähen «mehr nach einem Tyrannen und Piraten als nach einem König» aus. Karl IV. möge es ihnen nicht übelnehmen, wenn die Städte mit Gottes gnädiger Hilfe etwas zu ihrer Verteidigung täten, da der Kaiser ja zu fern wohne, seine «schwache und verlassene Herde» mit bewaffneter Macht zu schützen.

Die Herde wusste sich zu wehren. Diesmal fühlten sich auch die niederländischen und preußischen Städte betroffen, war doch die Fahrt durch dänische Gewässer nicht mehr gesichert, und die Preise für die Privilegien waren ins Unermessliche gestiegen. Und so verabredeten sie eine beispiellose Tagfahrt nach Köln, die erste und einzige dorthin. Man hatte bewusst einen weiter westlich liegenden Versammlungsort gewählt, die dortigen Städte sollten dieses Mal deutlicher eingebunden sein.

Köln, 19. November 1367. In der größten Stadt des Reichs wird eines der wichtigsten Bündnisse der hansischen Geschichte besiegelt: die Kölner Konföderation. Sie enthält nichts als die Beschlüsse zu dem beabsichtigten erneuten Krieg gegen den Dänen. Jetzt waren sämtliche Seestädte von Estland bis zur flandrischen Grenze beteiligt und auch Fürsten wie der Mecklenburger Herzog und der neue schwedische König. Auch die Kaufleute der nicht in Köln vertretenen Städte zahlten Pfundgeld an die Hanse zur Finanzierung des Krieges. Das Bündnis war entscheidend enger und verbindlicher als die Greifswalder Beschlüsse sechs Jahre zuvor, die antidänische Koalition unvergleichlich stärker und finanziell besser ausgestattet.

Der Befehlshaber des Geschwaders kam wieder aus Lübeck: Bürgermeister Brun Warendorp, Johans alter Freund – und Rächer. Ab dem Frühjahr 1368 wurde schnell Burg um Burg eingenommen. Bereits im Sommer stand der Sieg der Kölner Konföderation fest, begünstigt durch die Abwesenheit Waldemars. Der machte eine Europareise auf der Suche nach Verbündeten und überließ die Kriegsführung einem Gefolgsmann. Doch erst nach der Kapitulation von Helsingborg, das fast ein Jahr lang belagert worden war, bat der dänische Reichsrat im September 1369 um Frieden. Erobert werden konnte die Feste nicht. Lange wurde sie unter der Führung des Rügen'schen Ritters Vicko Moltke gehalten. Ganz Dänemark war besetzt, da gab auch er auf.

Brun Warendorp war gelungen, woran Johan Wittenborg gescheitert war. Die bessere Vorbereitung, mehr Geld, der stärkere Zusammenhalt der Bundesgenossen, die größere Flotte und Ausstattung waren entscheidend für seinen Erfolg. Zwar gab es noch keine Schiffsartillerie, doch die Söldner verfügten teilweise schon über Feuerwaffen. Warendorp errang die Seeherrschaft vor Schonen, den Kampf um die Anlandung und den Sieg.

Der Erfolg des zweiten Waldemar-Krieges war ein glänzender Triumph für die Hanse. Und doch ging es tragisch aus für Warendorp. Er fiel während der Kämpfe in Schonen im August 1369, einen Monat vor der dänischen Kapitulation. Der gefeierte Sieger und Kriegsheld bekam, worum Johan Wittenborg ver-geblich vor seinem Tode gebeten hatte: ein Grab in der Marienkirche. Die Inschrift auf einer Messingplatte bewahrt sein Andenken bis heute. König Ludwig I. von Bayern widmete ihm eine Gedächtnistafel in der Deutschen Ruhmeshalle Walhalla. Seitdem gehört der Bürgermeister, der als Sieger auf Schonen starb, zu den 193 teutschesten Teutschen.

In der Lübecker Marienkirche hängt die Grabplatte des Brun Warendorp, der 1369 als Befehlshaber der hansischen Streitkräfte gegen Dänemark auf Schonen fiel.

König Waldemar reiste auch nach der Niederlage weiter durch Europa, über die Gründe wird spekuliert, und kehrte erst drei Jahre später nach Dänemark zurück. Da war schon längst, im November 1370, der Frieden von Stralsund geschlossen. Ein Friedensvertrag zwischen einem Königreich und dem aufkommenden Bürgertum. Hansehistoriker Matthias Puhle bringt das Ergebnis auf den Punkt: «Dieser politische und militärische Triumph der Hanse wird als ein, wenn nicht der Höhepunkt in ihrer Geschichte bewertet.» Die Kriege enden mit dem «bedeutendsten Sieg, den deutsche Bürger während des Mittelalters im Kampf gegen den herrschenden Adel errangen». Kaufleute können eben doch Könige besiegen.

Die Hanse bewies Augenmaß. Nicht um Territorialgewinne ging es ihr, sondern um die wirtschaftlichen Interessen ihrer Mitglieder. Die Handelsprivilegien waren gesichert, die Kaufleute auf Schonen von Abgaben befreit und Schloss Helsingborg wurde der Hanse samt Einnahmen für 15 Jahre übereignet. Der Nachfolger Waldemars durfte nicht ohne ihre Zustimmung gewählt werden. Der Frieden von Stralsund erhob die Hanse auf den Höhepunkt ihrer Macht.

1375 starb König Waldemar Atterdag, der Nationalheld und zynische Realpolitiker. Er hatte seinen Gegenspieler, den Kaufmann Johan Wittenborg, um zwölf Jahre überlebt. Seinen größten Triumph, die skandinavische Union der drei Reiche Dänemark, Schweden und Norwegen unter seiner Tochter Margarethe, erlebte er nicht mehr. Wittenborgs Name wurde aus dem Ratsbuch gestrichen und seine Leiche in den Umgang der Dominikanerburg verbannt, dorthin, wo im Mittelalter Messen für die Seelen der armen Sünder gelesen wurden. Seine Frau Elisabeth hielt zu ihm, sie ließ sich neben ihm begraben.

Die Spuren von Wittenborgs Kindern verlaufen sich. Ob sie bei den folgenden großen Aufständen gegen den Rat der Stadt Lübeck beteiligt waren, wissen wir nicht. Verständlich wäre es …

Der Buersplein, latinisiert Byrsa Brugensis, benannt nach der Kaufmannsfamilie «van der Buerse», wurde namengebend für die Finanzbörsen unserer Tage. Stich von 1641

◂ Das Danziger Krantor an der Mottlau (15. Jahrhundert) diente dem Warenumschlag im Hafen und dem Einsetzen von Schiffsmasten.

7 Die Hanse und der Deutsche Orden – eine ertragreiche Beziehung

Am 19. Februar 1445 wollte Johann Reppin, der Großschäffer des Deutschen Ordens zu Königsberg, im bedeutenden Handelszentrum Brügge die Kirche betreten, als ihn zwei lombardische Kaufleute gewaltsam aufhielten. Sie hätten ihn, schrieb er am folgenden Tag an den Hochmeister des Deutschen Ordens, wie einen Missetäter behandelt. Er hätte Bürgen stellen müssen für erhebliche Summen Geldes, die ihnen sein Vertreter in Brügge, der inzwischen geflohene Lieger Thomas Schenkendorf, schuldig geblieben war. Der für Handel zuständige Ordensbruder Johann Reppin kam auf seiner Reise in die flandrische Metropole in immer größere Schwierigkeiten. Ein Brief an Brügge, den er zu seinen Gunsten vom Herzog von Burgund erwarb, blieb ohne Wirkung. Er bestand darauf, ein Geistlicher zu sein und vor ein geistliches Gericht zu gehören. Seine Gegner, zu denen offenbar auch ein Bürgermeister von Brügge gehörte, der zuvor Bernstein, Gut des Ordens, hatte beschlagnahmen lassen, gaben nicht nach und forderten eine Verhandlung vor dem Brügger Rat. Im März musste er sich deshalb ins Brügger Gefängnis begeben, in den «Stein», und sollte lange Zeit nicht daraus freikommen. Hätte er sich auf die hansischen Privilegien berufen, hätte er nicht wegen der Schulden eines anderen Kaufmanns belangt werden können. Ordensmitglieder konnten und durften sich aber als Geistliche nicht weltlichem Recht unterwerfen. Sie blieben so außerhalb der Hanse, die eine eigene Rechtsgemeinschaft bildete.

Damit stellt sich die Frage, in welcher Beziehung die Hanse und der Deutsche Orden zueinander standen. Die Hanse gründete auf der weitgespannten Zusammenarbeit zwischen Kaufleuten und Städten. Die Städte organisierten sich seit der Mitte des 13. Jahrhunderts jeweils nach Bedarf auf Versammlungen, die unregelmäßig einberufen wurden und über dringende Angelegenheiten entscheiden sollten. Das geschah zunächst im regionalen Rahmen, spätestens seit 1356 aber auf allgemeinen Versammlungen, den Hansetagen. Die Kaufleute waren die führende Schicht in den Städten, aus der sich der Rat ergänzte. Sie schlossen sich an wichtigen Handelsorten, darunter in Brügge, zu genossenschaftlich organisierten Kontoren zusammen. Mitglieder der Hanse waren jene Kaufleute, die in den Kontoren die von der Hanse erworbenen Privilegien nutzen konnten, beziehungsweise die Städte, die zu den Hansetagen geladen wurden und deren Bürger im Ausland den Schutz der Hanse genossen. In diesem Sinne waren aber weder der Hochmeister noch andere Ordensbrüder oder gar der Deutsche Orden als Korporation in der Hanse.

Dennoch gab es seit den Anfängen eine enge Bindung zwischen dem Deutschen Orden und den Hansestädten. 1190 reisten Kaufleute aus Bremen und Lübeck über See ins Heilige Land, um am Dritten Kreuzzug teilzunehmen. Obwohl der Kaiser, Friedrich Barbarossa, inzwischen verstorben war, nahmen sie an der Belagerung der wichtigen Hafenstadt Akkon teil. Dort stifteten sie, nach dem «Bericht über die Anfänge des Deutschen Ordens», ein Feldlazarett, das unter dem Segel einer Kogge vor der Stadt eingerichtet wurde. Dieses Hospital wurde nach der Eroberung in die Stadt verlegt und bald von einer Gemeinschaft von Brüdern betrieben, die 1198/99 nach dem Vorbild der Johanniter und Templer in einen Hospital- und Ritterorden umgewandelt wurde – der Deutsche Orden war entstanden. Die Bindungen nach Norddeutschland blieben auch im Folgenden erhalten.

Dies hing wesentlich damit zusammen, dass der junge geistliche Ritterorden bald auch Aufgaben in den Grenzregionen der lateinischen Christenheit übernahm. Unter dem vierten Hochmeister Hermann von Salza wurde er um 1225 vom polnischen Herzog Konrad von Masowien im Kampf gegen die noch heidnischen Prußen im Norden seines Herrschaftsgebiets zu Hilfe gerufen. Das baltische Volk der Prußen, bei denen die Stammesstruktur eng mit den Kulten verbunden war, hatte sich sowohl gegen eine friedliche Mission wie auch gegen mehrere Kreuzzugsunternehmen erfolgreich zur Wehr gesetzt. Mit dem – aus verschiedenen Gründen etwas verzögerten – Einsatz der Ordensbrüder begann um 1230 ein langwieriger Prozess der blutigen Bekämpfung, erzwungenen Christianisierung und schließlich Integration der Prußen in die lateinische Christenheit. So entstand, aufbauend auf frühen Privilegien von Kaiser und Papst, das Ordensland Preußen, zu dem nach 1237 auch Ordensterritorien in Livland auf dem heutigen Staatsgebiet von Lettland und Estland traten.

Nur von zwei großen Abwehrversuchen (1242–1249, 1260–1274/83) unterbrochen, wurde die Unterwerfung und Mission der Prußen begleitet und unterstützt von einer intensiven deutschen Besiedlung sowohl in neuangelegten Städten wie auch auf dem Lande in mit einem großzügigen Recht ausgestatteten Dörfern. Die Siedler kamen aus den benachbarten Regionen, die bereits zuvor durch deutsche Einwanderer intensiver erschlossen worden waren, aus Schlesien, Brandenburg und Pommern, aber auch über den Seeweg aus dem fernen Westfalen. Auch die periodisch ins Land gerufenen Kontingente von Kreuzfahrern und Söldnern aus Norddeutschland und, später, aus dem Westen Europas, reisten oft auf diesem Weg nach Preußen und Livland. Auf diese Weise ergab sich eine enge Zusammenarbeit des Deutschen Ordens mit Lübeck, denn die Stadt und ihr Hafen fungierten als wichtiger Umschlagpunkt für die Verstärkungen, Siedler und die Versorgung des Ordenslandes.

Die ältesten Stadtgründungen in Preußen waren 1232/33 Thorn und Kulm (heute Toruń und Chełmno), Letztere vorgesehen als Hauptstadt des Landes. Auch wenn Kulm aufgrund seiner Entwicklung diese Funktion nicht wahrnehmen konnte, spielte es doch im Rechtswesen in Preußen eine zentrale Rolle. Die Ordensbrüder hatten sich entschlossen, ihre Städte mit dem schon recht weitverbreiteten und weitentwickelten Magdeburger Recht auszustatten. Kulm wurde dabei zur «Schaltstelle» des Magdeburger Rechts für Preußen bestimmt, das Kulmer Recht wurde ein eigener Zweig des Magdeburger Rechts. Als Oberhof entschieden die Kulmer zunächst über Anfragen aus den anderen preußischen Städten Kulmer Rechts oder konnten offene Probleme an die Magdeburger Schöffen zur Entscheidung weitergeben.

Entstanden so schon enge Bindungen an einen der Vororte des sächsischen Städtebundes, spielte das Lübische Recht in den Küstenstädten zumindest eine gewisse Rolle. Zwar zerschlugen sich 1246 Pläne für eine Gründung nach Lübischem Recht wohl im Gebiet des späteren Königsberg (heute Kaliningrad); auch das 1309 eroberte Danzig, das zuvor eine Siedlung nach Lübischem Recht besaß, wurde 1343 bei der Neu-Privilegierung mit dem Kulmer Recht ausgestattet. Es gab jedoch mit Elbing und Braunsberg (Elblag und Braniewo), Letzteres eine Gründung des Bischofs von Ermland, auch zwei Städte Lübischen Rechts, die sich später zumindest teilweise in Rechtsfragen auch an den Lübecker Rat wenden durften.

Die gescheiterten ersten Pläne für Königsberg sowie die Einschränkungen für Elbing und Braunsberg lassen zwar eine Reserve des Deutschen Ordens gegenüber zu weit gehender städtischer Eigenständigkeit erkennen. Dennoch war auf diese Weise

Der Danzker (Abort- und Außenverteidigungsturm) der Deutschordensburg in Thorn ist ein Rest der 1454 durch die Thorner Bürger niedergerissenen Anlage. Er wurde noch in der frühen Neuzeit zur Lagerung von Pulver und Waffen genutzt.

das Fundament zu einer engen Zusammenarbeit zwischen dem Orden und der Hanse gelegt. Die sechs preußischen «Großstädte», Kulm, Thorn, Elbing, Braunsberg, Königsberg und Danzig wuchsen ohne formelle Aufnahme in die sich formierende hansische Gemeinschaft hinein und nahmen schon früh an wichtigen Entwicklungen teil. So unterstützte Elbing (wie das noch nicht unter Ordensherrschaft stehende Danzig) 1294/95 – zum Nachteil Visbys – die Entscheidung für Lübeck als Instanz für Appellationen aus dem Hansekontor zu Nowgorod. Darüber hinaus bildeten die preußischen zusammen mit den westfälischen Städten in der Ordnung des Brügger Kontors von 1347 ein eigenes Drittel, in dem anfangs gerade Thorner Kaufleute eine führende Rolle spielten.

Die Städtegründungen des Deutschen Ordens führten letztlich zum Entstehen eines Städtenetzes in Preußen, das sich – ohne die formale Struktur eines Städtebundes – als eigene Gruppe organisierte und gerade durch die gemeinsamen Landesherren ein ausgeprägtes Eigenbewusstsein entwickelte. Nach außen trat man als die «gemeinen Städte des Landes Preußen» auf und entsandte zu den hansischen Verhandlungen und zu Hansetagen – auch aus Kostengründen – meist nur die Vertreter einer Stadt oder zweier Städte, die für alle sprachen. So erschienen zum Beispiel schon im September 1361 Ratsherren aus Danzig und Kulm als Vertreter «des Landes und der Städte von Preußen» zum Hansetag in Greifswald, der den ersten Krieg gegen Dänemark vorbereitete. Auch wurden die sechs Städte in den Friedensverhandlungen mit Dänemark, Schweden und Norwegen zwischen 1368 und 1376 immer gemeinsam genannt, während Ratssendeboten aus verschiedenen Städten für sie als Gruppe sprachen.

Nach innen traf man sich zu zahlreichen Versammlungen, teils unter sich, teils zusammen mit den anderen Ständen Preußens. Zu diesen gehörten neben den Landesherren, dem Orden und den vier Bischöfen, die Ritterschaften der verschiedenen Gebiete und auch die kleineren Städte, die in der Regel nicht auf den Städtetagen präsent waren. Die preußischen Städte- und Ständetage gehören zu den am besten belegten und offenbar am häufigsten zusammengerufenen Versammlungen dieser Art: Zwischen 1300 und 1410 lassen sich über 200 nachweisen, zwischen 1410 und 1454 sogar nochmals über 300, oft im monatlichen oder sogar vierzehntägigen Abstand.

Wir haben von den meisten Versammlungen nur die Ergebnisprotokolle, die Rezesse und Teilnehmerlisten sowie die begleitende Korrespondenz. Erst in der Mitte des 15. Jahrhunderts wurde auch der Verlauf der Debatten dokumentiert. Dennoch ergeben sich schon aus diesen Zeugnissen interessante Aufschlüsse für das Verhältnis zwischen den preußischen Hansestädten

Die Marienburg (Blick von der Nogatseite) bestand unter anderem aus dem Hochschloss (rechts, 14. Jh.) für den Konvent der Brüder und dem Hochmeisterschloss mit dem zur Nogat orientierten Sommerremter (links, Anfang 15. Jh.).

und dem Deutschen Orden. Das beginnt mit dem Tagungsort. Bis zum Jahr 1410 fanden Städte- und Ständetage am häufigsten auf der Marienburg statt, danach gewann Elbing neben Marienburg zentrale Bedeutung. Das erklärt sich zum einen aus der zentralen Lage der beiden Städte und der Hauptburg des Ordens, zum anderen aber auch aus der offenbar lange als erforderlich angesehenen Beteiligung des Hochmeisters oder anderer führender Vertreter des Ordens an den Beratungen und Entscheidungen. Wenn seitens der Städte erst 1425 Überlegungen angestellt wurden, sich in Marienburg im Rathaus einen Raum für ihre Beratungen herrichten zu lassen, kann man wohl davon ausgehen, dass die Zusammenkünfte zuvor immer auf der Ordensburg stattfanden.

Ein Wandel trat erst wenige Jahre vor dem Abfall der Stände vom Orden und dem Ausbruch des Dreizehnjährigen Krieges (1454–1466) ein, als die Städte- und die anderen Ständevertreter nahezu permanent in Thorn tagten, ohne Ordensvertreter zu beteiligen. Zuvor nahm man gerade in wichtigen Fragen auf die Haltung des Ordens Rücksicht. Teilweise wurden die Städtetage sogar so einberufen, dass der jeweilige Hochmeister teilnehmen konnte. So lud der Thorner Rat 1435 für den 13. Februar zu einer Versammlung nach Marienburg beziehungsweise an den Ort, wo sich zu diesem Zeitpunkt der Hochmeister aufhalten würde. War das Oberhaupt des Ordens nicht anwesend, bemühte man sich nachträglich um seine Zustimmung. In einer Reihe von Fällen gingen die Einladungen zu den Städtetagen auch direkt vom Hochmeister aus.

Auf diese Weise entstand eine weitgehend gemeinsame «auswärtige Politik» der preußischen Hansestädte und des Deutschen Ordens. Handelsverbote etwa gegen Flandern, England oder Nowgorod ließen sich nur zusammen mit den Landesherren durchsetzen, ebenso wie das Verbot der Sundschifffahrt, wenn man sich im Konflikt mit Dänemark befand, oder ein Vorgehen gegen die englische, niederländische oder oberdeutsche Konkurrenz in Preußen selbst. Auch wenn sich von den frühen städtischen Versammlungen wenig Material erhalten hat, kann man davon ausgehen, dass die Haltung der preußischen Städte im hansisch-dänischen Konflikt nach 1360/61 mit dem Hochmeister Winrich von Knip-

Das Siegel des späteren Hochmeisters Winrich von Kniprode als Oberster Marschall von 1344 zeigt als Symbol einen Ritter zu Pferd mit Ordensschild und Ordensfahne.

rode abgestimmt war und von ihm gebilligt wurde. So stimmten die preußischen Vertreter 1361 in Greifswald sicher nicht ohne Zustimmung des Ordens, der die Zollerhebung im Lande kontrollierte, der Erhebung eines Pfundzolls auch in Preußen zu, zumal die Erträge den wendischen Städten zugutekommen sollten.

Auch für die Wiederaufnahme des Krieges gegen Waldemar IV. 1367 spielten der Hochmeister und die preußischen Städte eine zentrale Rolle. Der Stralsunder Ratsschreiber Alardus berichtete im April 1367 in Lübeck, der Hochmeister und die preußischen Städte seien zum Krieg gegen Dänemark bereit. Lübeck und die anderen wendischen Städte wollten dagegen den Konflikt vermeiden und schlugen Verhandlungen vor, doch trotz eines Appells an Winrich von Kniprode suchten die preußischen Städte den Kontakt zu den Niederländern, um ein Bündnis gegen Dänemark und Norwegen zu schließen. Dieses kam im Juli 1367 bei einem Treffen der preußischen mit holländischen, ostniederländischen, englischen und flämischen Gesandten in Elbing zustande und bildete schließlich die Grundlage für die Kölner Konföderation vom November 1367, die den Krieg gegen Dänemark und Norwegen führte. Auch wenn der Deutsche Orden in keiner Phase des Konflikts mit eigenen Kontingenten oder finanziellen Mitteln in Erscheinung trat, standen die militärischen Unternehmungen wie die diplomatischen Kontakte offenbar unter seiner Protektion.

Nicht immer verlief die Abstimmung mit den anderen Hansestädten so harmonisch. Am 13. Juni 1385 traten die Vertreter der preußischen Städte auf der Marienburg zusammen, um über die Rückgabe der 1370 von Dänemark überlassenen Sundschlösser, die Fortführung der Kölner Konföderation und andere Fragen zu diskutieren. Die Lage war gespannt, denn Lübeck, Stralsund und die anderen Seestädte tendierten bereits offen zur Rückgabe der Festungen und zur Auflösung des Bündnisses. Seit März 1384 waren diese Fragen immer wieder behandelt worden. Dennoch wollten die preußischen Bürgermeister und Ratsherren erneut auf einer Erstattung der durch Seeräuber in dänischen Diensten entstandenen Schäden bestehen, bevor die Sundschlösser zurückgegeben würden. Sollte das ohne Ergebnis bleiben, sollte mit Hilfe des Hochmeisters Konrad Zöllner von Rotenstein eine Versammlung mit Vertretern aus den Städten Livlands und der östlichen Niederlande einberufen werden, um eine Rückgabe der Festungen zu verhindern. Allerdings wurde ein Krieg als Mittel zur Durchsetzung der eigenen Forderungen kategorisch ausgeschlossen. Königin Margarethe sollte vielmehr in Verhandlungen von der Berechtigung der eigenen Ansprüche überzeugt werden. Man kann davon ausgehen, dass der Hochmeister hinter dieser Politik seiner Städte stand. Am Ende fanden die preußischen Städte aber keine Verbündeten und mussten nachgeben.

Die enge außenpolitische Zusammenarbeit zwischen Städten und Orden setzte sich selbst in den Zeiten innerer Spannungen fort. Die bessere Quellenlage erlaubt es zudem um 1450 gelegentlich, die Entwicklung politischer Grundlinien zu verfolgen. So erhielten bereits die Thorner Ratssendeboten zum preußischen Regionaltag im April 1451 eine schriftliche Instruktion mit der Anweisung, sie sollten dem Hochmeister zur Entsendung von Vertretern zu den von den Hansestädten vereinbarten Verhandlungen mit den Engländern raten. Insbesondere sollten sie darauf achten, dass der Hochmeister den Engländern keine anderen Rechte gewähren würde, als sie schon vorher gehabt hatten. Diese Forderung wurde auch vom Hochmeister mitgetragen, und die Versammlung beschloss folglich, dies als Grundlinie für die anstehenden Verhandlungen mit den Engländern in Utrecht zu übernehmen. Die Formulierung für die Thorner Ratssendeboten floss daher auch in die Instruktionen für die preußischen Gesandten zu den Verhandlungen ein. Gerade in den hansisch-englischen Beziehungen spielte der Orden immer wieder eine wichtige Rolle.

Der Marktturm des Thorner Rathauses (14. Jahrhundert) diente zunächst der Sicherung des städtischen Archivs und wurde im späten 16. Jahrhundert (ebenso wie Tuchhalle und Gerichtslaube) in den quadratisch angelegten Gesamtkomplex integriert.

Die außenpolitische Bedeutung von Hochmeister und Orden wurde auch von den anderen Hansestädten wahrgenommen. Sie wurden immer wieder wie eine befreundete Macht behandelt, die leicht für die Unterstützung der hansischen Politik zu gewinnen war, sei es durch die Argumente in der Korrespondenz der Hansetage und Hansestädte mit dem Hochmeister, sei es auch durch eigene Gesandtschaften, die nach Preußen auf den Weg gebracht wurden. Im Oktober 1380 erhielten zum Beispiel die Ratssendeboten von Lübeck und Wismar vom Hansetag den Auftrag, den Hochmeister für die Einhaltung der im Jahr zuvor gegen die Engländer beschlossenen Maßnahmen zu gewinnen, und nach dem Ausbruch des zweiten großen hansisch-dänischen Konflikts sollten die Ratssendeboten Lübecks, Rostocks und Wismars nach dem Beschluss eines weiteren Hansetags den Hochmeister im Oktober 1427 zur Hilfe im Krieg gegen Dänemark bewegen. Wenn die preußischen Städte an hansischen Versammlungen oder Verhandlungen teilnahmen, verfügten sie zum Teil über eine Vollmacht oder Bestätigung des Hochmeisters, die die vorangegangene Abstimmung mit den Landesherren beweisen.

Im März 1398 ereignete sich allerdings vor der Stadt Danzig etwas Besonderes. Dort lagen 84 Schiffe vor Anker, die bald von 4000 Mann in Rüstungen, darunter 50 Ordensbrüdern, und 400 Pferden bestiegen wurden. Die beachtliche Flotte machte sich auf den kurzen Weg nach Gotland und erreichte am 21. März den Hafen von Västergarn

Das Siegel der Stadt Danzig aus dem 15. Jahrhundert zeigt einen Holk, eines der großen Transportschiffe der Zeit mit einem Fassungsvermögen von rund 200 Tonnen, als Symbol der Quelle des Danziger Reichtums.

im Südosten der Insel. Die Reitertruppe wurde an Land gesetzt, die Gegner wurden verdrängt, und Heer und Flotte erreichten die Hauptstadt Visby. Dort hatten die Vitalienbrüder – die Seeräuber, die die Herzöge von Mecklenburg im Kampf um die schwedische Krone zu Hilfe gerufen hatten – Männer, Frauen, Kinder und Geistliche aus der Stadt vertrieben, um hier ihren Hauptstützpunkt zu errichten. Noch lag Schnee, sodass die Geschütze des Ordens nicht einsetzbar waren und man nur schwer an Visby herankam. Dennoch gelang es den gelandeten Truppen, drei Burgen der Seeräuber zu erobern und niederzubrennen, und mit Hilfe der Flotte konnten sie auch nach Visby vordringen. So kam es zu Verhandlungen mit Herzog Johann von Mecklenburg, dem Neffen König Albrechts von Schweden, und dem Hauptmann der Vitalienbrüder, Sven Sture. Am 5. April einigte man sich auf den Abzug der Seeräuber innerhalb von zwei Tagen. Gotland wurde danach für einige Jahre (bis 1408) vom Deutschen Orden verwaltet.

Dies war der einzige Fall, in dem der Deutsche Orden für die Hansestädte Krieg geführt hat, wobei aber ebenso seine territorialen Interessen eine Rolle spielten. Das Unternehmen wurde von Anfang an zusammen mit den preußischen Städten geplant und durchgeführt. Sie stellten fast die Hälfte der Schiffe, während der Orden die anderen Schiffe in den Städten «charterte» und in der Folge für entstandene Schäden aufkommen musste. Der Oberbefehl während der Kämpfe bis zur Vertreibung der Vitalienbrüder lag zwar in den Händen eines Ordensbruders, des Komturs von Schwetz, Johann von Pfirt. Aber die zwei Schiffe, mit denen zurückgebliebene Piraten bekämpft werden sollten, befehligten zwei Bürger aus den preußischen Städten, Arnold Hecht und Arnold Herferten – sie wurden zu den ersten Admirälen in der deutschen Geschichte ernannt. Die Aufgabenteilung zwischen Orden und Städten wiederholte sich ähnlich, als Königin Margarethe 1404 versuchte, ihre Herrschaft über Dänemark, Norwegen und Schweden nunmehr auch auf Gotland auszudehnen. Die kleinen Ordenskontingente wurden zwar rasch von dänischen Truppen überrumpelt. Doch rüstete der Orden wieder mit Hilfe der Städte eine Flotte aus, die die Ordensherrschaft über Gotland innerhalb kurzer Zeit wiederherstellte. Dafür wurde sogar ein Schiff aus Wismar angeheuert.

Der 15. Juli 1410 brachte eine Wende in der Geschichte des Deutschen Ordens. Auf dem Schlachtfeld von Tannenberg (Grunwald/Zalgiris) standen die Truppen des Ordenslandes dem Heer der polnisch-litauischen Union unter König Wladysław Jagiełło und Großfürst Vytautas gegenüber. Der Ausbruch des Kampfes verzögerte sich, vielleicht weil der polnische König einen günstigeren Sonnenstand abwarten wollte. Entscheidend wurde schließlich ein Manöver der Litauer, die eine Flucht vortäuschten und die hinterherreitenden preußischen Kontingente in eine Falle lockten. Der Einsatz des schweren Ordensheers brachte keine Wende. Vielmehr gaben einzelne Truppenteile auf, und das Kontingent des Hochmeisters wurde eingeschlossen und dezimiert. 200 Ordensbrüder kamen dabei um, darunter der Hochmeister Ulrich von Jungingen und fast alle führenden Amtsträger. Auf beiden Seiten zählte man mindestens 8000 Tote. Nur das Scheitern Polens und Litauens bei der Belagerung der Marienburg verhinderte, dass der Orden Preußen verlor.

Diese Niederlage wird oft mit dem «Niedergang» der Hanse im 15. Jahrhundert in Verbindung gebracht. Tatsächlich waren die Folgen weitreichend, politisch, wirtschaftlich wie militärisch. Aber sie betrafen vor allem den Orden und seine Herrschaft über Preußen, kaum den Handel der Hansestädte und ihre Stellung im südöstlichen Ostseeraum, die selbst durch den Ausgang des Ständekrieges gegen den Deutschen Orden (1454–1466) nicht beeinträchtigt wurden, trotz des Übergangs weiter Teile des Ordenslandes Preußen, nicht zuletzt von fünf der sechs großen Hansestädte, an Polen. Diese Kriege waren nur insofern für die anderen Hansestädte relevant, als sie die Handelsströme bedrohten oder sogar zeitweilig unterbrachen. Es ist so kein Zufall, dass die Hansestädte unter der Führung Lübecks 1462/64 im Ständekrieg zu vermitteln suchten, auch wenn ihre Sympathien auf der Seite der Städte (und der Stände) lagen.

Ein für die Hanse relevanter Bedeutungsverlust von Hochmeister und Orden ergab sich erst durch den Ausgang des Ständekrieges und den Zweiten Thorner Frieden von 1466, nicht schon durch die Niederlage bei Tannenberg. Bis 1454 finden sich Belege dafür, dass sich der Hochmeister selbst als «Haupt der Hanse» verstand. So appellierte der in Brügge gefangengesetzte Großschäffer Johann Reppin im Mai 1445 in einem verzweifelten Ausbruch an Hochmeister Konrad von Erlichshausen, er möge seine Autorität für Reppins Freilassung einsetzen. Der Hochmeister sei schließlich das Haupt der Hanse, so werde man seinen Vorstellungen folgen und auch das Kontor der Hanse aus der Stadt verlegen – wie das die Hanse sonst zur Durchsetzung ihrer Forderungen machte. 1451 stellte auch Konrads Nachfolger, sein Verwandter Ludwig von Erlichshausen, gegenüber Lübeck fest, dass der Hochmeister des Ordens von alters her als Haupt der Hanse angesehen worden sei.

Weit davon entfernt, mit Lübeck (und den wendischen Städten) in Konkurrenz zu treten, zielt diese Bemerkung vielmehr auf die schon angedeutete Rolle, die der Orden in Preußen für die diplomatische Vertretung der Hanse nach außen spielte. Zahlreiche Vertreter des westeuropäischen Adels waren während des 14. Jahrhunderts nach Preußen gereist, um sich am Kampf des Deutschen Ordens gegen die noch heidnischen Litauer zu beteiligen. Der Orden stand so auf einem Höhepunkt seines Ansehens und konnte mit den Herrschern Englands, Frankreichs und Burgunds praktisch auf Augenhöhe verhandeln.

Dies zeigte sich vor allem im Verhältnis zu England, dessen Kaufleute im Ostseeraum präsent waren und eine wichtige Rolle spielten. Die auch für die anderen Hansestädte relevanten drei

Die Berner Chronik des Diebold Schilling enthält eine relativ späte Darstellung der Schlacht bei Tannenberg (1410), die den Tod des Hochmeisters Ulrich von Jungingen ins Zentrum stellt.

Handelsverträge von Marienburg (1388) und London (1409, 1437) wurden wesentlich von Gesandten des Deutschen Ordens und der preußischen Städte ausgehandelt, und noch Pfingsten 1449 reisten zwei englische Gesandte nach Lübeck, um hier mit den Hansestädten, aber insbesondere mit einem Juristen des Ordens und Ratssendeboten aus Preußen in Verhandlungen einzutreten. Die englischen Könige begegneten den Hochmeistern stets mit

Respekt. So sprach Richard II. im November 1385 Konrad Zöllner von Rotenstein trotz aktueller Probleme als «edlen und mächtigen geistlichen Herrn» und «unseren allerliebsten Freund» an, und ähnlich wandte sich noch im Mai 1519 Heinrich VIII. an Albrecht von Brandenburg.

Auch in den Beziehungen zu Frankreich spielte der Orden eine bedeutende Rolle, nachdem sich Hochmeister Winrich von Kniprode 1373 bei König Karl V. für die Wiedereinsetzung der Hansekaufleute in ihre alten Rechte eingesetzt und Karl 1375 in derselben Form wie die englischen Könige mit der Verleihung von Privilegien reagiert hatte. Noch im Herbst 1451 schaltete sich Ludwig von Erlichshausen mit einigem Erfolg mit Briefen an den französischen König und den Herzog der Bretagne ein, auch wenn ein Angebot der Erneuerung der hansischen Privilegien an Bedenken im Brügger Kontor scheiterte. Diese diplomatische Rolle des Hochmeisters verlor nach 1454 an Bedeutung, der dafür nach 1466 gelegentlich als Ersatz ins Spiel gebrachte polnische König konnte die entstandene Lücke nicht recht füllen.

Will man sich dem eigentümlichen Verhältnis zwischen dem Deutschen Orden und der Hanse annähern, gilt es noch einen anderen Aspekt zu betrachten: den insbesondere in den Jahren um 1400 blühenden, weitgespannten Handel des Ordens. Die Sicherung des Handels und der den Hansestädten verliehenen Privilegien bildeten den Kern der hansischen Gemeinschaft. Davon profitierte auch der Deutsche Orden, wenn auch nicht als Mitglied, sondern durch die von ihm mit der Ausführung der Geschäfte beauftragten preußischen Kaufleute. Nur die Leiter der Handelsorganisation, insbesondere die beiden Großschäffer auf der Marienburg und in Königsberg, waren Mitglieder des Ordens. Sie beriefen preußische Kaufleute als Diener und Wirte in Preußen und als Lieger im Ausland – so in Lübeck, Livland, Lemberg (Lviv), Schottland, London und Brügge. Diese führten neben den Geschäften im Namen des Ordens auch eigene Unternehmungen durch und konnten für beides wie selbstverständlich die hansischen Privilegien nutzen.

Zu Konflikten kam es nur, wenn der Orden für sich in Anspruch nahm, nicht an die von den Hansestädten beschlossenen Blockaden gebunden zu sein. So wurden der Marienburger Großschäffer und seine Lieger 1391 vom Kontor zu Brügge von der Nutzung der hansischen Privilegien ausgeschlossen, weil sie die 1388 gegen Flandern verhängten Maßnahmen nicht mitgetragen hatten. Hochmeister Konrad von Jungingen wandte sich daraufhin um 1395 an das Kontor, um die Rechte seiner Handelsbeamten einzufordern. Er verwies dafür auf das alte Herkommen, verfolgte aber eine Doppelstrategie, indem er feststellte, dass ein Ausschluss aus dem Kaufmannsrecht faktisch keine Bedeutung haben könnte. Denn die Leiter des Kontors wüssten ja, dass weder der Großschäffer noch jemand aus dem Orden mit ihnen in ihrem Rechte sei. Dies machte allerdings bei den Kaufleuten im Kontor wenig Eindruck; offenbar mussten 1397 erst die preußischen Städte zugunsten des Ordens intervenieren, um eine Lösung zu finden.

Damit ergibt sich ein komplexes Bild. Hansestädte und Deutscher Orden wirkten in ihrer Geschichte auf vielfältige Weise zusammen. So unterstützten die Hansestädte den Deutschen Orden beim Aufbau seines eigenen Territoriums im Baltikum, und der Orden billigte den wesentlich von ihm gegründeten preußischen Städten eine starke Stellung in der Hanse zu. Auch die hansische «Außenpolitik» des 14. und 15. Jahrhunderts wurde im Wesentlichen vom Orden mitgetragen, vor allem dann, wenn sie den Interessen der preußischen Städte und ihres Handels diente. Mit der Ausnahme der Eroberung Gotlands aus der Hand der Vitalienbrüder 1398 war aber der Deutsche Orden nicht an den Kriegen der Hansestädte beteiligt. Seine außenpolitische Bedeutung zeigte sich vielmehr an seinem Auftreten für die Hanse in Verhandlungen mit den westeuropäischen Fürsten, vor allem den Königen Frankreichs und Englands sowie dem Herzog von Burgund. Hieraus ergab sich auch das Selbstbild des Hochmeisters als «Haupt der Hanse». Gerade aber für den Kern der hansischen Gemeinschaft, in der Nutzung der Privilegien, zeigten sich die Grenzen der Beziehung des Deutschen Ordens zur Hanse. Die Großschäffer nutzten über ihre Lieger die hansischen Rechte im Ausland, sahen sich aber nicht als hansische Kaufleute.

Will man das auf eine adäquate Formel bringen, kann man sicherlich nicht von einer Mitgliedschaft des Ordens, des Hochmeisters oder anderer Ordensmitglieder in der Hanse sprechen. Angemessener ist es, eine Assoziation des Ordens mit der Hanse anzunehmen. Im Fall des Deutschen Ordens entstand diese Bindung durch die preußischen Städte und durch Kaufleute in seinen Diensten. Insbesondere die Orientierung auf die Städte – und damit auf die Interessen des Ordenslandes – erklärt dann auch den Einsatz des Hochmeisters und der Ordensvertreter bei den europäischen Fürsten.

Es waren dann auch die Beziehungen zu den europäischen Fürsten, insbesondere zum Herzog von Burgund, die dem Königsberger Großschäffer Johann Reppin die Freilassung brachten. Zwischenzeitig schien seine Lage verzweifelt, war er doch – bis auf einen Diener, der ihn besuchte – lange auf sich gestellt. Wie er im August 1445 schrieb, befand er sich im Gefängnis in Gesellschaft von Mönchen, Priestern, Kaufleuten, aber auch Dieben und Töchtern armer Leute. Der Orden aktivierte seine diplomatischen Beziehungen. Er brachte Lübeck zu einem Protest gegen Reppins Inhaftierung, drohte mit einem Gerichtsverfahren beim Papst und beschwichtigte den Herzog von Pommern, um den Lieger Thomas Schenkendorf gefangen zu nehmen und nach Brügge überstellen zu können. Eine hochrangige Gesandtschaft an den Herzog von Burgund erreichte schließlich im Dezember 1446 die endgültige Freilassung, nach fast zwei Jahren. Der ehemalige Großschäffer durfte nach Preußen zurückkehren.

OTTO STÖBEN

Der Markt von Wismar. Schauplatz der Hinrichtungen im Jahr 1427

◂ Die Bürger- und Marktkirche St. Marien zu Lübeck (links im Bild) steht im Viertel der Kaufleute. 1350 fertiggestellt, repräsentiert sie Wohlstand und Macht der alten Hansestadt. Im Vordergrund die St. Petri-Kirche

8 Bürger gegen Räte – Kaufleute und Handwerker proben den Aufstand

Schwungvoll hebt der Henker auf dem Marktplatz von Wismar das Richtschwert. Mit professionellem Hieb trennt er das Haupt vom Hals des Johann Bantzkow. Es ist der 18. November 1427. Dieser Tag geht in die Annalen der wendischen Hansestadt an der Ostsee ein, denn der Kopf, der da vor johlendem Publikum in den Korb fällt, gehört nicht irgendeinem Halunken. Er gehört dem rechtmäßigen Bürgermeister – und der hatte noch Glück im Unglück: Nur auf Intervention des Lübecker Rates wurde Johann Bantzkow nicht erhängt und anschließend aufs Rad geflochten, sondern durfte seinem Stand gemäß den ehrenvolleren und wohl schmerzlosen Tod durch Enthauptung sterben – dennoch ein unerhörter Vorgang. Bantzkow wurde in einem nur der Form nach ordnungsgemäßen, aber von Jesup erzwungenen und daher umstrittenen Gerichtsverfahren zum Tode verurteilt. Ähnlich war mit seinem Ratskollegen Hinrik van Haren, kurz vor Bantzkow an selbiger Stelle hingerichtet, verfahren worden. Wie hatte es so weit kommen können?

In der wendischen Hansestadt brodelt es schon seit Mitte des 14. Jahrhunderts. Eine kleine Oberschicht, die wohl etwas mehr als 15 Prozent der etwa 8000 Köpfe zählenden Einwohner Wismars ausmacht, herrscht über den Rest der Wismarer, wenngleich das Handwerk insgesamt den Haupterwerbszweig bildet. Höchstens 25 Prozent gehören der Mittelschicht, mindestens

60 Prozent den unteren Schichten an – eine Gesellschaft in Schieflage. Da können bereits geringste Anlässe die öffentliche Ordnung zum Kippen bringen.

Johann Bantzkow gehört einer einflussreichen «ratsfähigen» Kaufmannsfamilie in Wismar an. Er zählt somit zur Wismarer Führungselite, deren exklusiver Kreis allein die Mitglieder der Stadtregierung stellen darf. Bantzkow vertritt seit Jahren seine Heimatstadt als angesehener Ratsgesandter in wichtigen Angelegenheiten, als sich 1409 für den erfolgsgewohnten Kaufmann alles ändern soll – nicht plötzlich und unerwartet, aber doch mit überraschender Konsequenz. Die schon länger gärende Unzufriedenheit breiter Bevölkerungsteile mit dem selbstherrlichen Patriziat macht sich ein gewisser Claus (Nikolaus) Jesup – Wollweber von Beruf – zunutze und zettelt einen Aufstand an. Er will mehr Mitsprache seiner Standesgenossen in der Stadtregierung durchsetzen. Ob er auch persönliche Ziele verfolgt, kann nur vermutet werden. Zunächst wird ein sogenannter Hundertmänner-Ausschuss dem Rat zur Seite gestellt, Letzterer unter Führung des renitenten Handwerkers schließlich gestürzt. Die alten Ratsherren dürfen allerdings ohne Gefahr für Leib und Leben sowie Hab und Gut in der Stadt bleiben. Ein «Neuer Rat», immer noch begleitet von dem Hundertmänner-Ausschuss, übernimmt die Geschicke der Stadt, in dem Jesup einer der Wortführer ist. 1411 wird er sogar Bürgermeister, muss aber 1416 mit seinen Mannen wieder abtreten, weil König Sigismund die Rückkehr des «Alten Rates» erzwingt. Doch den Herren bläst ein immer schneidender werdender Nordwind entgegen: Dänemark ist auf Konfrontationskurs mit den wendischen Hansestädten, darunter Hamburg, Lübeck, Rostock, Stralsund und eben auch Wismar. Im Oktober 1426 kommt es zum Krieg. Johann Bantzkow und Hinrik van Haren führen innerhalb des hansischen Flottenverbandes ein Kontingent aus Wismar in den Kampf. Doch die Hansen erleiden empfindliche Niederlagen und verlieren zahlreiche Schiffe, allein zwölf aus Wismar. Da sieht der gedemütigte Claus Jesup seine Chance zur Revanche: Er zieht alle Register der Propaganda und wirft den Ratsherren in der wirtschaftlich äußerst angespannten Nachkriegssituation Klientelpolitik vor. Das kostspielige kriegerische Engagement habe immer allein im Interesse der Patrizier gelegen – ein Vorwurf, der die Stimmung in der Bevölkerung gewaltig anheizt. Volkes Zorn entlädt sich abermals. Der «Alte Rat» wird erneut gestürzt. Jesup ist wieder Bürgermeister. Kaum von den Seegefechten heimgekehrt, werden Bantzkow und van Haren hingerichtet.

Dieser Umsturz und das rücksichtslose Vorgehen gegen die rechtmäßigen Ratsherren bekommen der Stadt jedoch schlecht. König Sigismund verhängt die Reichsacht über Wismar und seine Bürger. Das heißt, die Einwohner, aber auch die ganze Stadt verlieren ihre Rechtsfähigkeit, werden rechtlos gestellt und gelten als vogelfrei – eine höchst gefährliche Situation, denn jeder kann die geächtete Person töten, die Stadt überfallen, sich des Eigentums bemächtigen, ohne dass dem Geächteten von Rechts wegen irgendeine Hilfe zuteil wird. Erst 1430 halten die Aufrührer dem Druck nicht mehr stand. Die königliche Gewalt setzt die Rückkehr des «Alten Rates» durch. Von da an verliert sich jede Spur des Wollwebers Claus Jesup. Da keiner der Aufrührer aus Wismar vertrieben wird, bleibt Jesup möglicherweise in der Stadt. Er stirbt irgendwann zwischen 1448 und 1453 – so die Vermutung unter Historikern.

Der Aufruhr von Wismar ist kein Einzelfall. Überall im Reich – auch außerhalb des Hansebündnisses – rumort es seit vielen Jahrzehnten hinter den Befestigungswerken zahlreicher Städte. Gegen Angriffe von außen sind sie meist gut gewappnet. Doch zunehmend sehen sich die städtischen Führungseliten auch mit Bedrohungen von innen konfrontiert – und das hat meist hausgemachte Gründe. Die Ausgangslage der Konflikte ist komplex und von Ort zu Ort unterschiedlich. Die Wurzeln der

Auch in Köln probten Handwerker den Aufstand. Am 20. Mai 1369 erhoben sich die Weber gegen den Rat. Die Unruhen gipfelten 1371 in der «Kölner Weberschlacht», in der die Weber unterlagen.

Streitereien reichen bis weit ins 12. Jahrhundert zurück. Damals beginnen überall verschiedene Berufsgruppen, vor allem Handwerker, eine ihrer wachsenden wirtschaftlichen Bedeutung entsprechende politische Vertretung zu fordern. Sie wollen an wichtigen städtischen Entscheidungen beteiligt sein. Immerhin tritt der Rat als kommunalpolitischer Vertreter in allen Angelegenheiten der Stadt auf: Er verhandelt einerseits mit dem jeweiligen adeligen Herrn, in dessen Herrschaftsbereich der Ort liegt, gelegentlich sogar mit dem Reichsregenten. Dabei gelingt es vielen Räten durch Geldzahlungen an den Stadtherrn und durch diplomatisches Geschick, ihre Städte den Zugriffsmöglichkeiten des Adels mehr oder weniger zu entziehen. Stadtluft macht frei – eine Erfahrung aus jener Zeit. Außerdem besitzt der Rat – allerdings nach verfassungsrechtlich vorgeschriebener Abstimmung mit der Bürgerschaft – Handlungsvollmacht beim Erwerb ausländischer Handelsprivilegien, beim Schutz der Handelswege und in zwischenstädtischen Bündnisangelegenheiten – alles Dinge, die den Handwerker und seine wirtschaftlichen Verhältnisse ebenso betreffen wie Kaufleute und Gewerbetreibende. Gelegentlich tritt der Rat der gesamten Bürgerschaft gegenüber als Entscheidungsträger auf, wenngleich ihm diese Kompetenz von keiner Stadtverfassung zugebilligt wird – und dann kann es eben zu folgenschweren Konflikten kommen. Denn bei allen Entscheidungen, die wichtige Aspekte der Bürger wie Sicherheit, Besitz und Einkommen betreffen, müssen Gilden und Gemeinde zur Beratung hinzugezogen werden. Doch die Macht liegt meist in den Händen sogenannter «ratsfähiger» Familien. Solche Patrizier-Clans teilen seit Generationen alle wichtigen Posten untereinander auf und wachen mit Argusaugen darüber, dass ihre Reihen geschlossen bleiben. Wer nicht dazugehört, und sei er noch so erfolgreich und angesehen, hat keine Chance, im Rat mitzuwirken; er ist nicht «ratsfähig». Das gilt nicht nur für Handwerker, sondern auch für Kaufleute, die keiner «ratsfähigen» Familie angehören.

Etwa ab dem frühen 13. Jahrhundert besitzen die meisten deutschen Städte Ratsverfassungen, die Zusammensetzung, Amtsperioden, Wahlverfahren und vieles mehr regeln – in manchen Städten höchst komplizierte, fein ausgeklügelte Statuten, die dem größten Teil der Stadtbürger die aktive Teilnahme im Rat versagen. Die Einwohner der Städte, die nicht das Bürgerrecht besitzen – und das sind alle wirtschaftlich nicht Selbständigen wie Gesellen, Knechte, Mägde, Tagelöhner – und überhaupt keine Mitbestimmungsrechte haben, stellen den größten Teil der Stadtbevölkerung. Immerhin dürfen in den meisten Räten seit der Wende vom 13. zum 14. Jahrhundert auch Vertreter verschiedener Berufsgruppen sitzen, doch ist das Kräfteverhältnis immer zugunsten der patrizischen Mitglieder gewichtet.

In den meisten Hansestädten, insbesondere den Hafenstädten Norddeutschlands, dominiert traditionell der Handel über das Handwerk. So sitzen in den Rathäusern vor allem die sehr vermögenden, einflussreichen Fernhandelskaufleute. Diese Positionen sind einerseits lukrativ, weil sie mit Macht, Image sowie allerlei Privilegien verbunden sind, vor allem aber wegen des Informationsvorsprungs, den in der Politik tätige Ratsherren anderen Kaufleuten gegenüber haben – Insidergeschäfte sind noch nicht verboten. Andererseits sind solche Ehrenämter oft Fulltime-Jobs ohne feste Vergütung. Man muss es sich also auch leisten können, dem Rat einer mittelalterlichen Stadt anzugehören – und dazu sind eben nur Selbständige mit einem gutlaufenden Geschäft in der Lage. Wer von seiner Hände Arbeit leben muss, hat gar keine Zeit, in der Politik mitzumischen. In Lübeck erlaubt es sogar die vom Rat Ende des 13. Jahrhunderts auf den Namen Heinrichs des Löwen gefälschte Ratswahlordnung nur solchen Personen im Rat zu sitzen, die ihren Unterhalt nicht mit einem Handwerk verdienen – ein Coup der hohen Herren, der lange unentdeckt geblieben ist. Mit zunehmender Arbeitsteilung und Spezialisierung haben aber etwa seit dem 12. Jahrhundert verschiedene Handwerke kontinuierlich an Wohlstand und Bedeutung gewonnen. Schuster, Schmiede, Bäcker und so weiter, aber auch kleinere Kaufleute und andere Gewerbetreibende haben sich zu Berufsvereinigungen zusammengeschlossen. In den südlichen Reichsgebieten heißen solche Korporationen meistens «Zünfte», im Norden eher «Gilden» oder «Ämter» und im Kölner Raum «Gaffeln». Besteht ein religiöser Bezug, spricht man von Bruderschaften. Die Entstehung der Zünfte ist noch nicht in allen Details geklärt. Doch sicher ist, dass diese Vereinigungen von Anfang an zwei Seiten hatten: Einerseits verleihen sie ihren Mitgliedern mehr politisches Gewicht, andererseits bilden sie

Der Nürnberger Nagelschmied Fritz Zorn gehörte nicht zu den reichen Handwerkern. Federzeichnung aus dem Mendelschen Zwölfbrüderbuch, Nürnberg 1482

die Grundlage für eine bessere Kontrolle von Handwerk und Gewerbe durch die Obrigkeit. So gibt es in vielen Städten seit dem 15. Jahrhundert einen Zunftzwang und bis in kleinste Einzelheiten reichende Regeln zu Befugnissen und Abgabenpflichten der Mitglieder, Menge und Qualität der Produkte und Leistungen und so weiter. Das Verwaltungswesen sprüht geradezu vor Kreativität, geht es doch um Einnahmen für den Stadtsäckel, Sicherung von Qualitätsstandards und – last, but not least – hintergründig auch um klare gesellschaftliche Abgrenzungen nach dem Motto: «Schuster, bleib bei deinem Leisten.» Aber das lässt die tüchtigen Handwerker in ihrem Kampf um mehr Mitspracherechte keineswegs erlahmen – im Gegenteil!

Im 14. Jahrhundert sind die wirtschaftlichen und gesellschaftlichen Wandlungsprozesse so weit fortgeschritten, dass auch bislang nicht «ratsfähige» Bürger – vornehmlich Handwerker mit eigenen Betrieben und wohlhabende Kaufleute, die aber nicht zu den Superreichen aus der Fernhandelsbranche gehören – sich durchaus in der Lage sehen, ein politisches Ehrenamt zu bekleiden. Das schmeckt den Patriziern natürlich nicht. Sie wollen alle Fäden in ihren Händen behalten. In den unteren Bevölkerungsschichten stauen sich über die Jahre wenig freundliche Gefühle gegenüber «denen da oben» auf. In vielen Städten herrscht eine explosive Gemengelage – und da genügt oft ein winziger Funke, um einen Aufstand zu entfesseln. Die Auslöser sind in den verschiedenen Städten durchaus unterschiedlich. Die Palette reicht von mehr oder weniger schweren Eingriffen in das Gewerberecht durch die Räte über zu hohe Steuerlasten und städtische Verschuldung bis hin zu persönlichen Ambitionen Einzelner. Es kommt auch nicht überall zu Gewaltexzessen. Aber insgesamt entwickeln sich die innerstädtischen Auseinandersetzungen zu einer erheblichen Belastung der gesamten Hanse, weshalb sich das Bündnis zu weitreichenden Gegenmaßnahmen genötigt sieht. Als schärfstes Schwert kommt dabei, wenn auch selten,

Gegner der Aufständischen: Segebodo Crispin († 1328) aus einer Lübecker Ratsherrenfamilie mit seiner Ehefrau Elisabeth Mornewech auf einem Tafelbild des frühen 15. Jahrhunderts

die «Verhansung» zur Anwendung – der Ausschluss einer von Aufrührern übernommenen Stadt aus dem Bündnis. Das hat in der Regel empfindliche wirtschaftliche Folgen: Keine andere Stadt darf mit der Verhansten in irgendeiner Form Handel treiben, will sie nicht selbst alle hansischen Vorrechte verlieren. Deshalb können sich die neuen Machthaber meist nicht lange halten. Dennoch führen die Aufstände zu gewissen gesetzlichen Neuregelungen, die zumindest in Teilen den Forderungen der aufstrebenden Bürger entsprechen. Aber bis sich tatsächlich etwas ändert, müssen mancherorts harte Kämpfe ausgefochten werden. Von der Wiege der Hanse im westfälischen Soest bis zu ihrer Königin, dem wendischen Lübeck, bekommen die meisten Städte des Bündnisses den entschiedenen Willen vor allem der aufstrebenden Handwerker zu spüren, politische Rechte zu erhalten, wirtschaftliche Rechte zu wahren, Entscheidungen über ihre Köpfe hinweg zu verhindern und die eigenen Geschicke und damit auch die Geschicke der Städte mitzubestimmen.

Von einigen inneren Unruhen sind heute kaum mehr als Jahreszahlen bekannt – einerseits vermutlich, weil sie den Chronisten wenig erwähnenswert schienen; andererseits auch, weil entsprechende Dokumente fehlen oder verschollen sind. Beispielsweise entmachteten Anfang des 15. Jahrhunderts Bürgergruppierungen den Rat der Stadt Soest. Im August 1418 wird Soest vom Bündnis die Verhansung zwar angedroht, aber was in der Folge geschieht, liegt im Nebel der Geschichte. Weder weiß man genau, wer warum zum Aufstand aufgerufen hat, noch geben die Quellen Auskunft über die Geschehnisse während der entscheidenden Jahre. Andere innerstädtische Konflikte sind wesentlich besser dokumentiert, etwa die sogenannten Schichten in Braunschweig.

Bereits in den Jahren 1293 und 1294 proben die Handwerkergilden in Braunschweig den Aufstand gegen den Rat der Stadt, in dem Großkaufleute und Patrizier – in Braunschweig «Geschlechter» genannt – das Sagen haben. Diese Phase der inneren Schwächung nutzen die Herzöge Albrecht II. und sein konkurrierender Bruder Heinrich I. aus, um sich der Stadt zu bemächtigen. Es geht, wie so oft, ums Erbe. Beide erheben Anspruch auf Braunschweig. Um leichteres Spiel zu haben, verbünden sie sich mit jeweils einem der widerstreitenden Lager – Heinrich mit den Gildemeistern und Albrecht mit den Ratsherren. Doch die Räte sitzen am längeren Hebel, mit dem sie Heinrichs Ansinnen aushebeln: Sie erkennen einfach Albrecht als Stadtherren an. Vor einer direkten Konfrontation scheuen die beiden Brüder klugerweise zurück. Man einigt sich über gemeinsame Rechte und bestätigt den alten Rat im Amt. Die aufständischen Gildemeister werden hingerichtet. Damit ist die «Schicht der Gildemeister» in Braunschweig gescheitert.

Ähnliche innerstädtische Unruhen nehmen auch andernorts zu. Innerhalb der Hanse ist man sich noch nicht einig, wie auf dieses Phänomen zu reagieren sei. Die Auffassungen variieren von Region zu Region und von Stadt zu Stadt. Viele Städte sind bereits in regionale Beistandspakte eingebunden – für den Fall äußerer Bedrohungen oder Konflikte mit anderen Städten. Vor allem die Räte der sächsischen Regionen erkennen jedoch auch die heraufziehenden gesellschaftlichen Unwetter. 1360 gründen sie den Sächsischen Städtebund, dem auch Braunschweig angehört und dessen Statuten den gegenseitigen Beistand bei äußeren wie inneren Bedrohungen vorsehen:

«Were ok, dat jenich vorste eder here der stede jeneghe beleghe eder bestallede eder to grunde vorderven wolde eder jenich meynheyt sik erhove wedder den rad, de stad to vordervende, dar scolden desse stede alle der stad to helpen mid allen truwen, wes se mochten, dat se unverdervet bleve» (sei es, dass ein Fürst oder Heer eine der Städte belagern oder einnehmen oder verderben wollte oder sich die Bevölkerung gegen den Rat erheben sollte, um die Stadt zu übernehmen, dann sollen die Städte alle dieser Stadt helfen mit allen Mitteln, soweit sie können, damit die Stadt unbeschadet bleibe).

Beide Gefahren werden als gleichwertig eingestuft – eine Einsicht, zu der die Hanse selbst erst wesentlich später gelangt.

Im 14. Jahrhundert ist Braunschweig die mächtigste der im Sächsischen Städtebund zusammengeschlossenen Hansestädte. Doch die Situation ist in mehrerer Hinsicht höchst kompliziert. Eigentlich gehört die Stadt den Herzögen von Braunschweig, hat sich aber durch geschickte Käufe hoheitlicher Rechte faktisch zur freien Stadt gemausert. Sie wächst gerade aus fünf Stadtteilen, sogenannten Weichbilden, zu einem Gemeinwesen zusammen. Jeder Stadtteil besitzt einen eigenen Rat, doch die Geschlechter der Altstadt dominieren im übergeordneten «Gemeinen Rat» ihre Kollegen aus den anderen Weichbilden. So sind sich schon die Herren der Führungselite untereinander nicht grün. Verschärfend kommt hinzu, dass sich die Stadtteile wirtschaftlich, politisch und sozial deutlich voneinander unterscheiden. An gesellschaftlichem Sprengstoff mangelt es also nicht. Außerdem hat der Ausbruch der Pest im Jahre 1350 die Bevölkerung empfindlich dezimiert. Ein solcher demographischer Einschnitt wirkt sich naturgemäß negativ auf die Wirtschaftskraft der Stadt aus. Doch alle diese Faktoren sind letztlich keine zündenden Funken, sondern wirken höchstens als Brandbeschleuniger.

Die gefährliche Lunte aber, eine handfeste Haushaltskrise, haben die Stadtväter selbst gelegt, indem sie auf kostspielige Weise das Umland Braunschweigs unter ihre Kontrolle zu bringen versuchten und zur Sicherung des Handels auch mehrere Burgen in Pfand nahmen. Im Jahre 1370 drückt bereits eine Schuldenlast von 5400 Mark – bei allen Vorbehalten einer Umrechnung gegenüber müssten das heute weit mehr als acht Millionen Euro sein. Ohnehin schon knapp bei Kasse, schlittern die Braunschweiger Ende 1373 in einen bewaffneten Konflikt mit Truppen des Erzbistums Magdeburg – und dabei ziehen sie den Kürzeren. Während der historischen «Niederlage am Elm» geraten neben Herzog Ernst von Braunschweig-Lüneburg und 60 seiner Ritter auch einige der reichsten Bürger der Stadt in erzbischöflich-magdeburgische Gefangenschaft. Die stolze Summe von 4000 Mark müssen die Braunschweiger als Lösegeld berappen. Sie sitzen nun auf einem Schuldenberg von fast 10000 Mark – für damalige Verhältnisse ein geradezu unermesslicher Betrag, heute vermutlich mehr als 16 Millionen Euro. Um das gewaltige Haushaltsloch zu stopfen, fasst der Rat Steuererhöhungen ins Auge. Doch da machen die Gildemeister nicht mit. Es kommt zu heftigen Streitereien zwischen den Ratsherren und den Vertretern der Handwerkerschaft. Da man keine Einigung erzielen kann, verlassen die Ratsherren das Treffen und gehen einfach nach Hause, um in aller Ruhe zu essen – doch mit der Ruhe ist es jetzt vorbei: Die Gilden der Schuhmacher und Gerber versammeln sich, um auf die Haltung des Rates die passende Antwort zu finden. Es geht hoch her im Gildehaus der Schuhmacher. Einige geraten derart in Rage, dass sie losziehen und das Haus des Bürgermeisters Tile van dem Damme stürmen. Das repräsentative «Haus der sieben Türme» steht am Altstadtmarkt, auf dem sich rasch eine große Volksmenge einfindet. Der Hausherr ist nicht greifbar. Er versteckt sich beim Nachbarn. Seine Familie aber wird nackt vor all den Leuten aus dem Haus getrieben. Von nun an gibt es für den Mob kein Halten mehr. Während der folgenden Tage werden acht Bürgermeister und Ratsherren umgebracht – auch Tile van dem Damme.

Viele Angehörige der führenden Familien verlassen in aller Eile die Stadt. Quasi im Handstreich setzen die Aufrührer den Rat ab und nehmen selbst die entsprechenden Positionen ein: «Die Unruhestifter erkoren wieder einen neuen Rat. An die Stelle der Toten und Vertriebenen setzten sie sich selbst.»

Der neue Rat konfisziert das Vermögen der alten Räte und

Das «Haus zu den sieben Türmen» in Braunschweig gibt es nachweislich seit 1294. Die heutige Fassade stammt aus dem Jahre 1708.

verbannt sie vor die Tore. Doch so leicht wollen sich die Patrizier nicht geschlagen geben. Sie lassen ihre Beziehungen spielen und finden in anderen Hansestädten Aufnahme. Von dort aus werfen sie den gesamten Apparat der Hanse an, der auch überraschend schnell reagiert. Zunächst erscheinen Abgesandte mehrerer Städte, um zu verhandeln. Doch darauf lassen sich die neuen

Räte gar nicht erst ein. Im Gegenteil: Sie nehmen Kontakt mit den Gilden anderer Städte auf, um ihrerseits Verbündete zu gewinnen. Für die dortigen Räte gilt ab sofort höchste Alarmstufe. Die Hanse muss einen Flächenbrand befürchten, zieht die Daumenschrauben an und droht schließlich mit der Verhansung: «dass wir sie von dem Recht und der Freiheit des Kaufmanns in allen Städten ausschließen».

Nach langem Zögern fährt das Bündnis seine schlagkräftigste Waffe tatsächlich auf und verkündet am 24. Juni 1375 den Ausschluss Braunschweigs aus der Hanse. Theoretisch bedeutet das die totale wirtschaftliche und eine erhebliche politische Isolation der Stadt.

Doch die Praxis sieht auch in Braunschweig etwas anders aus. Vor allem die sächsischen Städte brechen nicht alle Brücken ab. Da kommen die regionalen Verflechtungen zum Tragen. Inoffizielle Geschäfte kann selbst die Hanse nicht völlig unterbinden. Auch in Flandern, das nicht zum hansischen Gebiet gehört, zeigen die Bündnisbeschlüsse nicht die erhoffte Wirkung. Dort können die verhansten Kaufleute weiterhin Handel treiben, vor allem mit textilen Erzeugnissen – und sie erhalten zudem noch Kredite. Dennoch brechen für die Braunschweiger harte Zeiten an, insbesondere für die Kaufleute, obwohl diese doch an dem Umsturz gar nicht beteiligt waren. Von mindestens einem Kaufmann – Hermen von Gheysmer – ist bekannt, dass er sogar auf sein Braunschweiger Bürgerrecht verzichtet, um so als Nicht-Braunschweiger wenigstens seine geschäftliche Existenz zu retten.

«Die Stadt wurde schwach, der Rat und die Bürger wurden arm», schreibt der Chronist Hermann Bote in seinem Schichtbuch («Dat schichtboik»). Mit der Zeit wirkt sich der Niedergang Braunschweigs auch nachteilig auf andere Hansestädte aus. 1377 appelliert Kaiser Karl IV. an die Hanse, für die unschuldigen Kaufleute endlich eine Lösung zu finden. Von da an kommt man sich wieder näher, aber in ganz kleinen und langsamen Schritten. Keine der Parteien will entscheidend nachgeben. Ein Vertragswerk wird ausgearbeitet, das die Bedingungen einer Wiederaufnahme in die Hanse festschreibt. Am 13. August 1380 ist es dann so weit: In einer öffentlichen Bußzeremonie müssen entsprechend der Zahl der sechs Jahre zuvor ermordeten Räte acht Braunschweiger Ratsherren in Anwesenheit von acht damals verjagten Ratsherren auf den Stufen des Lübecker Doms um Gnade und Wiederaufnahme ihrer Stadt in die Hanse bitten. Erst nach ausdrücklicher Zustimmung der ehemaligen Ratsmitglieder und kirchlichem Segen wird der Bitte entsprochen. Acht Ratsherren müssen nach Rom pilgern und für die Seelen der Getöteten beten. Außerdem soll in der Altstadt Braunschweigs eine Bußkapelle errichtet werden. Damit ist es den Braunschweigern mit der Demut aber auch genug. In der Folge dürfen zwar die vertriebenen Patrizier wieder in die Stadt einziehen, aber der alte Rat wird nicht wieder ins Amt gelassen. Das war auch nicht vereinbart worden, im Unterschied zu Entschädigungsleistungen, die aber auch nur schleppend oder gar nicht erfüllt werden. Immerhin lernen alle Betroffenen aus der «Großen Schicht».

1386 einigt man sich auf eine neue Ratsverfassung, die erstmals vollständig schriftlich niedergelegt wird. Anders als vor der Schicht wird nun vierzehn Gilden zugestanden, an der Ratsbesetzung beteiligt zu sein. Den ratsfähigen Oberklassen-Familien wird das Recht beschnitten, ausscheidende Ratsmitglieder automatisch aus den eigenen Kreisen zu ersetzen. «Kooptation» nennt sich diese Möglichkeit der machtpolitischen Selbstbedienung. Neben der – wenn auch bescheidenen – Neuordnung der inneren Verhältnisse ergreift Braunschweig auch außerstädtisch wieder die Initiative. Die Erfahrung der Isolation, aber auch der Unterstützung befreundeter Städte in schwerer Zeit, lässt den Rat intensiv an der Auffrischung alter Freundschaften arbeiten.

Bald gilt der Sächsische Städtebund als das solideste regionale Bündnissystem innerhalb der Hanse. Das verschafft Braunschweig respektables Gewicht im gesamten hansischen Raum sowie zunächst eine gewisse Sicherheit gegenüber Begehrlichkeiten des Landesherrn. Anders als die «Schicht der Gildemeister» hat die «Große Schicht» Veränderungen bewirkt, die nicht mehr revidiert werden können. Allerdings gelingt es den Geschlechtern, sich ein politisches Filetstück zu reservieren: Die Außenpolitik bleibt trotz der geänderten Ratsverfassung exklusiver Geschäftsbereich der den Geschlechtern entstammenden Ratsmitglieder. So bewahren sich die «geborenen Chefs» ihre Auftritte auf der großen Bühne der Hanse und der zwischenstädtischen Beziehungen.

Ereignisse und Folgen der «Großen Schicht» zählen zu den schwersten innerstädtischen Unruhen der Hansezeit und sind als solche in die Annalen von Braunschweig eingegangen. Der Chronist Hermann Bote hat sie in seinem Bericht 1510 überliefert. Trotz des zeitlichen Abstandes gelten Botes Angaben in der historischen Forschung als weitgehend zuverlässig.

Ebenfalls gut dokumentiert sind die Geschehnisse in Lübeck, die dem Bußritual der Braunschweiger auf den Domstufen folgen. Sie betreffen jedoch nicht die wendische Hafenstadt, sondern die «Königin der Hanse» selbst. Kaum hat nämlich das Städtebündnis unter maßgeblicher Mitarbeit des Lübecker Rates die Wogen in Braunschweig halbwegs geglättet, da geraten die Ratsherren an der Trave selbst in schweres Wetter. Der Franziskanermönch Detmar hat in seinem als «Detmar-Chronik von 1105–1386» bezeichneten Geschichtsabriss die Ereignisse überliefert. Allerdings behandeln Historiker diese Angaben mit Vorsicht, weil der geistliche Lesemeister die Chronik im Auftrag des Lübecker Rates erstellt hat. Da kann man keine neutrale Berichterstattung erwarten. Eine zweite Fassung, die sogenannte «Rufus-Chronik», und zahlreiche andere Unterlagen und Berichte dienen der Forschung jedoch als Korrektive, sodass die als «Knochenhauer-Aufstände» bekannt gewordenen Unruhen im Wesentlichen nachvollzogen werden können.

Auch in der Reichsstadt Lübeck liegt seit dem 13. Jahrhundert das Machtmonopol in den Händen einer kleinen Gruppe von Patriziern, die sich anfangs aus Ministerial-Adligen, reichen Kaufleuten und Grundbesitzern gebildet hatte. Dieses Gremium ist zu einem exklusiven Klüngel mutiert, denn durch die auf den Namen Heinrichs des Löwen gefälschte Ratswahlordnung ist es Handwerkern untersagt, im Rat mitzuwirken – eine Vorschrift, die zwar bis ins 13. Jahrhundert hinein im gesamten Reich gilt, aber nirgendwo, auch zukünftig, so strikt eingehalten wird wie in Lübeck. Und um auch wirklich unter sich zu bleiben, bedient man sich bei der Neubesetzung vakanter Posten streng der schon erwähnten Kooptation. Andererseits beteiligen die Herren die übrigen Bevölkerungsgruppen gern an städtischen Kosten. Mit erheblichen Beträgen haben die Zünfte – in Lübeck «Ämter» genannt – dabei zu sein, wenn es darum geht, die Kriege gegen Dänemark oder den Kampf gegen Seeräuberei zu finanzieren. Die Patrizier sind reich, die Stadtkasse aber ist klamm, und deshalb will der Rat 1374 Steuern erhöhen sowie für die Ämter eine zusätzliche Abgabe einführen – ausgerechnet zu dem Zeitpunkt, als in Braunschweig wegen versuchter Steuererhöhungen der Aufstand losbricht.

Neben diesem aktuellen finanziellen Ärgernis treibt seit längerem besonders die Knochenhauer um, dass sie vom Rat an der ganz kurzen Leine gehalten werden: Als Lebensmittellieferanten stehen sie unter genauer Kontrolle der Obrigkeit. Dabei gibt es innerhalb des Knochenhauer-Amtes – so heißt die Fleischergilde in Lübeck und einigen anderen Städten – zwei verschiedene Handwerkergruppen: Die eigentlichen Knochenhauer, die jedoch nicht selbst schlachten, sondern als Händler Vieh einkaufen und Fleisch verkaufen, und die Küter, die lediglich schlach-

Fleischhauer (Metzger) waren zumeist angesehene Handwerker. In Lübeck hießen sie Knochenhauer und waren selbständig. Das Schlachten selbst übten abhängig beschäftigte Küter aus.

ten. Die sechzehn Küter Lübecks arbeiten zentral im Schlachthaus an der Wakenitz. Sie erhalten einen festgesetzten Lohn. Die Knochenhauer stehen unter Marktzwang, das heißt, sie dürfen und müssen das Fleisch nur an bestimmten Marktständen anbieten, können aber die Preise aushandeln. Diese Verkaufsstände – «Litten» genannt – gehören im Unterschied zu denen anderer Gilden der Stadt und werden zweimal jährlich gegen Gebühr verlost oder einfach zugewiesen. Kein Knochenhauer kann sich seinen Stand aussuchen. So wechseln alle halbe Jahre mit der Lage der Litten gute und weniger gute Aussichten auf Verkaufserfolge. Zudem ist die Zahl der Meister im Knochenhauer-Amt auf 100 begrenzt – alles Gängeleien, derer die im Vergleich zu anderen Handwerkern gutsituierten und angesehenen Knochenhauer überdrüssig sind.

Innerhalb ihres Amtes gibt es freilich trotz des strengen Reglements deutliche soziale Abstufungen. Zwar können es die wohlhabendsten Knochenhauer nicht im Entferntesten mit der reichen High Society aufnehmen, aber sie zählen zu den Bestverdienern unter allen Handwerkern. Sie können sich Pferde leisten, mit denen sie größere Entfernungen überwinden und bei ihren Handelsgeschäften weiträumige Verbindungen knüpfen – auch mit dem Adel des Umlandes. Ihrer Tätigkeit nach sind sie eigentlich Kaufleute und weniger Handwerker. Letzteres gilt auch für die etwas sparsamer Betuchten, die aber in der Regel ihr Auskommen haben, indem sie vor Ort ein- und verkaufen, denn auch innerhalb der Stadtmauern gibt es Viehmärkte. Viele besitzen sogar Häuser, wenn auch im weniger angesehenen Handwerkerviertel. Einträgliche Nebengeschäfte wie der Verkauf von Talg, Häuten und die Proviantierung von Schiffen mit Pökelfleisch garantieren einen gewissen Lebensstandard.

Paradoxerweise hat die Fleischerbranche in den Jahrzehnten zuvor von zwei demographisch nachhaltig wirkenden Katastrophen profitiert: von einer längeren Kälteperiode während der ersten Hälfte des 14. Jahrhunderts und von der Pest. Das ungünstige Klima hatte Missernten und diverse Krankheiten zur Folge und leitete einen Bevölkerungsrückgang ein. Der «Schwarze Tod» wütete seit 1348 in Europa und raffte Millionen von Menschen dahin. Beide Ereignisse hatten einerseits zur Folge, dass mit der schrumpfenden Bevölkerung die Wirtschaftskraft sank, andererseits aber vor allem in den Städten vorhandenes Vermögen sich auf weniger Menschen verteilte, denen es dadurch finanziell besserging – und mit steigendem Wohlstand stieg der Fleischkonsum. Dennoch stecken immer noch weite Teile des Reiches tief in wirtschaftlichen und damit in finanziellen Schwierigkeiten, denen die Räte am liebsten mit Steuererhöhungen begegnen wollen – aber wer außer ihnen will das schon?

Im Dezember 1374 gibt es deswegen richtig Ärger zwischen Ämtern und Rat:

«Erste misbeheglichkeit unde wrank jegen den raat to Lubecke» (erstes Unbehagen und Widerstand gegen den Rat zu Lübeck), notiert Detmar in seiner Chronik. Die Lübecker Handwerker haben durch ein Sendschreiben ihrer Braunschweiger aufständischen Kollegen von den Geschehnissen in der niedersächsischen Stadt und der von den Räten Lübecks, Hamburgs und Lüneburgs angedachten Verhansung Braunschweigs erfahren. Entsprechend selbstbewusst, aber im Ton immer noch relativ moderat, treten sie auf. Man trifft sich im Kloster Sankt Katharinen und verhandelt. Die Vorgänge in Braunschweig vor Augen, lässt sich der Rat vom Säbelrasseln der Handwerker einschüchtern und nimmt den Beschluss zur Abgabenerhöhung zurück. Im folgenden Sommer gibt es sogar ein festliches Versöhnungsmahl – für die Ämter nur ein Etappensieg, wie sich herausstellen soll. Bald schon setzt der Rat angesichts der enormen Schuldenlast die Abgabenverordnung durch, da er nun Kaiser Karl IV. hinter sich weiß, der auf eine Lösung in Braunschweig dringt. Volkes Zorn gärt weiter.

1380 muss Braunschweig Abbitte leisten, um wieder in die Hanse aufgenommen zu werden. Die öffentliche Demütigung der Kollegen mag auch manchem Lübecker Handwerker bitter aufstoßen. Inwieweit darin ein Tropfen zu mutmaßen ist, der das Lübecker Fass zum Überlaufen bringt, ist reine Spekulation. Das Bußritual auf den Domstufen offenbart aber die zwei hauptsächlichen Problemfelder, die den sozialen Frieden in Lübeck gefährden: einerseits der von der ursprünglichen, mit den Bürgern kooperierenden Stadtregierung zur elitären Obrigkeit strebende Rat, dessen Mitglieder sich in gewisser Weise in Gottesgnadentum sonnen. Daher wird jede gegen den Rat gerichtete Aktion auch als Verstoß gegen die göttliche und somit unveränderbare Ordnung empfunden, der nur mit einem – allerdings auch bei anderen Konfliktlösungen üblichen – kirchlichen Bußzeremoniell aus der Welt geschafft werden kann. Bei solchem Selbstverständnis bedeutet jede Forderung «von unten» eine Provokation. Das andere Problemfeld: die von Naturkatastrophen und Seuchen, Wirtschaftskrise und Kriegen gebeutelte Bevölkerung, die nicht mehr bereit ist, diese vermeintlich «göttliche» Ordnung widerspruchslos hinzunehmen, allen voran die selbstbewussten Handwerker. Sie wollen nicht das System stürzen, aber ihre Mitspracherechte verbrieft sehen, damit diese der willkürlichen Auslegung der Verfassung durch die Ratsherren entzogen wären. Speziell die Knochenhauer Lübecks möchten sich aus der Totalüberwachung des Rates lösen, um freier handeln zu können. Sie fordern «vryheit van den leden in den vlesscharnen» (Freiheit der Läden in den Fleischscharnen), womit sie bei den hohen Herren zunächst auf taube Ohren stoßen.

Doch schon bald nach der Zeremonie auf den Domstufen treffen sich die beiden Lübecker Parteien erneut im Katharinen-Kloster. Diesmal ist der Ton schon rauer. Erfahrene Kaufleute sollen zwischen Rat und Ämtern vermitteln. Sie stehen allerdings fest zur geltenden Verfassung und sind somit ratstreu. Auf Seiten der Handwerkerschaft führen vor allem die Amtsmeister der Knochenhauer, Bäcker und Lohgerber das Wort. Diese drei Ämter werden vom Rat am härtesten bevormundet. Entsprechend fordern sie klar mit dem damals überall beliebten Slogan «nach erme olden rechte» (nach dem alten Recht) die Wiederherstellung alter Rechte, wie sie anderthalb Jahrhunderte zuvor gegolten hatten und nach denen die Freiheiten größer und die Abgaben niedriger waren. Das ist ein Ziel, das auch die anderen Handwerker-Ämter anstreben wollen – und da wird es schon schwierig. Wie soll das gehen: wenn die Rechte der Handwerker entsprechend dem alten Recht ausgeweitet würden, könnten doch dadurch nach geltender Verfassung garantierte Rechte anderer Gruppen eingeschränkt werden.

Von dieser Gefahr sehen sich besonders die Kaufleute bedroht und wollen eine solche Regelung verhindern. Die Verhandlungen ziehen sich in die Länge. Die Geduld der Handwerker ist begrenzt. Zu einem der nächsten Treffen erscheinen die Meister in Waffen vor den erschrockenen Räten, um so ihren Forderungen Nachdruck zu verleihen. Die hohen Herren scheinen nun doch geneigt, den Ämtern entgegenzukommen. Ein Kompromiss soll die Lösung bringen, und jetzt wird es richtig kompliziert: Die gewerberechtlich relevanten Forderungen – wie weniger Gängelung durch den Rat – sollen im Sinne des alten Rechts den *betreffenden* Ämtern erfüllt werden. Daraus dürften aber keine verfassungsrechtlich relevanten Änderungen abgeleitet werden. Das hört sich zunächst gut an. Doch am Abend des dritten Advents, des 15. Dezember 1380, erweitern die Knochenhauer ihre Forderung: Sie wollen die Zusage des alten Rechts verbrieft für *alle* Ämter schriftlich beurkundet haben. Die Meister wollen also mit den Räten einen Vertrag schließen über Privilegien für alle Ämter! Das geht den Stadtvätern entschieden zu weit. Sie bieten einen Eintrag ins Stadtbuch an. Dort werden Entscheidungen des Rates dokumentiert, die damit Gesetzeskraft erlangen. Doch das ist den Knochenhauern wiederum zu wenig. Sie wollen einen Vertrag – denn den schließen Partner auf Augenhöhe ab. Damit kommen sie endlich aus der Deckung: Die gewerberechtlichen Forderungen waren wohl nur vorgeschoben. Ein Vertrag würde den Rat nicht als oberste städtische Institution, sondern als Partner der ihm rechtlich gleichgestellten Ämter erscheinen lassen. Darum geht es den Knochenhauern also: um eine Einschränkung der Vormachtstellung des Rates. Ob sie von Anfang an darauf aus waren oder nur die vermeintliche Gunst der Stunde nutzen wollen, sei dahingestellt.

In der Nacht vom 15. auf den 16. Dezember greifen die Kaufleute zu den Waffen. Zahlenmäßig sind sie den Meistern überlegen, die daraufhin bei der folgenden Verhandlung einknicken. Generöserweise gesteht der Rat den Knochenhauern das Recht zu, für frei werdende Litten einen Nachfolger zu präsentieren und auch Amtsmitglieder selbstständig und unwiderruflich aus dem Amt zu weisen. Mehr Selbst- und Mitbestimmung gibt es nicht. «Die Meister», berichtet die Chronik, «musten dem Rat 24 Bürgen aus den zwölf besten Ämtern setzen, und der Rat musste den Knochenhauern dawider 24 Bürgen von den besten Kaufleuten setzen». Wenn aber jemand diesen Frieden breche, heißt es weiter, der zu mächtig wäre, als dass er vom Rat alleine gerichtet werden könne, so sollten diese 48 Bürger dem Rat beistehen. Mit diesem Vertrag werden die Unruhen beendet und der Frieden in der Stadt wiederhergestellt. Die Aufrührer kommen

Baltischer Bernstein gilt bis heute als das «Gold der Ostsee». Aus ihm wurden im Mittelalter Rosenkränze – auch Paternoster genannt – gefertigt.

ohne Maßregeln oder Strafen davon. So geht der Knochenhauer-aufstand von 1380 in Lübeck für alle Beteiligten glimpflich aus.

Während der folgenden Jahre schwächelt in Lübeck die Konjunktur zusehends. Die neuerliche Wirtschaftskrise bekommen auch die Knochenhauer zu spüren. Da tritt ein Mann auf den Plan, der schon seit längerem auf eine Radikalkur aus ist. Beim Aufstand vor zwei Jahren vermutlich auf Reisen, zumindest aber nicht in Lübeck anwesend, erscheint er 1382 auf der politischen Bühne der Hansestadt. Sein Name: Hinrich Paternostermaker, Sohn des Johann van Coesfelde, eines angesehenen Selfmademans. Der Vater, 1332 nach Lübeck eingewandert, hatte als Bernsteindreher und Rosenkranz-Hersteller angefangen, sich entsprechend seinem Beruf in «Paternostermaker» umbenannt, es bald zum wohlhabenden Kaufmann gebracht und war gesellschaftlich steil aufgestiegen. Vermutlich stirbt er im Jahre 1367 an der Pest. Hinrich hingegen ist ein Loser. Geschäftlich bekommt er nichts auf die Reihe. Die Zeiten des Aufschwungs sind inzwischen vorbei. Statt sein geerbtes, anfangs stolzes Vermögen zu mehren, ist er ständig klamm und häuft einen gewaltigen Schuldenberg auf. Bald muss er den ererbten Besitz fast komplett verpfänden oder verkaufen. Der nagende Frust lässt ihn nach Schuldigen suchen – nach dem Chronisten Detmar seit vierzehn Jahren: «de hadde dat 14 jaar ghehandelt» (der hatte sich vierzehn Jahre lang damit beschäftigt). Er glaubt, diese im Rat der Stadt zu erkennen. Brüder im Geiste findet er bei den immer noch unzufriedenen Knochenhauern. Die sind aber nach dem Fiasko vom letzten Aufstand gebrannte Kinder: So wie 1380 kann und darf es nicht wieder laufen. Da sieht Hinrich seine Chance. Er hat einen Plan geschmiedet, der in den Annalen der Hanse seinesgleichen sucht.

Es gelingt ihm, einige der führenden Knochenhauer – darunter Nicolaus van der Wisch und Godeke Wittenborch – davon zu überzeugen, dass die neue Methode nicht wie bisher die offene langwierige Auseinandersetzung mit dem Rat, sondern die plötzliche punktgenaue Ausschaltung desselben sein müsse. Die kleine Kerngruppe plant das Vorgehen minutiös. Am 17. September 1384 wollen sie und einige Helfershelfer – insgesamt vermutlich knapp 70 Männer – die übliche Ratssitzung stürmen, die Ratsherren festsetzen oder nötigenfalls erschlagen. Dann soll das Haus eines Mitverschwörers in Brand gesetzt werden, um die Volksmassen anzuziehen. Flammen und Rauch würden auch das Signal für zwei Adlige – Godschalk und Detlev Godendorp – und deren Gefolgsleute sein, um in die Stadt einzufallen und die hoffentlich inzwischen zum Kampf bereiten übrigen Handwerker militärisch zu unterstützen. Dieses Konzept hat jedoch nichts mehr mit den Unruhen zu tun, die im 15. und 16. Jahrhundert überall in den Städten des Reiches ausbrechen. Der Plan von Paternoster stellt eine Verschwörung dar, die durch das Hinzuziehen auswärtiger Kräfte zum Hochverrat wird. Doch der hochfliegende Plan bleibt ein Plan.

Am 16. September erfährt der Rat von dem Vorhaben. Vermutlich ist von den Truppen der Godendorp-Brüder etwas durchgesickert. Der Rat reagiert umgehend. Die Tore werden geschlossen, die Stadtbefestigung besetzt und ein Teil der Verschwörer verhaftet. Die meisten Aufrührer können jedoch fliehen. Hinrich Paternoster begeht im Gefängnis Selbstmord – eine kluge Entscheidung. Diejenigen Mitgefangenen, die sich rausreden wollen, trifft die volle Härte des Gesetzes: Sie werden geschleift und gevierteilt oder geschleift und geköpft. Der Leichnam Paternostermakers wird anschließend mit denen von achtzehn Hingerichteten aufs Rad geflochten und dem Verfall und dem Tierfraß überlassen. Der Rat beschlagnahmt das Eigentum von 28 Verschwörern. Ihre Familien und Angehörigen müssen die Stadt umgehend verlassen.

Bezeichnend für den Kampf um die verfassungsrechtliche Position des Rates, der sich entgegen der mündlich tradierten

Verfassung als Obrigkeit etablieren will, ist seine Selbsteinschätzung als «des hiligen rikes rat» (des Heiligen Reiches Rat). Er stellt sich dadurch als kaiserliche Institution dar, als verlängerter Arm des Kaisers. Deshalb erfolgte die rechtliche Beurteilung des Verrats der Knochenhauer 1384 «na kaiserrechte» (nach kaiserlichem Recht) und nicht nach niederdeutschem Stadtrecht. So wurde es als Majestätsverbrechen eingestuft, als *crimen laesae maiestatis.*

Am 21. Februar 1385 müssen die Ämter erneut einen Eid leisten. Das Amt der Knochenhauer hingegen wird vorübergehend aufgelöst. Nach einigen Wochen hat der Rat ein Maßnahmenpaket geschnürt, mit dem er die bisher immer wieder aufmüpfigen Knochenhauer nachhaltig knebeln will: Das neue Amt wird

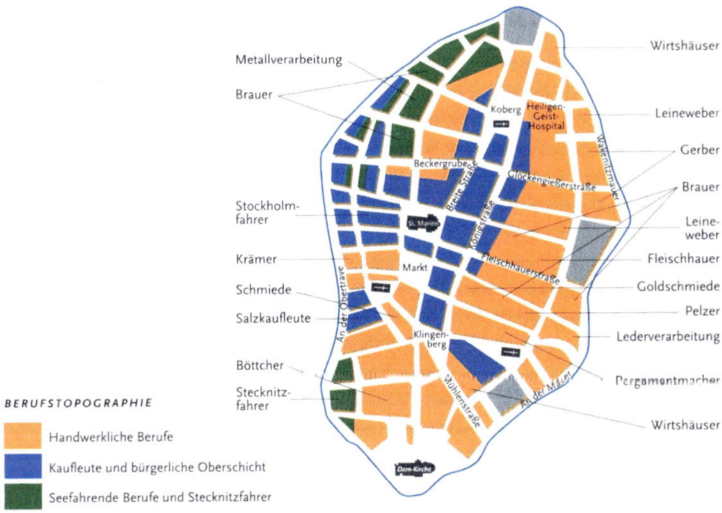

Die Karte zeigt die Hauptwohngebiete der unterschiedlichen Zweige der Kaufleute, Handwerker und Schiffer im spätmittelalterlichen Lübeck.

auf 50 Mitglieder begrenzt, die Zugeständnisse von 1380 werden zurückgenommen, die Litten-Gebühren verdreifacht, Zusammenkünfte bedürfen der Genehmigung durch den Rat und noch andere einschränkende Vorschriften. Diese Rosskur zeigt tatsächlich die beabsichtigte Wirkung. Bei keiner der späteren Handwerkerunruhen in Lübeck werden Knochenhauer eine nennenswerte Rolle spielen.

Mit viel Fantasie geht man auf Seiten der Gilden und Ämter in der freien Reichsstadt Dortmund zu Werke, als sich deren Rat Ende des 14. Jahrhunderts angesichts der infolge ständiger Belagerungen und Fehden desaströsen Finanzlage auf allerlei illegale Machenschaften einlässt. Als alles nicht hilft, sollen direkte und indirekte Steuern wiederholt erhöht beziehungsweise zeitlich begrenzte Akzisen erneut verlängert werden. Dagegen laufen Bürger und auch Handwerker Sturm, zumal der Klerus wieder weitgehend verschont wird. Die Protestierer erzwingen die Offenlegung der Stadtfinanzen – und da staunen sie nicht schlecht ob der obskuren Deals der hohen Herren. Die entsetzten Dortmunder setzen den alten Rat ab, wählen einen neuen und inhaftieren die Finanzjongleure – immer zwei, die sich nicht leiden können, in einer Turmstube. «und daroppe saten se lange tijt» (da oben saßen sie lange Zeit), steht in der Chronik des Johann Kerkhörde zu lesen.

Auf diese Weise weichgekocht, erlassen die alten Ratsherren der Stadt die nicht unerheblichen Schulden, die sie als Amtspersonen für Dortmund bei sich selbst aufgenommen hatten. Damit sind dann bald die Unruhen, die mit «groet mangel, uproer und twijdracht … tuschen den rade und den gemeinen burgern» (großer Mangel, Aufruhr und Zwietracht … zwischen dem Rat und den gemeinen Bürgern) verlaufen sind, beendet, auch wenn die Stadt nach wie vor pleite ist. Eine weitreichende Konsequenz haben die Vorgänge der Jahre 1399/1400 aber doch noch: Nach einer Änderung der Ratsverfassung nehmen ab sofort Vertreter

Ansicht Dortmunds von der Nordseite, links der Bildmitte die Reinoldikirche. Kupferstich von Franz Hogenberg, 1572

der «Sechsgilden» die unteren sechs der achtzehn Ratssitze ein, einer Organisation der alten Handwerker-Zünfte Gerber/Schuster, Bäcker, Fleischhauer, Schmiede, Fettkrämer/Butterleute und Krämer. So können auch in Dortmund die Handwerker durch kämpferische Maßnahmen ihren Einfluss im Rat stärken, wobei auch hier der Auslöser des Konfliktes die Geldnot der öffentlichen Hand ist, deren Ursache wiederum unter anderem wesentlich in ständigen äußeren Bedrohungen lag. Die Hanse hat nicht eingegriffen, obwohl der alte Rat gegen seinen Willen und gewaltsam durch den neuen Rat ersetzt worden ist. Sie hat also anerkannt, dass der Bürgerschaft nach der Verfassung ein Recht auf Widerstand zusteht.

Die Reihe innerer Unruhen reißt nicht ab. Lübeck selbst ist zu Beginn des 15. Jahrhunderts erneut betroffen. Minden wird 1407 sogar vom König mit der Reichsacht belegt, weil die Bürger ihren Rat aus der Stadt gejagt haben. Nach Versorgungsboykott durch benachbarte Städte und der Androhung der Verhansung gibt der neue Rat auf und lässt die alten Ratsherren wieder in ihre Ämter. 1418 endlich wird ein für alle Hansestädte verbindliches Aufruhr-Statut verfasst. Danach sind Auflauf, Versammlungen oder Verschwörungen, die sich gegen den Rat richten, mit dem Tode zu bestrafen (alle Mitwisser eingeschlossen). Nichthansischen Städten, die Aufrührer aufnehmen, droht der Abbruch jeglicher Handelsbeziehungen. Bei Hinderung des Rates an der Amtsausführung droht Verhansung. Die Wirksamkeit dieses Statuts erweist sich in den folgenden Jahrzehnten als sehr unterschiedlich. Die besten Aussichten auf Erfolg sind dann gegeben, wenn sich die Interessen der Hanse mit denen der jeweiligen Territorialherren in Deckung bringen lassen. Aber letztlich erweist sich das Städtebündnis im gemeinsamen Interesse des wirtschaftlichen Erfolges im Einzelfall als sehr flexibel.

Heute sind diese mit großem Engagement und harten Bandagen geführten Kämpfe um mehr Mitspracherechte kaum mehr im öffentlichen Bewusstsein. Tatsächlich sind sie Ausdruck eines gewachsenen Selbstbewusstseins erfolgreicher Handwerker und Kaufleute – etwa nach dem Motto: «Hast du was, sollst du auch was sein.» Bis auf wenige Ausnahmen war niemals ein Systemwechsel angestrebt. Die Unruhen entstanden fast immer aus wirtschaftlicher Bedrängnis, aber stets ohne ideologischen Überbau und in dem Bestreben, eigenes Wohlergehen und städtischen Frieden zu erhalten. Daher gelten in der aktuellen Geschichtsforschung selbst Männer wie Claus Jesup weder als Revolutionäre im modernen Sinne noch als Kommunisten oder Sozialisten. Zu Zeiten des Kalten Krieges und des Vergleichs der politischen Systeme wurden die Aufständischen der Hansezeit in sozialistischen beziehungsweise kommunistischen Einflusssphären als frühe Klassenkämpfer gefeiert. So trägt beispielsweise eine Straße in Wismar seit den 1950er Jahren – damals lag die Stadt in der ehemaligen DDR – den Namen von Claus Jesup. Heute jedoch sieht man in dem hitzköpfigen Wollweber eher den Vertreter einer zu Wohlstand und Selbstbewusstsein gelangten Handwerkerschaft, erfolgreicher Mitglieder der städtischen Gesellschaft, die entschlossen ihren Teil zu deren Weiterentwicklung beigetragen haben. Sie und viele ihrer Zeitgenossen waren – gewiss vor allem von Eigeninteressen geleitet – zunehmend erfüllt vom Geist des Aufbruchs und des Wandels, der immer mehr Menschen erfasste und schließlich im 16. Jahrhundert auch die rasche Ausbreitung der Reformation nicht unwesentlich begünstigte.

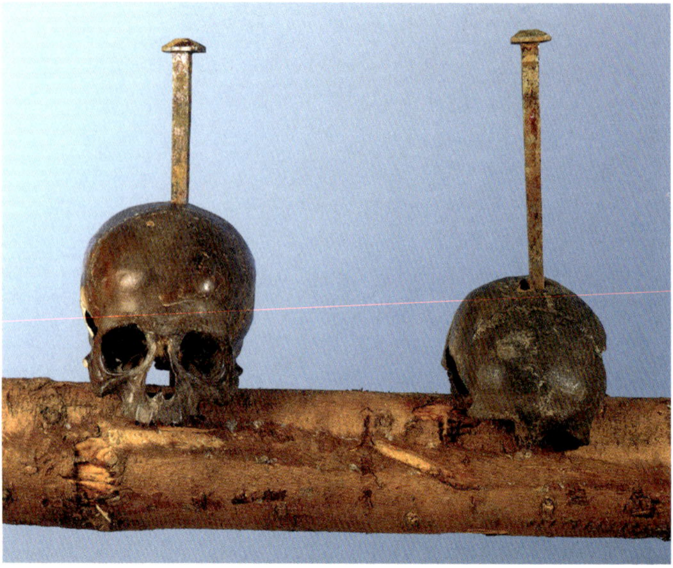

Auf Holzbalken genagelte Schädel hingerichteter Piraten aus dem Museum für Hamburgische Geschichte

◂ Venedig, die wohl reichste Handelsstadt des Mittelalters, Ziel der «venedyeschen selskop», der venedischen Gesellschaft Hildebrand Veckinchusens. Ölgemälde, 18. Jahrhundert

9 Hildebrand Veckinchusen – ein Kaufmann an der Zeitenwende

Der Handel der hansischen Kaufleute ist eine hochriskante Angelegenheit. Auf See drohen Stürme, Piraten oder Kaperfahrer der Fürsten, mit denen die Hanse gerade in Konflikt steht, an Land adlige und sonstige Räuber. Nicht von ungefähr wird in vielen Kaufmannsbriefen als Erstes berichtet, dass ein Handelspartner «wol over gekomen is, Got sy gelovet» (gut angekommen ist, Gott sei Dank). Sind die Handelswaren am Zielort angelangt, hat sich möglicherweise die Mode geändert, rote Wolltuche sind «out», aber grüne, die jetzt gefragt sind, hat der Kaufmann nicht geordert. Möglicherweise sind auch die Feigen während des Schiffstransports feucht geworden und verschimmelt, und der Safran, das teuerste Gewürz, besteht zum größten Teil aus gelbgefärbten Fasern trockenen Fleisches.

Ist aber alles gutgegangen und die Ware – wie meist auf Kredit – verkauft, wird der Käufer auf einmal zahlungsunfähig, und der Kaufmann bleibt auf seinen Außenständen sitzen. Weil er aber selbst auf Kredit von einem anderen gekauft hat, gerät er nun selbst in Zahlungsschwierigkeiten. Wenn dann einer seiner Handelspartner ohne Rücksprache einen oder gar mehrere Wechsel auf ihn gezogen hat, die ihm jetzt präsentiert werden, ist er selbst zahlungsunfähig und damit am Ende seiner Karriere. Wenn er Ratsherr ist, verliert er durch die Insolvenz seinen Ratssitz. Manche unverschuldet in Not geratene Kaufleute bekommen eine Art Gnadenbrot und werden vom Rat zum Beispiel als Makler eingesetzt; sie vermitteln Geschäfte zwischen fremden Kaufleuten in ihrer Stadt. Das reicht zum Überleben, hält einem Vergleich mit dem Status eines Fernhändlers aber bei weitem nicht stand. Was aus den in Konkurs gegangenen Kaufleuten wird, die nach Ansicht ihrer Zeitgenossen selbstverschuldet in Not geraten sind, ist nicht überliefert.

Die Hanse hätte keinen Bestand gehabt, wenn dieses Schicksal die Mehrheit der Kaufleute getroffen hätte. Über gutgehende Handelsfirmen haben wir jedoch so gut wie keine Quellen. Die Kaufmannsbücher und -briefe wurden weggeworfen, wenn nach dem Tod eines erfolgreichen Kaufmanns die Erbschaft abgewickelt war. Warum sollten die Erben die alten Schwarten auch aufbewahren? Sie hatten keinen wirtschaftlichen und keinen rechtlichen Wert mehr. Dass diese alten Bücher ein paar hundert Jahre später Historiker interessieren könnten, daran dachte damals niemand. Wir sind also auf die wenigen Kaufmannsbücher und -briefe angewiesen, die überliefert sind, weil sie wegen irgendwelcher Rechtsstreitigkeiten als Beweismaterial vor dem Ratsgericht einer Hansestadt dienten. Auf diese Weise sind sie mit den anderen Gerichtsunterlagen ins Archiv gelangt. Dort lagen sie, bis sie im 19. oder 20. Jahrhundert von handelsgeschichtlich interessierten Historikern aufgespürt wurden.

Aus diesen wenigen Handelsbüchern lässt sich jedoch das Grundmuster des hansischen Handels rekonstruieren. Freilich benötigt man viele andere zusätzliche Quellen: Zollrollen, in denen die Waren verzeichnet sind, die im 13. Jahrhundert zum Beispiel nach Dordrecht eingeführt wurden, Schadensersatzlisten gekaperter oder gestrandeter Schiffe, die den Wert eines Schiffes angeben, einschließlich der Waren, die es geladen hatte, deren Wert und deren Eigentümer. Außerdem gibt es Beschwerdebriefe über schadhaftes Handelsgut, Schuldbriefe, Handelsverträge und vieles andere mehr.

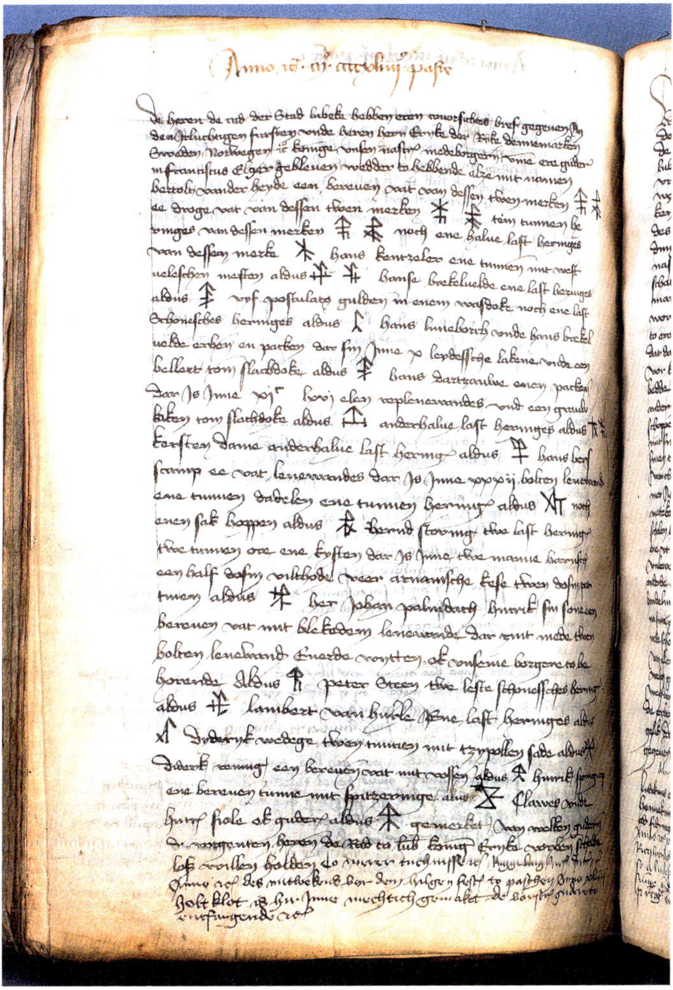

Abschrift eines Briefes des Rates der Stadt Lübeck wegen schiffbrüchiger Güter. Eingezeichnet sind die Handelsmarken der Kaufleute, die das Schiff beladen hatten.

Die Kurzfassung einer hansischen Kaufmannsbiographie liefert der Chronist Reimar Kock am Anfang des 16. Jahrhunderts: «... plecht Goth armer lude kynder uth Westfalen yn dussze stede to yaghen, welck szo lange vor yunghen unde knechte mothen denen, liden unde dulden, darna ghesellen, darna matscoppe mothen werden, darna den handel und guth mothen erven, darna dat regimente ... ock vorstan moten.» (Gott pflegt armer Leute Kinder aus Westfalen in diese Städte [an der Ostsee] zu jagen. Dort müssen sie lange als Jungen und Knechte dienen, leiden und dulden. Dann können sie Gesellen, danach Gesellschafter werden, dann Handel und Gut erben und schließlich auch dem Stadtregiment vorstehen.)

Hier sind die wesentlichen Etappen genannt: Lehrzeit, Gesellenzeit, als junger Kaufmann Handelsgesellschafter eines Seniors, schließlich selbst Senior und am Ende vielleicht Ratsherr. Die Krönung der Laufbahn als Ratsherr ist aber die Ausnahme. Auf rund 500 im Fernhandel tätige Kaufleute kommen in Lübeck im 14. und 15. Jahrhundert 24 Ratsherren. Statistisch gesehen können im «Haupt der Hanse» also nur circa fünf Prozent der Fernkaufleute in den Rat gelangen. In anderen Hansestädten ist die Wahrscheinlichkeit höher.

Im Stadtarchiv Tallinn (ehemals Reval) sind zehn Handelsbücher eines Kaufmanns und rund 450 vor allem an ihn gerichtete Briefe erhalten. Jedes Handelsbuch umfasst etwa 700 meist beidseitig engbeschriebene Blätter im Schmalfolioformat. An anderweitigen Nachrichten über ihn liegen vierzehn Schreiben und Urkunden aus insgesamt 32 Jahren vor, darunter eine Schuldurkunde König Sigismunds. Das ist die umfangreichste Überlieferung eines Hansekaufmanns. Sie ist wohl wegen eines Prozesses ins Archiv gelangt. Worum es in diesem Prozess ging, wissen wir nicht. Es sind die Handelsbücher des Hildebrand Veckinchusen und Briefe seiner Frau Margarete und seiner zahlreichen Handelspartner, besonders seines Bruders Sivert. Nur wenige Abschriften von Briefen, die er selbst geschrieben hat, sind darunter.

Hildebrand wird um 1365 in Dorpat (Tartu) in Estland geboren. Sein Vater war (vermutlich) der Ratsherr Series Veckinchusen. Die Familie stammt ursprünglich aus dem Ort Feckinhausen im Bergischen Land, in der Nähe der Stadt Radevormwald. Wann sie nach Estland gezogen ist, ist nicht bekannt. Noch während der Schulzeit wird Hildebrand nach Dortmund geschickt, vermutlich zu Verwandten seiner Mutter. 1377 erlebt er dort als Schüler den Besuch Kaiser Karls IV.

Für die nächsten rund fünfzehn Jahre fehlen Nachrichten aus seinem Leben. Wir müssen aus anderen Quellen ergänzen, wie die Lehrjahre eines angehenden hansischen Kaufmanns ablaufen.

Nach einem sechsjährigen Schulbesuch beginnt ein Junge mit ungefähr zwölf Jahren eine kaufmännische Lehre, deren Länge unterschiedlich sein kann, in der Regel aber wiederum sechs Jahre dauert. Im Anschluss daran soll der junge Kaufmann noch mindestens zwei Jahre als Handelsgeselle für seinen Lehrherrn im In- und Ausland tätig sein. Bevor er an einem der Kontore ausgebildet wird, soll er längere Zeit in einem fremden Land verbringen, zum Beispiel ein Jahr bei Tuchherstellern auf dem Land in England oder auf Landbesitz von Bojaren bei Nowgorod, «umme de sprake to leren» (um die Sprache zu lernen). Das war so selbstverständlich, dass wir nur davon erfahren, wenn die hansische Diplomatie tätig wurde, weil Sprachschüler gefangen gesetzt oder gar totgeschlagen wurden. Sie lernen Russisch, Estnisch, Englisch, Isländisch, Polnisch und *Welsch*, das heißt Französisch. In Brügge scheint es zu Beginn des 15. Jahrhunderts Sprachschulen zu geben, in denen hansische Kaufmannslehrlinge Italienisch lernen können.

Die nächste Etappe war die Ausbildung an einem der Kontore. Die erste Kontorordnung des St. Peterhofs in Nowgorod

bestimmt, dass die *kinder*, die Lehrlinge, ihre Versammlungen in der *kinderstube*, einem besonderen Raum, abhalten sollen. Als der Hof 1442 von den Russen besetzt wird, zählen Lehrlinge ebenso zu den Gefangenen wie 1494 bei der (vorläufigen) Schließung des Kontors durch Zar Iwan III. Die empörten Reaktionen der Ratsherren auf den Hansetagen zeigen, dass die Lehrlinge als schutzbedürftige Jugendliche angesehen werden, eine Sichtweise, die auch die Engländer teilen. Denn sie haben 1468 nach der Gefangennahme der deutschen Kaufleute die «junghen und knechte, de gheyne coeplude waren» (die Lehrjungen und Knechte, die keine Kaufleute waren) in die Freiheit entlassen. Immerhin gelingt es, die Lehrlinge in Nowgorod nach zwei Jahren Gefangenschaft freizubekommen, während die Kaufleute mehrere Jahre festgehalten werden.

Riga an der Düna. Hier wuchs Margarete, die Tochter Engelbrecht Wittes auf. Kupferstich von F. Hogenberg 1572

Auslandsaufenthalte gab es selbstverständlich auch in Bergen, wo die berüchtigten «Bergener Spiele» abgehalten wurden, ein ziemlich brutales Aufnahmeritual, jedoch anscheinend keine hansisch-bergensche Eigenart, sondern Teil einer europaweit verbreiteten Unsitte, die an einzelnen Universitäten besonders infam gewesen sein muss.

Ein wichtiger Bereich der Ausbildung betrifft die Warenkenntnis. Manche Kaufmannslehrlinge erhalten eine Ausbildung bei einem Handwerksmeister in der Tuchherstellung, Pelzverarbeitung oder in der Waffenproduktion. Den direkten Umgang mit Kunden, das Verhandeln in fremden Sprachen beim

Verkauf der Waren, schulen sie zum Beispiel in den Niederlassungen in Nowgorod und Polozk durch den Detailverkauf, der erwachsenen Kaufleuten dort verboten ist. Diese dürfen nur im Großhandel tätig sein. In den Hansestädten selbst werden die Lehrjungen von ihren Lehrherren ebenfalls im Kleinverkauf, oft in Marktbuden, eingesetzt.

Die Lehrzeit ist kein Zuckerschlecken. Die «ynghen mothen denen, liden unde dulden» (sie müssen dienen, leiden und dulden), charakterisiert sie Reimar Kock. Zeitgemäß handelt folglich ein Rigaer Kaufmann, der den Lehrherrn seines in Brügge lernenden Neffen auffordert, «dat he en dwange geholden werde, dat he synen willen nicht krige» (dass er unter Zwang gehalten werde und seinen Willen nicht bekommen solle).

In der anschließenden zweijährigen Gesellenzeit reist der angehende Kaufmann im Auftrag seines Seniors zu den Niederlassungen im Ausland oder an andere Orte und wickelt dessen Handelsgeschäfte ab. Bevor er sich selbständig macht, geht er als Kapitalführer, als Juniorpartner eines Handelsgesellschafters, auf Handelsfahrt. Oft schließt ein Lehrherr diese erste Handelsgesellschaft mit ihm ab.

Das Leben Hildebrands verläuft zunächst regelkonform. Seine Gesellenzeit verbringt er vermutlich in Flandern. 1390 sind seine ersten kaufmännischen Aktivitäten am Stapel in Dordrecht überliefert, und bereits 1393 ist er einer der beiden Älterleute des gotländisch-livländischen Drittels im Hansekontor in Brügge. Anfang der 1390er Jahre heiratet er eine Dortmunderin aus der Familie Swarte. Sie war vermutlich eine Schwester des Dortmunder Ratsherrn und späteren Bürgermeisters Claus Swarte. Aus dieser Ehe geht 1392 oder 1393 die Tochter Taleke (Alheyd) hervor. Hildebrands erste Frau muss früh gestorben sein, denn Taleke bleibt ihr einziges Kind.

1398 wird Hildebrand durch Vermittlung seines älteren Bruders Series und des Cord Visch, beide Ratsherren in Riga, ein

Angebot unterbreitet: Engelbrecht Witte, ein *erbar borger*, ein vermögender Bürger, aus Riga, möchte sich mit den Veckinchusen *bevrunden*, das heißt familiär verbinden. Die Wittes sind *ryke upperlude*, reiche Oberschicht würden wir sagen. Zur hansischen Führungsgruppe gehören sie nicht. Auch sitzen sie offensichtlich nicht im Rat. Engelbrecht Witte hat eine *såverlike juncvrouwe*, ein hübsches, fünfzehnjähriges Mädchen zur Tochter, die er mit Hildebrand verheiraten möchte. 200 Pfund *grote* (mehr als 300000€), Kost und Kleider sowie Geschmeide und Hausrat haben die beiden Unterhändler bereits ausgehandelt. Es ist bezeichnend, dass die Geldsumme in flämischer Währung angegeben wird, die in Brügge gilt, wo Hildebrand sich aufhält, nicht in rigischer Mark. Außerdem ist noch von 100 Mark rigisch *spelpeninghe* die Rede (ca. 18000€), die Margarete bekommen hat. Ihr Vater will aber sich selbst vorbehalten, ob und wann er es ihr geben wird. *Spelpeninghe* sind ein eheliches Sondergut der Frau, auf das der Ehemann keinen Zugriff hat. Daran wird die Eheschließung fast scheitern.

1398 ist Hildebrand ein wohlhabender Kaufmann, der hauptsächlich im Flandernhandel aktiv ist. Er lebt in Brügge, wo seinem Bruder Sivert ein Anteil an drei Häusern im Kleinen Genthof gehört. Hildebrands gesellschaftliches Ansehen ist groß. Er stammt aus einer Ratsherrenfamilie, ist bereits zum zweiten Mal Ältermann des Kaufmanns in Brügge und war in erster Ehe mit einer Frau aus der Dortmunder Führungsgruppe verheiratet. Deshalb will der Rigaer Witte sich mit ihm *bevrunden*, also eine ehelich abgesicherte Geschäftsbeziehung eingehen, die ihm den Zugang zu den Beziehungen Hildebrands und zu seiner Familie öffnet. Die Braut Margarete ist mit ihren 15 Jahren im besten Heiratsalter (das beginnt mit dem zwölften Geburtstag).

Diese Art der Eheanbahnung ist in dieser Zeit durchaus üblich. Die wirtschaftlichen Aspekte haben den Vorrang, obgleich das angenehme Erscheinungsbild der jungen Frau auch hervor-

In Brügge lebte Hildebrand Veckinchusen fast ununterbrochen von 1402 bis 1426, die letzten Jahre allerdings im «steen», dem Schuldgefängnis.

gehoben wird. Hildebrand aber schaut aufs Geld. Er notiert auf einer der beiden erhaltenen Kopien, das heißt zeitgenössischen Abschriften des Briefes: «Allen, die diesen Brief sehen, erkläre ich, Hildebrand Veckinchusen in Betreff der 100 Mark rigisch Folgendes: Bevor ich zu einigen Dingen meine Zustimmung gebe, [verlange ich] dass die 100 Mark unter meiner Kontrolle sind, nicht der meines Schwiegervaters. Diese Forderung wurde mir zugesagt und auch andere Dinge, die sich wohl regeln lassen. Alles soll nach Maßgabe dieses Briefs geregelt werden, wenn die Zeit da ist. Ich, Hildebrand Veckinchusen, habe diese vier Zeilen geschrieben.»

Hildebrand betrachtete den Brief folglich nicht als Privatsache, sondern wollte ihm gewissermaßen den Status eines Ehevertrages geben. Sein knapper, fordernder Schreibstil, der ihm später Probleme bereiten wird, ist hier bereits deutlich.

Dank der Vermittlung eines *her[n] Tzorges*, vielleicht sein Bruder Series, der diese 100 Mark rigisch offensichtlich auslegt, wird der Konflikt beigelegt. Diese finanzielle Hilfe aus dem nächsten Verwandtenkreis unterstreicht die wirtschaftliche Bedeutung, die beide Familien dieser Eheverbindung beimessen.

Hildebrand heiratet Margarete Witte im Jahr 1399. Sie wird mit dem rund 20 Jahre älteren Hildebrand eine offensichtlich glückliche Ehe führen, aus der vier Söhne und drei Töchter hervorgehen. Das können wir den vielen erhaltenen Briefen entnehmen, die sie an ihren Mann schreiben wird.

Noch im Hochzeitsjahr macht Hildebrand seine offensichtlich einzige «Naugard-Reise», seine Fahrt nach Nowgorod. Ein Jahr später wird er Bürger der Stadt Lübeck, wie kurz zuvor sein Bruder Sivert. Er wohnt mit Margarete fast zwei Jahre im Haus Siverts, der Bruder selbst scheint sich in Brügge aufzuhalten. Der Lebensstandard des jungen Paares ist hoch: 200 Mark lübisch (rund 45000€) für zwei Personen in nicht einmal zwei Jahren, davon hätte ein gutverdienender Handwerksmeister seine Familie vier Jahre lang versorgen können. In Lübeck verheiratet Hildebrand seine Tochter Taleke aus erster Ehe mit Peter van Damme aus einer Lübecker Ratsfamilie, der später auch in Brügge residieren wird.

1402 ziehen Hildebrand und Margarete nach Brügge. Auch die Umzugskosten von 75 Mark lübisch (ca. 16000€) können sich sehen lassen. In Brügge beziehen sie gegen acht Pfund *grote* Jahresmiete (ca. 10000€) ein Haus.

Mit diesem Umzug ist im Handelssystem Hildebrands und seiner Familie eine ideale Konstellation erreicht. Ein Gesellschafter, Hildebrand selbst, sitzt in Brügge, dem «Welthandelsmarkt des Mittelalters», wo die Verbindung mit den Märkten und Produkten Südeuropas und des Orients besteht, ein anderer, Si-

Die Handelsverbindungen Hildebrand Veckinchusens erstreckten sich von Estland bis nach England, Westfrankreich und Italien.

vert, am Hauptumschlagsplatz des Ost-West-Handels in Lübeck. In Livland, dem östlichen Endgebiet der Handelskette, sitzen Verwandte (Schwiegervater und Bruder Series in Riga, die Familien seines Bruders Johann und seiner Schwestern Gertrud Vincke und Swineke [?] Woesten in Dorpat) und Freunde sowie in Reval der Sohn einer Schwester. Außerdem wohnt der Ehemann einer weiteren Schwester in Preußen, und es gibt noch mehr Verwandte in Dortmund, Köln und London. Alle wichtigen

Einkaufs-, Umschlags- und Verkaufsplätze sind somit entsprechend der damals üblichen partnerschaftlichen Struktur des hansischen Handels mit vertrauenswürdigen Partnern besetzt.

Von kurzen Unterbrechungen abgesehen bleibt Hildebrand bis 1426 in Brügge. Sein Lübecker Bürgerrecht gibt er jedoch nie auf. Er unterhält Handelsbeziehungen mit Hamburg und Lübeck, Wismar und Stettin, Riga, Reval und Dorpat, Nowgorod und Pleskau (Pskov) im Osten. Im Süden und Südosten reichen die Geschäfte über Aachen, Köln, Straßburg, Frankfurt/Main, Konstanz und Nürnberg nach Prag und bis nach Venedig und Lucca. Auch hat er Verbindungen zu anderen italienischen, französischen und englischen Städten. Insgesamt hat er mehrmalige Handelskontakte zu mehr als eintausend Personen! Der Handel Hildebrands steht in der Tradition des nordeuropäischen Groß- und Fernhandels: Er vertreibt die Rohstoffe und Genussmittel des Orients von Venedig und Brügge aus nach Norddeutschland und Ost- und Nordeuropa, versendet die westeuropäischen Tuche ost- und südwärts und zieht aus dem Osten die Rohstoffe und Naturprodukte Russlands, Polens und der Ostseeländer heran. Außer der vielseitigen Ware Tuch kommen Gewürze, Seide, Baumwolle, Reis und besonders Feigen und Rosinen und ähnliche Produkte des Südens in seinem Warenkatalog vor. Darüber hinaus Pelze, Kupfer, Silber und – vor allem – Wachs.

Hildebrand betreibt die üblichen drei Handelsarten: den Eigenhandel, den Gesellschaftshandel und den Kommissionshandel. Den Eigenhandel führt er auf eigene Rechnung ohne gesellschaftsrechtliche Bindung an einen Partner. Aus den Gewinnen des Eigenhandels kommt das Geld fürs tägliche Leben. Denn der Großteil des Vermögens eines hansischen Kaufmanns ist über Jahre, manchmal über Jahrzehnte in seinen Handelsgesellschaften fest angelegt. Es besteht keine Möglichkeit, daraus etwas zu entnehmen, es sei denn, man betrügt seinen Partner. Eigenhandel betreibt Hildebrand entweder, indem er einen Gesellen oder auch einen Schiffer beauftragt, Geschäfte in seinem Auftrag im Ausland abzuwickeln, oder er verkauft im Detailhandel in der Stadt und im Umland. Zum Eigenhandel zählt auch die Belieferung eines Kaufmanns mit Waren für den Großhandel aus dem Hinterland seiner Stadt. So liefern kirchliche oder adlige Großgrundbesitzer, Bauern und Handwerker ihre Produkte wie Getreide, Flachs, Hanf und anderes, und der Kaufmann versorgt sie im Gegenzug mit Importwaren. Den Detailhandel des hansischen Kaufmanns, die Kleinform des Eigenhandels, haben Historiker erst vor wenigen Jahren «entdeckt», weil er sehr schlecht überliefert ist. Im Gegensatz zu ihren oberdeutschen und italienischen Berufsgenossen tragen hansische Kaufleute Bargeschäfte nicht in ihre Bücher ein. Sie werden nur auf Zetteln notiert. Die Bücher sind Kreditgeschäften und Memorialeinträgen vorbehalten.

Den größten Raum beim Eigenhandel nimmt das Handelsgeschäft auf Gegenseitigkeit ein. Nehmen wir als Beispiel ein Geschäft zwischen Hildebrand und seinem Bruder Series. Bruder Series schickt aus Riga Pelze und Wachs an Hildebrand. Hildebrand verkauft sie für ihn in Brügge und kauft für den Erlös andere Waren ein, zum Beispiel flandrische Tuche aus Poperingen und aus Gent. Diese sendet er an Series zurück. Hildebrands Lohn besteht darin, dass Series in Riga für ihn die gleiche Arbeitsleistung für Waren erbringt, die Hildebrand ihm zuschickt. Mit dem (möglichen) Gewinn aus dem Erlös der Tuche kann Series in Riga nach freiem Ermessen verfahren. Es sind seine Gewinne. Hildebrand ist nicht daran beteiligt. Andersherum läuft es genauso.

Der Gesellschaftshandel ist weitaus besser überliefert als der Eigenhandel. Gesellschaften müssen gegründet und beendet werden, nach ihrem Ablauf steht die gemeinsame Abrechnung der Gesellschafter an. Das alles wird seit dem späten 13. Jahrhundert mehr und mehr schriftlich festgehalten.

Die Briefe Hildebrand Veckinchusens wurden im Stadtarchiv Reval (Tallinn) in einer zum Teil mit Pfeffer gefüllten Kiste gefunden.

Der spezifisch hansische Gesellschaftstyp ist die Widerlegung. Sie wird zeitgenössisch als *wedderleginge, kumpanie* oder *societas* bezeichnet. Widerlegung bedeutet «gegeneinanderlegen». In diesem Begriff spiegelt sich der archaische Gründungsakt einer Handelsgesellschaft. Zwei Kaufleute stehen sich an einem Tisch gegenüber und schieben zwei Geldhaufen, ihr jeweiliges Eigenkapital, zum Gesellschaftskapital zusammen. Dieses Gesellschaftskapital wird dem Jüngeren der beiden, dem Kapitalführer, mitgegeben. Er geht damit auf Handelsreise, allem Anschein nach ohne Anweisungen des Kapitalgebers, und rechnet nach seiner Rückkehr mit ihm ab. Gewinne werden in der Regel gerecht geteilt, obgleich der Jüngere oft weniger Kapital in die Gesellschaft einbringt. Das ist gewissermaßen der Lohn für die Risiken und für die Arbeit. Bei Verlusten gibt es keine einheitliche Regelung, wie zu verfahren ist. Das Besondere an der hansischen Handelsgesellschaft ist, dass in der Regel kein Konkurrenzverbot besteht.

Ursprünglich ist die Widerlegung eine zweiseitige Gesellschaft. Im Laufe des 14. Jahrhunderts bilden sich Schachtelgesellschaften, indem auf eine bestehende Widerlegung eine oder mehrere weitere aufgesattelt werden. Das Prinzip der Zweiseitigkeit bleibt aber immer gewahrt – bis zu Hildebrand Veckinchusen. Aber dazu später.

Ein (bereits arrivierter) Kaufmann geht nicht nur eine Widerlegung ein, sondern als Form der Risikostreuung immer mehrere. So ist nicht alles verloren, wenn eine Handelskampagne scheitert. Junge Kaufleute, die ihr ganzes Kapital in eine solche Gesellschaft einbringen, tragen ein viel größeres Risiko. Außerdem dienen Widerlegungen der Kapitalanlage. Im niederdeutschen Raum gibt es so gut wie keine Banken, sodass viele Menschen bis hin zu Dienstboten ihr gespartes oder ererbtes Geld in Widerlegungen anlegen.

Hildebrand hält die Geschäftsvorgänge seines Gesellschaftshandels in seinen Handelsbüchern fest. Sie sind eine Goldgrube für Hansehistoriker. Im ersten Jahrzehnt des 15. Jahrhunderts handelt die Gesellschaft, die er mit seinem Bruder Sivert eingeht, auf der Linie Brügge – Lübeck – Preußen – Livland. Sie können mit einer jährlichen Gewinnrate von 15 bis 20 Prozent rechnen. Das ist ein Durchschnittswert, der sich bei hansischen Kaufleuten bis zur Mitte des 16. Jahrhunderts im Ost-West-Handel immer wieder feststellen lässt – ungeachtet natürlich der extrem hohen Gewinne, die bei drohenden Konflikten mit kriegswichtigen Gütern, wie Salpeter zur Pulverherstellung, zu erzielen waren, oder auch enormer Verluste durch Schiffsunglücke, Kaperei oder falsches Management.

Hildebrand geht mit seinen Partnern aber deutlich weiter. In seinen Büchern ist die erste hansische Handelsgesellschaft überliefert, die das Prinzip der Zweiseitigkeit mit einseitiger Kapitalführung verlässt: die *venedyesche selskop.*

1407 wird die *venedyesche selskop*, die venedische Gesellschaft, gegründet. Von wem der Anstoß kommt, ist ebenso wenig klar wie die Frage, ob Hildebrand oder Sivert eine führende Rolle darin spielen. Gründungsmitglieder sind zwölf Kaufleute, die fünf Parteien bilden. Jede Partei legt 1000 Mark lübisch ein. Später treten der Gesellschaft noch weitere bei. Mit der Aufnahme des Direkthandels mit Venedig über Land verlassen diese Kaufleute die *gude olde neringe*, die althergebrachte Art des Handels, die ein zwar nicht hohes, aber relativ sicheres Auskommen garantiert, zugunsten eines Handels, der höheren Gewinn bringen kann, aber ungleich riskanter ist. Die *venedyesche selskop* handelt hauptsächlich über Land, nur selten über See. In Venedig sitzt Peter Karbow mit einem Gesellen, der den Verkauf der ihm zugeschickten Waren und den Einkauf der venezianischen Güter betreibt. In Brügge sitzt Hildebrand, zeitweise auch Hinrich op dem Orde, der die eingehenden venezianischen Waren weiter auf die Märkte in Flandern, England, im Reich und in Skandinavien verteilt. Hinrich Slyper und seit 1409 auch Sivert Veckinchusen kümmern sich in Köln in erster Linie um den Landweg von Venedig nach Brügge. In Venedig kauft die Gesellschaft hauptsächlich die vielgefragten Gewürze des Orients, dazu unter anderem Hutzucker, Mehlzucker, Brasilholz, Alaun, Weihrauch. Nach Venedig werden Pelzwerk, Tuche verschiedener Art und Paternosterkränze aus Bernstein geliefert.

Die Geschäfte florieren. Die *venedyesche selskop* erreicht hohe Umsätze. Wie gefährlich der Handel ist, zeigt das Schicksal von Hinrich Slyper aus Köln, der in Oberdeutschland dem Grafen von Ziegenhain in die Hände fällt und um 1700 Gulden erleichtert wird. Karbow wird von einem Lieferanten um 1500 Gulden betrogen. Es ist aber die Überbeanspruchung ihrer Finanzkraft, die zur Krise der Gesellschaft führt. 1411 kauft Karbow in Venedig für 70000 Dukaten Handelsgüter, empfängt aber nur für 53000 Dukaten Waren von seinen Mitgesellschaftern. Derart große Umsätze können nur mit Krediten finanziert werden, doch sind die Gesellschafter den Tücken des Wechselgeschäfts anscheinend nicht gewachsen. Die häufig reihum von einem auf den anderen Partner gezogenen Wechsel sind oft bereits fällig, bevor die damit finanzierte Ware verkauft ist. Auch die Redlichkeit der beiden Karbows in Venedig lässt zu wünschen übrig. Peter Karbow, der inzwischen Bürger von Lüneburg ist, wird 1412 dort gefangen gesetzt und gibt alles Gesellschaftsgut preis, um freizukommen. Von da an hören wir von der *venedyeschen selskop* nichts mehr. Spätestens 1417, als Kaiser Sigismund das erste Handelsverbot gegen Venedig erlässt, muss ihr Ende gekommen sein. Aber sowohl Hildebrand als auch Sivert setzen später den Venedighandel zusammen mit Siverts Sohn Cornelius fort.

Der wichtigste Partner des hansischen Kaufmanns ist seine Ehefrau. Ohne ihre Mitarbeit wäre der hansische Handel bei der nach wie vor häufigen Abwesenheit des Mannes nicht möglich. Besonders Elisabeth, die Frau Siverts, hat viel zu tun, seit sie mit ihrem Mann wegen der Unruhen in Lübeck 1409 nach Köln gezogen ist. Sie hält ihren Schwager Hildebrand postalisch auf dem Laufenden, was ihre bei Abwesenheit ihres Mannes eigenverantwortlich getätigten Geschäfte angeht: «Wisset mein lieber Bruder Hildebrand, dass Tütke Swartte wohl zurückgekehrt ist, Gott sei gelobt. Wisset außerdem, dass ich von Boden van Stockam das ganze Geld, 250 Mark Lübisch [56000 Euro], erhalten habe und er hat zusätzlich 24 Pfund grote [32000 Euro] bezahlt und er sagt uns, er habe noch keine weiteren Außenstände angemahnt. Wisset außerdem, dass ich 800 Mark [180000 Euro] von meinem Bruder Thomas erhalten habe. Außerdem von Tytken Swarten 83 Mark [19000 Euro]. Außerdem von Tyten 71 Mark und 4 Schilling, zusammen 1203 Mark und 4 Schilling [270000 Euro]. Dazu habe ich dir wieder 1500 Stockfische gesandt, die mit allem Ungeld [Unkosten] im Hamburg 82 Mark weniger 5 Pfennige wert sind [18000 Euro]. Dazu habe ich von Johannes Hoenstene 24 Mark, 11 Schilling und 4 Denare erhalten [5400 Euro]. Außerdem hätte ich dir gerne Geld gesendet, aber ich konnte es zu dieser Zeit nicht bekommen, ich will mich gerne um das Beste bemühen, damit ich dir Geld zur Hand schicke, wenn ich es kann (...).»

In diesem Brief berichtet Elisabeth über Geschäftsvorgänge in einem Gesamtwert von rund 550000 Euro, die sie abgewickelt hat.

Die Aufstellung dieses Briefes unterscheidet sich in nichts von den Briefen ihres Mannes, Schwagers oder anderer Kaufleute. Elisabeth zeigt sich auf der Höhe des kaufmännischen Schriftwesens ihrer Zeit. Das Gleiche gilt für ihre Schwägerin Margarete, auch für deren Mutter in Riga. Überhaupt ist das keine neue Erscheinung. Bereits rund ein Jahrhundert früher haben Ehefrauen in Lübeck zumindest zeitweise die Buchführung für die Handelsgeschäfte ihrer Männer übernommen.

Im handelstechnisch so hochentwickelten Italien ist das ganz anders. Dort sind die Frauen an Geschäftsangelegenheiten nicht beteiligt. Entsprechend unverständlich war Italienern das Verhältnis zwischen Frauen und Männern in Niederdeutschland. Der päpstliche Kollektor Marinus de Fregeno spricht 1479 sogar von der Herrschaft der Frauen über Männer: «Hier [in Lübeck] regieren die Frauen die Männer, und alle Kaufmänner aus ganz Deutschland, Flandern, England, Russland, Schweden, Dänemark und Norwegen kommen hier zusammen.» («Hic mulieres regunt viros, et omnia genera mercantiarum ex tota Almanea, Flandria, Anglia, Russia, Swetia, Datia et Norwegia eo confluunt».) Sein Lübeck-Bild war nicht sehr freundlich. Im Westen, in den Rheinlanden, seien die Deutschen ja zivile und gewandte Leute «populus ubique civilis, discretus versatilisque ingenii et bonis moribus compositus» – ganz anders als die an der Ostseeküste, die er von so nahe hatte kennenlernen müssen (und unter denen er sogar endlich Bischof von Kammin wurde, es aber freilich nicht lange aushielt). Etwa die Lübecker: «geschwätziges Volk, gegen alle Geistlichen und vor allem die römische Kirche eingestellt, versoffen, unanständig und von grobem Verstand.»

Diese Lübecker hatten 70 bis 80 Jahre zuvor große Sorgen und Probleme. Der Handel auf Nord- und Ostsee leidet damals unter einer Vielzahl von Störungen. Trotz der Vertreibung der Vitalienbrüder aus der Ostsee und der Niederlage der Seeräuber vor Helgoland im Jahr 1401 ist die Piratengefahr nicht gebannt. In Lübeck sind Mitglieder des Alten Rats aus der Stadt geflohen. Ein neuer Rat leitet nun die Geschicke der Stadt. Sivert verlässt deswegen 1409 die Stadt und zieht nach Köln. Sein zurückgelassenes Vermögen wird konfisziert. Der Kurs der Mark preußisch verfällt nach der Niederlage des Deutschen Ordens bei Tannenberg. Westwaren lassen sich nur unter großen Schwierigkeiten, mit Zeitverzögerungen und unter Verlust verkaufen. Hildebrand befindet sich zeitweise in äußerster Geldnot. Vermutlich, weil große Summen Geldes in Form von Waren in Preußen eingefroren sind. Hildebrand wandelt den Wechsel als Mittel zum Ausgleich der Zahlungsbilanz anscheinend in ein Heilmittel gegen drängende Geldverlegenheiten um. Mahnungen seiner Geschäftspartner, in dieser Hinsicht vorsichtiger zu handeln, sind seit 1414 überliefert.

Aber Hildebrand hört offensichtlich nicht auf sie. Er handelt anders, als die Tradition es vorschreibt. Er setzt sich über Regeln des gesellschaftlichen und geschäftlichen Lebens hinweg. Weder er noch seine Frau hören auf der *vrunde rat*, sie folgen nicht den Vorschlägen und dem Rat der Familie. Außerdem kommt Hildebrand in seinen Briefen unverblümt und ohne jede Höflichkeitsformen zur Sache. Ein Unding im Briefverkehr des beginnenden 15. Jahrhunderts. Sein Bruder Sivert bringt es auf den Punkt:

«Gy sryven eme also kord und plumb, dat hey tomale tornych is …» (ihr habt ihm derart kurz und grob geschrieben, dass er sehr wütend ist). Auch Hildebrands Rechenschaftsberichte seiner Schwiegermutter gegenüber sind eher Forderungskataloge: «Ick will hebben … Des begehre ick eine antworde sunder summent …» (darauf will ich sofort eine Antwort). So macht man sich keine Freunde. Das Verhältnis zu *vrunden* und anderen Geschäftspartnern ist nicht das beste.

Als ob es der Schwierigkeiten nicht genug wären, muss am 7. November 1416 eine sechsköpfige Delegation des Brügger Hansekontors König Sigismund in Dordrecht ein Darlehen von 3000 goldenen Kronen gewähren (rund 2 Millionen Euro). Sigismund verspricht die Rückzahlung innerhalb der nächsten fünf Monate. Hildebrand ist Mitglied dieser Delegation. Bis 1421 gelingt es ihm nicht, seinen Anteil zurückzuerhalten. Unter anderem weil Godeke Vasan aus Danzig, ein weiteres Mitglied der Delegation, sich weigert, die Summen, die er von Sigismund als Abschlagszahlung erhalten hat, mit seinen Kollegen zu verrechnen.

Trotz aller wirtschaftlichen Schwierigkeiten kauft Hildebrand 1418 in Lübeck das Haus Königstraße 15, in das seine Frau mit den Kindern einzieht. Er selbst wird 1419 zum dritten Mal zum Ältermann des Brügger Kontors gewählt, diesmal, weil er Lübecker Bürger ist, für das lübische Drittel. Er scheint in Brügge noch vollen Kredit zu haben, obwohl seine Geschäfte immer riskanter werden. 1417 erleidet er einen großen Verlust, als er für mehrere tausend Dukaten Sartuch nach Venedig schickt, aber die Marktlage falsch eingeschätzt hat. 1420 schlägt der Versuch fehl, wegen ausbleibender Salzlieferung aus der Baye in Westfrankreich für ein Jahr ein Salzmonopol in Livland aufzubauen, sodass seine finanzielle Lage immer prekärer wird. Seine Gläubiger bedrängen ihn, er sucht Zuflucht bei den Lombarden, den berufsmäßigen Geldverleihern in Brügge. Aber die hohen

Die Königstraße in Lübeck. In dem Haus links neben der roten Fahne wohnten Hildebrand und Elisabeth Veckinchusen ab 1418. Im Hintergrund die Katharinenkirche

Zinsen, die sie für ihre Kredite nehmen, treiben ihn in noch höhere Verbindlichkeiten. Im Februar 1422 wird Hildebrand von dem Bankier Joris Spinola (Spinghel) aus Genua verklagt und im Brügger Schuldturm, dem *steen*, inhaftiert. Fast drei Jahre sitzt er in Schuldhaft, bevor er freikommt. Als er 1426 zu seiner Familie nach Lübeck zurückkehren will, stirbt er.

Als er im *steen* sitzt, bekommt Hildebrand die Quittung für sein Verhalten den *vrunden* gegenüber. «My duncket juwe egensyn heft yu in den steyn bracht weder myne unde ander vrunde rat» (mir scheint, es war euer Eigensinn, der euch in den *steen* gebracht hat und zwar gegen meinen Rat und den anderer Familienmitglieder), schreibt ihm wiederum Sivert im Jahr 1423 ins Gefängnis. Auch seine Frau, die in Lübeck einen sozialen Abstieg sondergleichen erleidet, bekommt von ihrer Familie gleiches zu hören. Als sie das große, 1418 gekaufte Haus in der Königstraße 15, einer der besten Wohngegenden von Lübeck, durch Gerichtsbeschluss wegen nicht gezahlter Rente (eine Art Hypothek) verloren hat, wohnt sie mit den Kindern zunächst in einem Haus in der Glockengießerstraße zur Miete. Der Abstieg endet in einer Bude, einem Kleinhaus in der Hundestraße, wo nur die schmale Unterstützung durch Sivert sie davor bewahrt, betteln gehen zu müssen. In dieser Situation schreibt ihr Bruder ihr sieben Jahre nach Hildebrands Tod: «So wete suster, dat du mynen vader unde moder bist eyne sware dochter ghewest unde my eyne sware suster» (Wisse, Schwester, dass du meinem Vater und meiner Mutter eine schwierige Tochter und mir eine schwierige Schwester gewesen bist). Die Unterstützung durch Sivert war keine reine Nächstenliebe: Wenn seine Schwägerin hätte betteln müssen, wäre das für sein Ansehen in der Stadt sehr nachteilig gewesen.

In den Quellen zu Hildebrand gibt es jedoch Hinweise, die Zweifel an der Rechtmäßigkeit der Be- oder besser Verurteilung durch seine Verwandten aufkommen lassen. So hat Hildebrand seinen Bruder Sivert finanziell unterstützt, als dieser sich in seinen Kölner Anfangsjahren in Schwierigkeiten befand. Sivert hat es ihm nicht gedankt. In den Abrechnungen der Handelsgesellschaften scheint Sivert des Öfteren Verluste aus seinem Eigenhandel der Gesellschaft und deren Gewinne seinem Eigenhandel zugeschrieben zu haben – wobei er seinen Bruder permanent mahnt, ordentlich abzurechnen. Schließlich bleibt Hildebrand in Brügge, obgleich die Gefahr einer Inhaftierung immer größer wird. Er möchte seinen Hostelier nicht in Schwierigkeiten bringen. Der müsste nämlich für ihn bürgen. Der *vrunde rat* dazu besteht darin, er solle aus Brügge weggehen, bis Gras über die Sache gewachsen sei – wobei in diesem Fall, muss man ergänzen, Hildebrands Wirt wohl einige Jahre im *steen* gesessen hätte. In allen diesen Fällen handelt Hildebrand moralisch einwandfrei, als Kaufmann aber wohl nicht geschickt.

Allerdings muss Hildebrand einen Rechtsbruch begangen haben. Anders ist es nicht zu erklären, dass weder der Rat der Stadt Lübeck noch der deutsche Kaufmann in Brügge eingriffen, um ihn aus dem Schuldturm zu befreien. Der Grund dürfte die Tatsache gewesen sein, dass Hildebrand als Ältermann in die Kasse des Kontors gegriffen hatte, um seinen Anteil an dem noch nicht zurückgezahlten Kredit an Kaiser Sigismund zu entnehmen.

Erfolgreich war jedenfalls Sivert. Nach Lübeck zurückgekehrt, wird er in die Lübecker Zirkelgesellschaft gewählt, der elitären Bruderschaft der Stadt für die Reichsten. Der Verlierer ist Hildebrand, er stirbt, zermürbt von den drei Jahren Schuldhaft, vermutlich bevor er Lübeck erreicht hat.

Der Konflikt zwischen Hildebrand und Margarete auf der einen und ihren Familien auf der anderen Seite ist eingebunden in eine Entwicklung, in der seit Mitte des 14. Jahrhunderts die Gemeinschaft zwischen Eheleuten wichtiger wird als die Interessen der Verwandtschaft. Frauen setzen zusehends ihre Ehemänner testamentarisch in den Besitz ihres Erbes, und Männer setzen mehrheitlich ihre Frauen als Universalerbinnen ein. Sie sollen ihr Erbe zudem ohne Einmischung der *vrunde* genießen. Diese Entwicklung beginnt bei den Handwerkern und den Eigentümern mittlerer und kleiner Vermögen. In den bedeutenden Kaufmannsfamilien mit ihrer weitverzweigten Verwandtschaft und den großen Vermögenswerten, die dort bewegt werden, scheint das noch nicht möglich oder allenfalls die Ausnahme zu sein. Für Margarete und Hildebrand Veckinchusen gilt allerdings, dass sie «zu denjenigen ihrer sozialen Schicht [gehören], die eine auf Vereinbarung beruhende Bindung höher bewert[en] als die auf Herkommen beruhende Verwandtschaftsbindung» (Birgit Noodt).

Das Wappenschild der Lübecker Nowgorodfahrer zeigt einen Russen mit der typischen Barttracht und der konischen Kopfbedeckung.

◂ Das Oostershuis in Antwerpen, eine schlossähnliche Vierflügelanlage, die 1568 eröffnet wurde

10 Netzwerke – Städte – Kontore: die drei Fundamente der Hanse

Die Macht der Hanse liegt in der Einung der Kaufleute zum *gemenen kopman* und in der Einung der Städte in der *dudeschen hense.* Die handelswirtschaftliche Macht der Kaufleute wird ergänzt durch die wirtschaftlich und politisch nutzbaren Ressourcen der Städte. Vier Elemente greifen im System der Hanse ineinander: die Netzwerke der Kaufleute, die Kontore mit den Privilegien, die Städte und, als Kopf des Ganzen, die Versammlung der Ratssendeboten, der Hansetag.

Zunächst zu den Netzwerken der Kaufleute. Hildebrand Veckinchusen, der Kaufmann, über den wir am meisten wissen, kommt aus einer ratsfähigen Familie. Typisch für die überwiegende Zahl der Hansekaufleute ist er nicht. Nicht viele derjenigen, die nach Nowgorod oder Bergen fahren und dort am Kontor Handel treiben, haben zeit ihres Lebens Handelskontakte zu über tausend Personen und derart hohe Umsätze wie er. Das Grundmuster des Handels ist jedoch überall im hansischen Raum gleich. Jeder Kaufmann sucht an den für ihn entscheidenden Märkten vertrauenswürdige Handelspartner. Bis zum Ende des 14. Jahrhunderts sind es meist Familienmitglieder, die bereits genannten *vrunde.* Im 15. Jahrhundert löst sich die familiengebundene Struktur jedoch mehr und mehr auf. An die Stelle der Verwandten treten freigewählte Handelspartner, die auch schon für Hildebrand eine große Rolle spielen.

Jeder Kaufmann baut sich auf diese Weise sein kleineres oder größeres Handelssystem auf. Das sind zunächst viele lineare Beziehungen von einem Kaufmann zum anderen. Viele stehen aber mit mehreren Kaufleuten in Verbindung, die wiederum mit anderen in Kontakt stehen, woraus sich eine netzartige Struktur ergibt. Die Kaufleute, bei denen viele Linien zusammenlaufen, bilden die Knotenpunkte im System. Es handelt sich nicht nur um wirtschaftliche Beziehungen im engeren Sinn, zum Beispiel in Form einer Handelsgesellschaft oder der Gewährung eines Darlehens. Dazu gehört auch die Einsetzung eines Partners als Testamentsprovisor, als Bürge oder Zeuge in einem Gerichtsverfahren, die gemeinsame Mitgliedschaft in einer religiösen Bruderschaft bis hin zur Knüpfung von Verwandtschaftsbeziehungen durch Eheschließung naher Angehöriger.

Das ist bei oberdeutschen Kaufleuten oder Kaufleuten anderer Nationen nicht viel anders. Das Besondere am hansischen Handel sind zwei Phänomene: das fehlende Konkurrenzverbot und der Handel auf Gegenseitigkeit. Fehlendes Konkurrenzverbot bedeutet, dass ein Kaufmann, der in einer Handelsgesellschaft ist, auch eine zweite oder dritte Gesellschaft eingehen konnte, die im gleichen Raum handelte. Der Handel auf Gegenseitigkeit entwickelt sich ungefähr gleichzeitig mit den mehrseitigen Handelsgesellschaften Ende des 14. Jahrhunderts. Er war keine rechtliche Gesellschaftsform, sondern eine Form des Handelns. Zwei Kaufleute, die an verschiedenen Handelsplätzen sitzen, empfangen jeweils die Waren ihres Partners, verkaufen sie, kaufen Gegenwaren ein und schicken ihm diese zu. Für alle diese Tätigkeiten verlangen sie keinen Lohn, sie erhalten auch keine Entschädigung – allenfalls ab und zu ein Geschenk –, und sie erhalten auch keine Gewinnbeteiligung. Der «Lohn» besteht in der Gegenseitigkeit, da der Partner mit den Waren seines Gegenübers ebenso verfährt. Geschäftsbeziehungen dieser Art erfolgen ohne schriftlichen Vertrag. Der Danziger Kaufmann Johan Pyr (früher Pisz) handelt von den 1420ern bis in die 1450er Jahre mit 40 Partnern auf diese Art, mit manchen davon über Jahrzehnte hinweg. Da jeder Kaufmann sich ein solches Netzwerk aufbaut, ergibt sich eine große Zahl an Kontakten und Handelsverbindungen, die sich überschneiden.

Es ist ein loses Netz ohne oder allenfalls mit flachen Hierarchien, was das Finden neuer vertrauenswürdiger Handelspartner über Freunde und Verwandte, bei gesellschaftlichen Zusammenkünften oder an den Kontoren erleichtert. Beim Handel auf Gegenseitigkeit kommt außerdem die jeweilige Orts- und Warenkenntnis des Partners vor Ort dem eigenen Handel zugute. Die Schwestern Hildebrand Veckinchusens Gertrud und Swineke (?) und deren Männer wissen Bescheid, bei welchen Abnehmern in Dorpat und Umgebung Hildebrands Tuche am besten abgesetzt werden können. Sie benachrichtigen ihn auch, wenn sich im Bereich der Mode etwas ändert. Diese Insider-Informationen hätte sich Hildebrand im fernen Brügge nur mühsam beschaffen können.

Dadurch spart man die Kosten für einen Gesellen oder Faktor vor Ort, sodass die hansischen Handelsfirmen kleine Betriebe mit ausgesprochen wenig Personal sind. In den Kaufmannsbüchern werden nur Knechte/Gesellen und Lehrjungen genannt und, als wichtigster Partner, die Ehefrau des Kaufmanns. Die Handelsbetriebe sind somit in der Regel auf die Kernfamilie beschränkt, wobei die Tätigkeiten des Geschäftsführers, Faktors, Buchhalters und Schreibers vom Kaufmann selbst und seiner Ehefrau verrichtet werden. Für junge Kaufleute bieten diese Netzwerke eine günstige Einstiegsmöglichkeit in die Selbständigkeit, weil sie keine große Infrastruktur aufbauen müssen.

Man muss sich klarmachen, dass es keine Telegrafie, kein Telefon, keine Zeitungen, kein Fernsehen und schon gar kein Internet gab. Der Kaufmann war auf briefliche und mündliche Informationen angewiesen. Die erhielt er dort, wo sich die Kaufleute trafen, in den Bruderschaften und Gilden. Seit dem Spätmittelalter wurden sie meist als Fahrtrichtungsgemeinschaften bezeichnet, wie Nowgorodfahrer und Englandfahrer. Diese Gesellschaften waren die Nachrichtenzentren des Hansezeitalters. Dort wurden auch Gäste aufgenommen. So nannte man die fremden Kaufleute, auch die aus einer anderen Hansestadt fielen darunter. Der Artushof in Danzig, der im 14. Jahrhundert von der kaufmännisch-ritterlichen Georgsbruderschaft gegründet wurde, nahm Danziger Bürger – sofern sie nicht Handwerker oder Kleinkrämer waren – und auswärtige Kaufleute auf. Aus dieser kaufmännischen Informationsbörse wurde, gewissermaßen folgerichtig, im Jahr 1742 die erste Börse in Preußen.

Diese Informationszentren senkten, um in der Sprache der Wirtschaftswissenschaften zu sprechen, die Informationskosten. Man musste als Hansekaufmann nicht aufwendig recherchieren, sondern erhielt die notwendigen Informationen durch seinen Partner vor Ort oder bei diesen geselligen Veranstaltungen. Und es gab Hilfe für alles. Sollte ein Kaufmann einen Kunden mit einer Ware beliefern, die in seinem Handelsgebiet nicht zu bekommen war, traf er in diesen Gesellschaften jemanden, der ihm die gewünschte Ware entweder liefern oder ihm einen Kontakt vermitteln konnte, der ihm weiterhalf. Selbst drei Paare Elche und drei Paare Rentiere konnten auf diese Weise für den französischen König Ludwig XI. im Jahr 1481 beschafft werden.

Hildebrand Veckinchusen handelt mit einem sehr breiten Warensortiment: von Rosinen und Pferden, über Pelze und Tuche, zu Gewürzen, Waffen und vielem anderen mehr. In dieser Hinsicht ist er ein typischer hansischer Kaufmann. Das Netzwerk der Kaufleute ermöglicht diese Warenvielfalt. Aus der räumlichen Schwerpunktbildung der einzelnen Kaufleute folgt eine besondere Kenntnis der Waren des jeweiligen Raumes. Ein

Die älteste Ansicht der Stadt Bergen, um 1580. Die «tyske bryggen» liegt auf dem gegenüberliegenden Ufer des «Vagen», des Hafenbeckens.

Bergen heute. Blick vom Fløyberg auf den «Vagen»

Englandfahrer kannte sich besonders gut in Wolle, Tuchen und Zinn, ein Bergenfahrer in Stockfisch und englischer Wolle, ein Nowgorodfahrer in Pelzen und Wachs aus. Sofern man die gewünschte Ware von einem solchen vertrauenswürdigen Partner bezog, konnte man sie unbesehen weiterverkaufen – und sparte dadurch Prüfkosten.

Ein großer Vorteil war es selbstverständlich, wenn man wichtige Informationen besaß, die nicht jedem zugänglich waren. Schließlich standen die hansischen Kaufleute auch untereinander in Konkurrenz. Einen Ratsherrn, möglichst aus einer bedeutenden Hansestadt, unter den Teilhabern seiner Handelsgesellschaft oder im Kreis seiner *vrunde* zu haben, war unbezahlbar. Er hatte Informationen aus dem politischen Geschehen weit früher als andere, ganz zu schweigen von Insider-Kenntnissen, die nicht nach außen drangen. Man konnte also schneller reagieren als andere, wenn der französische König mal wieder rüstete, um gegen die Festlandsbesitzungen des englischen Königs in den Krieg zu ziehen. Das bedeutete jedes Mal eine große Gefährdung des England- und des Flandernhandels. Wenn der Deutsche Orden oder einer der Territorialfürsten beabsichtigte, gegen einen anderen Krieg zu führen, lohnte es, sich mit Stockfisch einzudecken. Wegen seiner Haltbarkeit war er eine gefragte Heeresverpflegung.

Wir wollen aber kein hansisches Supernetzwerk konstruieren, in dem jeder mit jedem auf freundschaftlicher Basis vertrauensvoll gehandelt hätte. Das Netzwerk, das den hansischen Raum überspannte, bestand aus vielen Subsystemen, kleineren Netzwerken, die zum Teil in heftiger Konkurrenz zueinander standen. Am Londoner Kontor fürchtete man 1478, dass es bei Wiederzulassung der Kölner Kaufleute, die seit 1471 aus der Hanse ausgeschlossen waren, zu Mord und Totschlag kommen könne. Wo Konkurrenz vorhanden ist, besteht auch der Wunsch, diese auszuschalten.

Auch im kleineren Maßstab gab es immer wieder Betrug, Hintergehung des Partners und andere Delikte, die ein im Prinzip auf Vertrauen beruhendes System gefährdeten. Dagegen behalf man sich, indem die Namen solcher betrügerischen Kaufleute in den Versammlungen der Bruderschaften bekanntgegeben oder in den Gesellschaftshäusern angeschlagen wurden. Damit war der überführte Täter aus dem Netzwerk ausgeschlossen. In letzter Konsequenz kam dies einem Berufsverbot gleich, denn kein anderer Kaufmann würde mit ihm wieder Handel treiben.

Große, hierarchisch aufgebaute Handelshäuser, ähnlich der oberdeutschen Welser und Fugger, mit weisungsgebundenen Faktoren in auswärtigen Niederlassungen sind im hansischen Raum nur in Ansätzen bekannt. Etwa in Preußen die Falbrecht-Moser-Rosenfeld-Gesellschaft mit Sitz in Thorn, Danzig und Kulm, die von 1400 bis 1439 ihre Geschäfte im gesamten hansischen Raum, dazu auch bis Venedig und zum Schwarzen Meer betreibt. Seit Mitte des 15. Jahrhunderts verändern sich die hansischen Handelsgesellschaften mehr und mehr in Richtung oberdeutscher-niederländischer Formen, bis hin zur Übernahme der doppelten Buchführung und zum Einsatz angestellter Faktoren an auswärtigen Handelsplätzen.

Trotz aller Veränderungen bleibt der Handel auf Gegenseitigkeit offensichtlich die vorherrschende Handelsform, zumindest bis zum Ende des 16. Jahrhunderts. Er ist das grundlegende Element des Netzwerkes der hansischen Kaufleute. Vom 14. bis zum 16. Jahrhundert besteht es aus jeweils mehr als 2000 zeitgleichen Familienbetrieben. Deren Handelstätigkeit verknüpft die Städte untereinander und die Städte mit den Kontoren.

Die Hanse hat eine gewaltige Ausdehnung. Kaufleute aus rund 200 Städten nutzen die Privilegien im Ausland, von Portugal bis nach Russland. Die westlichste Hansestadt ist Zaltbommel an der Rheinmündung, die östlichste Dorpat (Tartu) im heutigen

Estland, die nördlichste Visby auf Gotland (im 14. Jahrhundert Stockholm); im Süden wird die Linie Köln–Breslau (Wrocław)–Krakau (Kraków) nicht überschritten.

Die meisten Hansestädte liegen im «regnum theutonicum» (wozu bis 1648 auch die Niederlande gehörten) und im Gebiet des Deutschen Ordens in Preußen und Livland (Baltikum), das zwar nicht zum Reich gehört, aber von deutschem Adel, deutschen Bauern und deutschen Stadtbürgern (unterschiedlich stark) geprägt war. Außerhalb dieses geographischen Rahmens liegen Dinant an der Maas (dessen Kaufleute nur in England Hanserechte hatten), Visby auf Gotland und Stockholm und wohl auch Kalmar in Schweden, die aber alle nur im 14. Jahrhundert Hansestädte waren – außerdem Krakau in Polen.

Weitaus mehr Binnenstädte als Hafenstädte sind Mitglieder der Hanse. Sie alle nehmen mit ihren regionalen Produkten am hansischen Handel teil und profitieren von den im Ausland erstandenen Waren. Die Schlüsselposition im hansischen Verkehrssystem haben die Seestädte, die die wichtigsten Vermittler zwischen den Niederlassungen im Ausland und den einzelnen Hansestädten sind. Die Hansestädte stellen die Infrastruktur für den See- und Landtransport bereit. In den Städten können Großkaufleute, Regionalkaufleute und Detailhändler die von den Fernhändlern herangeführten Waren erwerben. Einen Teil veräußern diese auch im Detailhandel.

Die städtische Handelsinfrastruktur beginnt bei den Hafenanlagen, die von den Kaufleuten gegen Gebühr genutzt werden. Mit dieser Gebühr werden auch die Arbeiten finanziert, die für das Freihalten und die Sicherung der Wasserwege zum Hafen notwendig sind. Wenn für die einlaufenden Schiffe und deren Ladung der fällige Zoll im Hafen bezahlt ist (sofern derjenige nicht davon befreit ist), dienen Kräne und Wippen zum Entladen der Schiffe. Die an Land gebrachten Verpackungseinheiten werden durch Träger und Fuhrleute zunächst zur Waage (wo das

Der 1356 erstmals erwähnte alte Kran in Lüneburg diente zum Be- und Entladen der Salzschiffe.

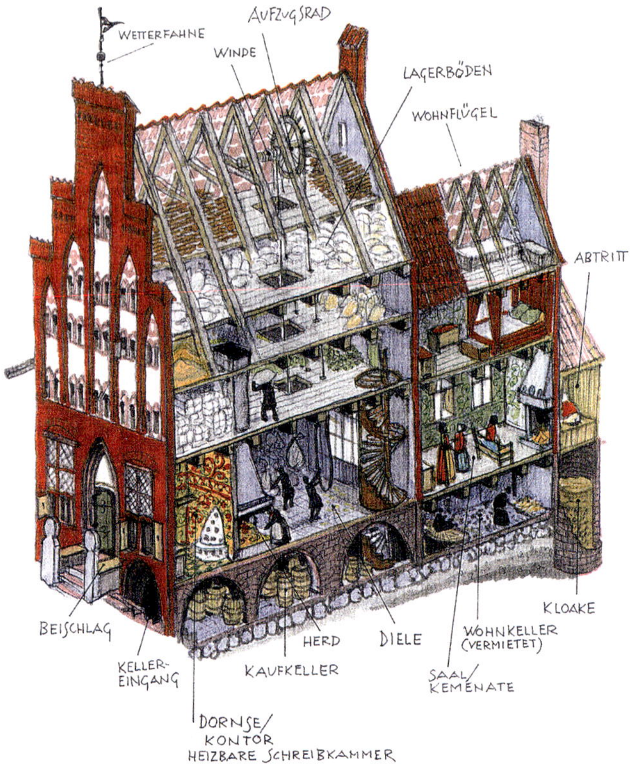

Schnitt durch ein Lübecker Kaufmannshaus. Das große Vorderhaus war fast ausschließlich ein Warenspeicher, die Wohnräume lagen im Seitenflügel.

Gewicht mit der verzollten Menge verglichen wird) und dann zu ihrem Bestimmungsort gebracht. Das ist meist das Haus eines Kaufmanns, wo die Waren zwischengelagert und zu neuen Transporteinheiten zusammengestellt werden. Bisweilen geht es auch direkt zum Binnenhafen oder zum Weitertransport auf ein anderes Seeschiff oder als Landtransport auf ein Fuhrwerk.

Die Handelsgüter, die aus dem Einzugsgebiet und dem Hinterland einer Stadt in den Seehandel eingespeist werden sollen, werden meistens durch die städtische *wrake* geprüft. Dieses System der Wareninspektion erlaubt es, auch kleine Mengen einer bestimmten Ware als geprüftes hansestädtisches Kaufmannsgut in den Handel einzubringen. Für Güter, die in der Stadt selbst hergestellt werden, nehmen die Amts- oder Zunftmeister diese Funktion bei der «Beschau» wahr. Die geprüften Waren werden mit einem Wrakezeichen versehen, sodass nachvollziehbar ist, wo sie geprüft wurden. Handwerkliche Produkte müssen außerdem ein Meisterzeichen aufweisen. Schlechte, schadhafte Ware kann so bis zur (oberflächlichen) *wrake* oder bis zum Hersteller zurückverfolgt und dieser zu Schadenersatz verklagt werden. Wird der Schaden im Ausland bemerkt, erfüllen oft zunächst die Älterleute des Kontors, wo die Ware verkauft wurde, oder der Rat der Stadt die Forderung, um die Sache schnell zu bereinigen. Die gerichtliche Auseinandersetzung mit dem Hersteller könnte so lange dauern, dass der Ruf der Hanse und der jeweiligen Stadt darunter leiden würde.

Streitigkeiten zwischen Kaufleuten, die sich nicht durch ein schiedsgerichtliches Verfahren beilegen lassen, werden vor Gericht ausgetragen. Es gibt ein gesondertes Gastgericht, das einen schnelleren Verfahrensgang hat, damit fremde Kaufleute nicht unnötig lange festgehalten werden. Der Hansetag kann in Handelssachen in der Regel als oberste Instanz angerufen werden.

An dieses System sind in unterschiedlicher Intensität (die es von der historischen Forschung noch auszuarbeiten gilt) die folgenden Städte angebunden. Unterteilt in die verschiedenen hansischen Regionen, gehören zur Hanse entweder als echte Hansestädte oder als ihr zugewandte Städte, deren Kaufleute die hansischen Privilegien nutzen:

Im Niederrheingebiet:

Dinant, Duisburg, Düsseldorf, Emmerich, Geldern, Grieth, Köln, Neuß, Nimwegen, Roermond, Tiel, Venlo, Wesel, Zaltbommel.

Im Ijssel- und Zuiderzeegebiet:

Arnhem, Deventer, Doesborg, Elburg, Harderwijk, Hasselt, Hattem, Kampen, Ommen, Staveren, Zutfen, Zwolle.

An der Nordseeküste:

Groningen, Bremen, Stade, Buxtehude, Hamburg.

Zwischen Rhein und Weser (Westfalen):

Ahlen, Allendorf, Altena, Arnsberg, Attendorn, Balve, Beckum, Belecke, Bielefeld, Blankenstein, Bocholt, Bochum, Bödefeld, Borgentreich, Borken, Brakel, Breckerfeld, Brilon, Coesfeld, Dorsten, Dortmund, Drolshagen, Dülmen, Essen, Eversberg, Freienohl, Fürstenau, Geseke, Grevenstein, Hachen, Hagen, Haltern, Hamm, Hattingen, Herford, Hirschberg, Hörde, Hüsten, Iburg, Iserlohn, Kallenhardt, Kamen, Langenscheid, Lemgo, Lippstadt, Lüdenscheid, Lünen, Melle, Menden, Minden, Münster, Neheim, Neuenrade, Neustadt (Hessen), Nieheim, Oldenzaal (Niederl.), Olpe, Osnabrück, Paderborn, Peckelsheim, Plettenberg, Quakenbrück, Ratingen, Recklinghausen, Rheine, Rüthen, Schwerte, Soest, Solingen, Sundern, Telgte, Unna, Vörden, Vreden, Warburg, Warendorf, Warstein, Wattenscheid, Werl, Werne, Westhofen, Wetter, Wiedenbrück.

Zwischen Weser und Elbe (Niedersachsen):

Alfeld, Aschersleben, Bockenem, Braunschweig,

Einbeck, Gardelegen, Goslar, Gronau, Halberstadt, Hameln, Hannover, (Hannoversch) Münden, Helmstedt, Hildesheim, Lüneburg, Magdeburg, Osterburg, Quedlinburg, Salzwedel, Seehausen, Stendal, Tangermünde, Ülzen, Werben.

Mittleres Deutschland (südlich des Harzes, zwischen Oberweser und Saale):

Duderstadt, Erfurt, Göttingen, Halle, Merseburg, Mühlhausen (Thür.), Naumburg, Nordhausen, Northeim, Osterode, Uslar.

In Brandenburg:

Berlin, Brandenburg, Cölln/Spree, Frankfurt/Oder, Havelberg, Kyritz, Perleberg, Pritzwalk.

An der Ostseeküste westlich der Oder:

Kiel, Lübeck, Wismar, Rostock, Stralsund, Greifswald, Demin, Anklam, Stettin.

In Hinterpommern:

Belgrad, Gollnow, Greifenberg, Kammin, Kolberg, Köslin, Rügenwalde, Schlawe, Stargard (Pom.), Stolp, Treptow/Rega, Wollin.

In Preußen, Schlesien und Polen:

Braunsberg, Danzig, Elbing, Königsberg, Kulm, Thorn, Breslau, Krakau.

In Livland:

Dorpat, Fellin, Goldingen, Kokenhusen, Lemsal, Pernau, Reval, Riga, Roop, Wenden, Windau, Wolmar.

In Schweden:

Kalmar, Nyköping (?), Stockholm, Visby.

(nach Philippe Dollinger, erweitert)

Die verschiedenen regionalen Gruppen bilden die räumliche und organisatorische Grundlage der Hanse. Das sind, von Westen her gesehen, die süderseeischen (die an der Zuidersee gelegenen), niederrheinischen, westfälischen, (nieder-)sächsischen, wendischen, pommerschen, brandenburgischen, preußischen, livländischen, (im 14. Jahrhundert) schwedischen und gotländischen Städte. Das ist auch selbstverständlich in einer Zeit, in der die Kommunikations- und Verkehrsmittel eine gleichzeitige und gleichmäßige Information aller Mitglieder nicht zulassen. Von Lübeck, das im Hinblick auf die Verkehrswege in der Mitte des hansischen Raumes liegt, «zu allen steden ins mittel gelegen», wie es damals hieß, benötigt ein Brief nach Reval (Tallinn) bei guten Bedingungen eine Woche, nach Bergen vier Tage bis zu zwei Wochen, Brügge und London waren in einer knappen Woche zu erreichen.

Daher lag es auf der Hand, dass die Hanse die vorgegebene regionale Gliederung auch für ihre Zwecke nutzte. Sie fasste sie zunächst in Drittel, seit dem 16. Jahrhundert in Viertel zusammen, sogenannte hansische Quartiere: Das wendische Quartier mit Lübeck als Vorort umfasste die wendischen und pommerschen Städte, im sächsischen Quartier hatte Braunschweig die Führungsrolle, das livländisch-preußische Viertel mit Danzig als Vorort erstreckte sich von Reval (Tallinn) bis Thorn (Torun); ursprünglich gehörte hierzu auch Visby, das aber 1476 zum letzten Mal zu einem Hansetag eingeladen wurde. Das niederrheinisch-westfälische Quartier umfasste auch die süderseeischen Städte, Vorort war Köln (s. Abb. S. 305).

Drittels- oder Quartierstage fanden selten statt. Wichtiger waren die Städteversammlungen der oben genannten Regionen, die Regionaltage. Auf ihnen wurden die hansischen Angelegenheiten beraten und oftmals der Rat eines Mitglieds bestimmt, dessen Sendeboten alle Städte der Region auf dem allgemeinen Hansetag vertreten sollten. Von Seiten der Hanse wurde die

Schlichtung von Streitigkeiten zwischen Mitgliedern den Nachbarstädten aufgetragen. Auch im Rahmen spezieller Bündnisse, der «Tohopesaten», lag die militärische Beistandspflicht bei Angriffen auf ein Mitglied zuallererst bei den Nachbarn.

Das umfasste auch die Durchführung von Seeblockaden und die Seekriegsführung. Man schätzt, dass in der zweiten Hälfte des 16. Jahrhunderts allein in den sieben Hansestädten Bremen, Hamburg, Lübeck, Wismar, Rostock, Stralsund und Danzig rund 1000 Schiffe beheimatet waren. Verlässliche Zahlen aus früheren Zeiten gibt es leider nicht. Da bis ins 16. Jahrhundert hinein Handelsschiffe relativ kurzfristig in «Friedeschiffe» (so hießen damals die Kriegsschiffe) umgerüstet werden konnten, waren die Hansestädte bei Bedarf in der Lage, Flotten aufzubieten, die es mit denen der Königreiche im nördlichen Europa aufnehmen konnten. In der Seekriegsführung war die Hanse ausgesprochen innovativ. Das Spektrum reichte von der Einführung der Seeblockade 1284 gegen Norwegen über Seelandungen als amphibische Operationen in den beiden Kriegen gegen König Waldemar IV. von Dänemark bis hin zum ersten größeren Seegefecht, das vor Kopenhagen 1428 mit Schiffsartillerie auf Distanz geführt wurde.

Der Hansetag verteilt im Kriegsfall die Kontingente auf die beteiligten Städte, hat aber selbst keine Flotte. Die Kriegskosten werden über eine Sondersteuer auf Handel und Schifffahrt, in deren Interessen diese Kriege geführt wurden, verteilt. Später wurde auch die städtische Bevölkerung mit direkten und indirekten Steuern in die Pflicht genommen.

Der Schiffbau selbst erfolgt zwar auf den städtischen Werften, aber im Auftrag der Kaufleute. In der Regel finanzieren und bereedern mehrere Kaufleute ein Schiff. Das ist die hansische Art der Seeversicherung. Wenn man Anteile an mehreren Schiffen hat, ist nicht alles verloren, wenn eins untergeht. Überdies werden die Schiffe immer größer und teurer. Der Holk löst in

Schiffszimmerleute beim Bau einer Kogge. Wandmalerei des 14. Jahrhunderts in der Kirche von Rostock-Toitenwinkel

den Jahrzehnten um 1400 langsam die Kogge ab. Ursprünglich ist auch er ein Einmaster. Er hat im Durchschnitt eine Zuladung von 125–150 Last (250–300 t). Es sind aber auch Schiffsgrößen bis zu 350 Last (700 t) Tragfähigkeit schriftlich überliefert. Er bleibt bis ins 16. Jahrhundert hinein im Einsatz. Charakteristisch für diesen Typ ist der hochgezogene Plankenverlauf, der nun unter dem Vorderkastell einen Unterbringungsraum für die Mannschaft möglich macht. Weil es keine eindeutigen bildlichen Darstellungen und noch nicht genügend archäologische Funde von diesem Schiffstyp gibt, ist eine Rekonstruktion bislang nicht möglich.

Die Schiffe werden immer größer und benötigen daher zum

Antrieb immer größere Segelflächen. Anfang des 15. Jahrhunderts geht man daher auch im Ostseeraum dazu über, die benötigte Segelfläche auf mehrere, meist drei Masten, zu verteilen. Diese Idee stammt aus dem Mittelmeerraum und hat den Vorteil der besseren Manövrierfähigkeit.

Der nächste Entwicklungsschritt ist seit dem Ende des 15. Jahrhunderts das Kraweel. Mit der Technik des Kraweelbaus kann man noch größere und zugleich festere Schiffe bauen. Auch diese Schiffe werden wahrscheinlich noch als Schalenbau ausgeführt, das meint, dass zunächst die Außenhaut gefertigt und in diese dann das Spantengerüst eingesetzt wird. Mit ihnen fahren die hansischen Seeleute nach Spanien, Portugal und Italien.

Zurück zu den Städten: Im Laufe der Zeit kristallisiert sich in der Überlieferung immer deutlicher heraus, dass es unterschiedliche Qualitätsstufen der Hansezugehörigkeit gab. Seit dem späten 15. Jahrhundert werden sie deutlich. An der Spitze der allerdings informellen Hierarchie (weil in der Einung der Hanse alle rechtsgleich waren) standen die großen Städte, die regelmäßig oder sehr häufig an Hansetagen teilnahmen. Daneben gab es die kleineren «der Hanse zugewandten Städte», in der Regel diejenigen, deren Kaufleute die Privilegien im Ausland nutzten. Diese Zweiteilung wurde auf dem Hansetag 1518 festgeschrieben, als man die Städte der zweiten Kategorie vom Besuch der Hansetage ausschloss. Sie waren ihren Stadtherren gegenüber nicht mehr selbständig genug, um die Geheimhaltung der Beratungspunkte und Beschlüsse der Hansetage gewährleisten zu können.

Die Niederlassungen im Ausland sind die wirtschaftlichen Zentren des hansischen Handels. Die vier bedeutendsten liegen in Nowgorod, Bergen, London und Brügge; Letzteres wird im 16. Jahrhundert nach Antwerpen verlegt. Außerdem gibt es kleinere Niederlassungen. Nicht alle bestehen zeitgleich. Besonders viele liegen an der schottisch-englischen Ostküste, es gibt insgesamt zwölf zwischen Edinburgh und Sandwich, sieben in den «niederen Landen» von Amsterdam bis Gent, wiederum zwölf in Dänemark und acht im östlichen Europa, vom Nordufer des Finnischen Meerbusens bis Kaunas (Kowno) in Litauen und weiter östlich bis Smolensk. Zusammen mit den vier Niederlassungen an der französischen Atlantikküste und der in Lissabon sind es insgesamt 44.

Die großen Kontore sind im Gegensatz zur Gesamthanse juristische Personen. Sie haben jeweils eine eigene Ordnung, gewählte Älterleute, ein eigenes Gericht, eine eigene Kasse und führen ein Siegel. Sie sind aber keine Mitglieder der Hanse. Das können nur Städte sein (beziehungsweise deren Räte) und Kaufleute. Alle Kontore wurden von den Kaufleutegemeinschaften, dem *gemenen kopman*, gegründet, freilich zu unterschiedlichen Zeiten, und alle wurden, ebenfalls zu unterschiedlichen Zeiten, von den Herrschern der Kontorstädte anerkannt. Von der Gründung des ersten Kontors in Nowgorod 1191/92 bis zum Ende des Kontors in Bergen im Jahr 1754 verging über ein halbes Jahrtausend! Das ist eine beeindruckende Dauer für eine Organisation auf einungsrechtlicher Grundlage. Weil sie ein Zusammenschluss von Kaufleuten waren, werden die Kontore *de gemene kopman to* ... Bergen, Brügge etc. genannt. Die Bezeichnung Kontor kommt erst im 16. Jahrhundert auf.

Von den Kontoren aus handelten die Fahrtgemeinschaften der Kaufleute die Handelsverträge (Privilegien) aus. Seit Ausrufung der *hense van den dudeschen steden* liegt die Sorge für deren Bestand und Erweiterung beim Hansetag.

Der Zeitpunkt der Errichtung und die bauliche Gestalt der vier Kontore waren sehr unterschiedlich. Aber alle waren Einrichtungen, um den Handel der niederdeutschen Kaufleute erstens zu guten Bedingungen zu ermöglichen, aber zweitens den individuellen Handel der Kaufleute auch zu kontrollieren. Ein

Die Wappen der vier hansischen Kontore aus dem Wappenbuch des Hermen Bote in Braunschweig, Anfang 16. Jahrhundert

Verstoß gegen die Einhaltung der in den Handelsverträgen festgesetzten Bestimmungen konnte den Verlust der Privilegien nach sich ziehen.

Die feste Einrichtung eines Kontors setzte die Versammlungsfreiheit der Kaufleute voraus. Sie musste von den jeweiligen Herrschern verliehen werden. In Nowgorod geschah dies 1191/92, in England kamen die frühhansischen Kaufleute durch die Mitnutzung der Gildehalle der Kölner im Laufe des 13. Jahrhunderts in diesen Genuss, Brügge folgte im Jahr 1309. In Bergen wurde 1343 ein nicht überliefertes älteres Privileg bestätigt, das dieses Recht erteilt hatte. Man muss also in langen Zeiträumen denken. Die Hanse und ihre Institutionen entstanden nicht auf einen Schlag.

Und sie veränderten sich auch fortwährend. Mitte des 14. Jahrhunderts wird die Kaufleuteversammlung in Nowgorod durch den Hansetag entmachtet. Das Ende der Autonomie der Niederlassung ist gekommen. Die Städte schicken weisungsbefugte Ratssendeboten nach Nowgorod. Neue Beschlüsse der dortigen Kaufleuteversammlung müssen bei den Städten schriftlich eingereicht und von ihnen bestätigt werden. Der wirtschafts- und sozialgeschichtliche Hintergrund ist der gleiche, den wir im 13. Jahrhundert bereits beobachtet haben. In den Kontoren trifft sich nicht mehr die Creme der Kaufleute, sondern treffen sich vor allem die jüngeren Kaufleute und Gesellen.

Ähnlich verläuft die Entwicklung in Brügge, wo sich die Kaufleute 1347 eine Kontorordnung gegeben hatten – sie enthält den ersten Beleg für die Gliederung der Hanse in Drittel –, die 1356 von einer Delegation des Hansetags in Lübeck bestätigt wurde. Auch hier beansprucht der Hansetag die Aufsicht über das Kontor, trifft aber immer wieder auf Gegenwehr, vor allem in der Frage, wer als Kaufmann zur Hanse zugelassen werden dürfe.

Der Stalhof in London verliert nach dem Frieden von Utrecht (1476) aufgrund des immer heftiger werdenden Kampfes der englischen Kaufleute gegen die hansischen Privilegien an Selbständigkeit. Er ist in diesen Auseinandersetzungen auf die Unterstützung durch den Hansetag angewiesen. Änderungen der Kontorstatuten werden nun vom Hansetag vorgeschrieben.

Nur in Bergen verläuft die Entwicklung anders. Zwar senden die Älterleute seit Ende des 15. Jahrhunderts jährliche Berichte nach Lübeck, aber das Kontor verändert seine Statuten selbständig ohne Zutun des Hansetags und löst auch Streitfälle mit den königlichen Statthaltern eigenmächtig.

Der St. Peterhof in Nowgorod lag auf der Ostseite des Wolchow, der sogenannten Marktseite der Stadt. Anlage und Aussehen des St. Peterhofs sind nicht überliefert. Er dürfte ähnlich ausgesehen haben wie der Bojarenhof, der auf der Grundlage archäologischer Untersuchungen rekonstruiert worden ist. Der

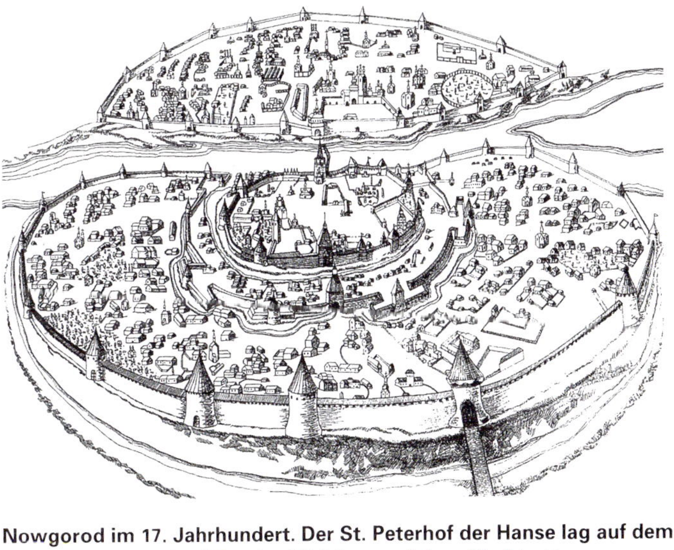

Nowgorod im 17. Jahrhundert. Der St. Peterhof der Hanse lag auf dem gegenüberliegenden Ufer des Wolchow auf der «Marktseite».

Peterhof war jedoch größer als ein Bojarenhof, der in der Regel 2000 m² umfasste. Auf dem Hof stand die aus Stein errichtete, 1275 erstmals erwähnte namengebende St.-Peters-Kirche. Neben ihr lag ein Friedhof. Der Hof war von einer mächtigen Palisade umgeben, deren Balken mit rund 40 cm Durchmesser doppelt so stark waren wie die Palisaden der Bojarenhöfe.

Auf dem Hof befanden sich Wohngebäude aus Holz. Die *grote stove* (große Stube) diente als Versammlungsraum, der auch Speiseraum für die *herren*, die selbständigen Kaufleute, war. Die Bewohner des Peterhofs waren relativ autark. Speicher zur Warenlagerung, eine Brauerei, eine Backstube, eine Badestube, eine Mühle und ein Krankenhaus lagen auf dem Hof. Fundamentreste, die bei Ausgrabungen auf dem Gotenhof aufgedeckt wurden, lassen auf einen Wachturm schließen, von dem aus das

So rekonstruieren Archäologen aufgrund ihrer Grabungsbefunde einen Bojarenhof im mittelalterlichen Nowgorod.

Gelände zwischen dem Hof und den Landungsbrücken am Wolchow beobachtet werden konnte. Der Turm diente außerdem als Gefängnis für straffällige Kaufleute.

Mit Einbruch der Nacht wurde der Hof verriegelt, und Bluthunde wurden freigelassen. Auch die Kirche wurde verriegelt und von zwei Nachtwächtern, «Kirchenschläfern», bewacht, die weder Brüder sein noch derselben Handelsgesellschaft angehören, noch ein und demselben Herren unterstehen durften.

In guten Jahren hielten sich 150 bis 200 Kaufleute, mit Gesellen und Lehrjungen etwa 600 Personen im St. Peterhof auf. War die Unterkunft ausgelastet, konnten deutsche Kaufleute auch auf Höfen Nowgoroder Bojaren unterkommen.

Die Nowgorodfahrer teilen sich in zwei Gruppen. Die Winterfahrer kommen im Herbst und bleiben rund ein halbes Jahr bis zum Beginn der Schifffahrtssaison. Die Aufenthaltsdauer der Sommerfahrer ist etwas kürzer. Sie reicht vom Frühjahr bis zum Herbst. Im 14. Jahrhundert wird es verboten, den Hof mehr als ein Mal im Jahr zu besuchen. Außerdem wird der Wert des Handelsgutes auf 1000 Mark lübisch beschränkt. Fraglich ist jedoch, wie viele Kaufleute diesen Wert überhaupt erreichten. In Lübeck hatten zu Beginn des 16. Jahrhunderts nur rund vier Prozent der Steuerzahler ein Gesamtvermögen (also einschließlich Immobilien, Rentbriefen, umlaufender Warenwerte in anderen Handelsrichtungen), das 768 Mark lübisch überstieg. Da in den dazwischenliegenden anderthalb Jahrhunderten die Kaufkraft der Mark lübisch um mehr als 50 Prozent gesunken war, muss es sich bei den 1000 Mark im 14. Jahrhundert um eine enorme Summe gehandelt haben. Im Umkehrschluss wird deutlich, welche Vermögenswerte im Nowgorodhandel eingesetzt werden.

Die Fahrt nach Nowgorod ist gefährlich. Deswegen fahren die Kaufleute in Schiffskonvois zur Newa, in Zeiten der großen Piratengefahr Ende des 14. Jahrhunderts zusätzlich durch Söldner geschützt. Auf der Newa, wo die Kaufleute ihre gemeinsamen Älterleute für den Nowgorodaufenthalt wählen, oder auf dem Unterlauf des Wolchow müssen die Koggen vor Anker gehen. In der Stadt Ladoga, an der Mündung des Wolchow in den Ladogasee, haben die deutschen Kaufleute Lagerplätze für ihre Waren. Die Handelsgüter werden auf Wolchow-Kähne, sogenannte Lodien, umgeladen und auf dem Fluss nach Nowgorod gebracht. Viele Stromschnellen machen die Fahrt gefährlich. Die russischen Schiffszieher, «Forschkerle» in den hansischen Urkunden genannt, haben das Monopol auf diese Fahrt, erfüllen aber nicht immer die in sie gesetzten Erwartungen. Die Deutschen fordern in den Verträgen *viri robusti et iydonei*, kräftige und für diese Arbeit geeignete Männer, da es anscheinend immer wieder zu Unglücksfällen in den Stromschnellen kommt, weil die Forschkerle die Zugleine loslassen. Außerdem werden die Schiffszüge an den Stromschnellen oft überfallen, sodass die Kaufleute diesen Abschnitt gerüstet bewältigen müssen.

Bei der Ankunft der Lodien in Nowgorod hatten die Nowgoroder Fuhrleute und Träger das Monopol auf den Transport der Waren von den Schiffen zum St. Peterhof und zum Gotenhof. Der Transport zum Gotenhof war billiger, weil dieser näher an den Landungsplätzen lag. Obwohl die Höhe der Gebühren in den Handelsverträgen festgelegt wird, kommt es immer wieder zu Streitigkeiten wegen ungerechtfertigter Erhöhungen oder weil die Deutschen für gleiche Arbeit mehr zahlen sollen als Russen.

Erste Hinweise auf die Fahrt über Land nach Nowgorod von Pernau, Reval oder Riga aus gibt es bereits zu Anfang des 13. Jahrhunderts. Sie scheint jedoch erst seit etwa 1270 gleichberechtigt neben die Newa-Wolchow-Fahrt zu treten. Da die Landreise in der Regel als «Schlittenweg» bezeichnet wird, findet sie wohl meist im Winter statt. Schlitten, Wagen, Pferde und Fuhrleute werden von der jeweiligen Landesbevölkerung gestellt. Die Kaufleute fahren von Reval und Riga auf verschiedenen

Teilstrecken nach Nowgorod. Der Kaufmann, der sich nicht an die vertraglich vereinbarten Wege hält, läuft Gefahr, seine Waren zu verlieren, obgleich immer wieder versucht wird, vertraglich festzulegen, dass Kaufleuten, die sich verirrt hatten, der richtige Weg wieder gezeigt werden soll.

Dorpat, wo Hildebrand Veckinchusen geboren wird, ist die Hansestadt, die dem Kontor am nächsten liegt und hat seit dem 14. Jahrhundert die engsten Verbindungen zu ihm. In Dorpat finden oft Verhandlungen zwischen Deutschen und Russen statt. Dort werden auch die in Nowgorod geschlossenen Handelsverträge aufbewahrt.

Da die Wege nach Nowgorod durch schwedisches und dänisches Gebiet führen, muss man zudem Verträge mit diesen Mächten abschließen. Vor allem von Wiborg aus werden hansische Kaufmannszüge immer wieder überfallen, und die häufigen schwedisch-russischen Kriege um das Newagebiet tragen stark zum Aufkommen der Landfahrt von Reval nach Nowgorod bei. Dänemark beherrscht bis 1346 Reval und die Landschaften Harrien und Wierland (s. Karte S. 52/53) und kontrolliert so die Landreise von Reval durch Estland nach Nowgorod.

Ein großes Problem bilden die «ranefarer», die Raubfahrer. Das sind Kaufleute, die trotz eines hansischen Verkehrsverbotes «auf sonderlichen Wegen» mit den Russen Handel treiben. 1448 fordern die livländischen Städte Lübeck auf, eine Handelssperre gegen Russland aufzuheben, weil sie wegen der «ranefarer» nicht mehr durchgehalten werden könne. Man sieht, die Akzeptanz von Verordnungen des Hansetags durch die betroffenen Kaufleute lässt bisweilen sehr zu wünschen übrig.

Ist man endlich gut angekommen und hat anschließend eine erfolgreiche Handelssaison hinter sich gebracht, hindern die Machthaber in Nowgorod die deutschen Kaufleute oft an der Ausreise, indem auf dem Markt das Verbot ausgerufen wird, den Deutschen Schlitten und Pferde zu stellen. Möglichst große

Sicherheit dagegen sucht man durch Verträge zu erhalten, die auch das sichere Geleit und die Haftung Nowgorods für Unfälle und Verletzungen des Geleits betreffen.

In England entwickelt sich der Londoner Stalhof aus der Gildehalle, die die Kölner 1176 erhalten hatten. Er war ein sehr großer Komplex von Lagerräumen, Versammlungsräumen und Wohnhäusern und umfasste einen ganzen Baublock, der mit einem eigenen Kai mit Kran an der Themse ausgestattet war.

Die hansische Niederlassung ist im Süden durch die Themse,

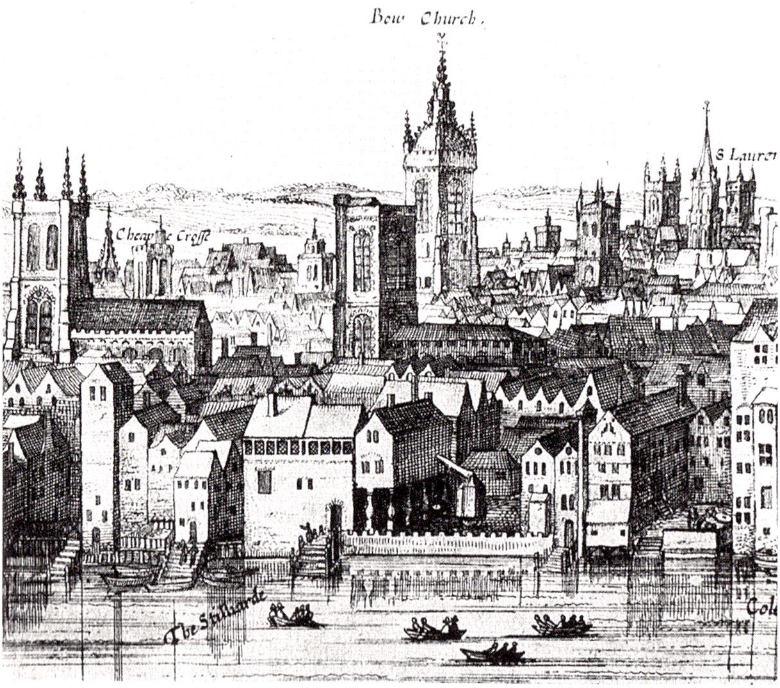

Der Stalhof in London umfasst einen ganzen Baublock. Er liegt mit eigenem Kai und Kran direkt an der Themse. Kupferstich aus dem Jahr 1618

im Westen durch Cosins Lane, im Norden durch Thames Street und im Osten durch All Hallows Lane begrenzt. Auf einem etwa 50 Meter breiten Anlegeplatz an der Themse steht ein Schwerlastkran, 1554 ist sogar von drei Kränen die Rede. Die meist zweistöckigen Wohnhäuser und Speicher stehen sich in langen Reihen gegenüber, dazwischen verlaufen enge Gassen. Im Erdgeschoss liegen Kontore, Lagerräume und auch Geschäfte, im Obergeschoss wohnen die Kaufleute. Auch die Keller dienen als Lagerräume. In der großen Halle finden die Versammlungen der Kaufleute statt. Hier wird auch gemeinsam gegessen. Im Rheinischen Weinhaus der Halle gegenüber treffen sich deutsche und englische Kaufleute, aber auch Angehörige der Stadtverwaltung und des königlichen Hofes, um Rheinwein zu trinken. Die Kirche des Kirchspiels All Hallows the Great dient der geistlichen Versorgung der Stalhofbewohner. Bis 1475 sind der Stalhof und die anliegenden Grundstücke englisches Eigentum. Erst nach dem Frieden von Utrecht erhalten die Deutschen das Anwesen zunächst auf 32 Jahre als Besitz, ab 1507 als Eigentum. Im Jahr 1598 hat der Stalhof 65 Apartments und bis zu 90 Mieter.

Für Norwegen war England zu Beginn des 13. Jahrhunderts der wichtigste Außenhandelspartner. Norwegens internationales Handelszentrum war Bergen. 1191 berichtet eine Gruppe von dänischen Kreuzfahrern, die die Stadt besuchen, dass dort Wein, Honig, Weizen, schöne Kleider, Silber und andere Waren angeboten werden und besonders Stockfisch. Die dort versammelten Kaufleute kommen aus Island, Grönland, England, Dänemark, Schweden, Gotland, und auch deutsche Kaufleute seien darunter.

Zahlreiche norwegische Schiffe laufen die Häfen der englischen Ostküste an, auf einigen befinden sich auch Kaufleute deutscher Herkunft, die *mercatores de terra imperatoris et ducis Saxoniae* (Kaufleute aus dem Land des Kaisers und des Herzogs von Sachsen) genannt werden. Sie haben keine führende Rolle in diesem Handelssystem, sondern sind «Mitfahrer», ähnlich wie wenige Jahrzehnte zuvor von Gotland nach Nowgorod. In den 1240er Jahren können die Engländer nicht mehr die notwendige Menge an Getreide nach Norwegen exportieren. Norwegen sucht neue Lieferanten und findet sie in den neuerschlossenen Getreideanbaugebieten der südwestlichen Ostseeküste. Kaufleute aus den wendischen Städten beginnen damals, Getreide und Mehl im Tausch gegen Stockfisch nach Norwegen auszuführen. Als Folge dieser Entwicklung konzentrieren sich die Fischer in Nordnorwegen stärker als bisher auf die Produktion von Trockenfisch.

Um 1250 dürfen die ersten deutschen Kaufleute den Winter über in Bergen bleiben, seit 1276 auch eigene Höfe erwerben. Als die Krone versucht, den Handel der Norweger gegen die Deutschen zu stärken, kommt es 1284 zur Blockade Norwegens durch die vereinten Städte. Die wendischen und pommerschen Städte, auch einige Nordseestädte nehmen teil, Bremen macht nicht mit. Den Bremer Kaufleuten wird daraufhin sowohl der Besuch als auch der Handel mit den an der See gelegenen Städten *(civitates maritimae)* verboten. 1294 werden die Privilegien der Hansestädte wesentlich erweitert, aber es wird ihnen untersagt, mit ihren Schiffen nördlich von Bergen zu segeln. Bergen wird so zum Stapelplatz für Stockfisch. Um 1350 kommt es zu einem organisierten Zusammenschluss der Hansekaufleute, spätestens 1355 zur Einrichtung eines festen Kontors. Damals ist von Älterleuten die Rede, die an der Spitze des gemeinen Kaufmanns zu Bergen stehen. Das Kontor umfasst einen relativ geschlossenen Bereich von Kaufmannshöfen, die Deutsche Brücke («Tyske Bryggen»).

Die «Tyske Bryggen» besteht aus langgestreckten Einzel- oder Doppelhöfen, die mit ihrer Stirnseite zum Hafen gerichtet sind. Die links und rechts eines Mittelganges gelegenen einzelnen Einheiten von Pack- und Wohnhäusern, die *staven* genannt werden, gehören unterschiedlichen Kaufleuten, bis zu 15 pro Hof, sodass man bei 30 Höfen im 15. Jahrhundert auf rund 250 *staven* und genau so viele Kaufleute kommt. Zuzüglich ihrer Gesellen und Lehrjungen ergibt sich eine Gesamtzahl von rund 2000 Männern – im Verhältnis zu circa 7000 Einwohnern der Stadt Bergen.

Als sich 1754 eine neue Handelsorganisation mit dem Namen «Das norwegische Kontor» konstituiert, endet das «Deutsche Kontor» auf Bryggen. Zwölf Jahre später geht das letzte deutsche Handelshaus in Bryggen in norwegische Hände über.

In Brügge halten sich um 1350 rund 100 niederdeutsche Kaufleute längerfristig auf. Wie viele die Stadt saisonal besuchen, ist nicht bekannt. 1457 beteiligen sich 600 Männer an der Kaufmannsversammlung; vermutlich zählten auch Gesellen und die Schiffer dazu.

Die Kaufleute wohnen bei rund 200 Hosteliers, wovon rund 120 nur hansische Kaufleute beherbergen. Diese Hostels liegen in zwei der insgesamt sechs Verwaltungsbezirke der Stadt: im Sint-Janszestendeel und im benachbarten Carmerszestendeel. Manche Kaufleute wohnen in gemieteten oder gekauften Häusern, die sich in der Regel in der Nähe der von deutschen Kaufleuten aufgesuchten Hostels befinden. Einige der Straßen sind nach Hansestädten benannt. Die beiden Stadtteile, in denen die Hansen wohnen, sind der Handelsbereich der Stadt. Dort liegen Zoll, Waage, Kran und der Börsenplatz mit den italienischen Bankhäusern, und dort wohnen auch viele Kaufleute anderer Herkunft.

Anders als in Nowgorod, Bergen und London haben die niederdeutschen Kaufleute in Brügge also keine eigene Niederlassung, sondern wohnen wie die anderen Kaufleute fremder Herkunft in bestimmten Bereichen der Stadt. Die hansischen Kaufleute, die erst im Jahr 1309 die Versammlungsfreiheit in Brügge erhalten, treffen sich zu ihren Versammlungen im Reemter des Karmeliterklosters. Spätestens 1442 besitzen sie ein eigenes Gebäude. Aber erst 1478 wird das Osterlingenhuis als Ver-

Erst 1478 wird das Haus der Osterlinge in Brügge als Verwaltungs- und Versammlungshaus gebaut.

waltungs- und Versammlungshaus gebaut. Es gilt noch zwei Jahrhunderte später als eines der sieben Bauwunder Brügges.

Das Brügger Kontor wird im Laufe des 16. Jahrhunderts nach Antwerpen verlegt, wohin sich der handelswirtschaftliche Schwerpunkt in Nordwesteuropa verlagert hatte. Die Verlegung war ein langer Prozess. Die Kaufleute erzwangen sie gegen den Widerstand des Hansetags. Er musste dem Umzug schließlich zustimmen. Man hat den Neubau in Antwerpen, eine repräsentative Vierflügel-Anlage, die an ein zeitgenössisches Schloss erinnert, oft gescholten und als der angeblich sinkenden Wirtschaftskraft der Hanse nicht mehr angemessen bezeichnet. Allerdings muss berücksichtigt werden, dass die Stadt Antwerpen der Hanse den Bauplatz für das Oostershuis schenkte und dass sie ein Drittel der Baukosten übernahm – eine Förderungsmaßnahme, die man einer Organisation nicht gewährt hätte, von der man wirtschaftlich nichts erwartete.

Ob es dabei eine Rolle spielte, dass der Antwerpener Bürgermeister Anton von Stralen ein Vetter des hansischen Syndikus Sudermann ist? Am 1. Juli 1568 geben Bevollmächtigte der Stadt Antwerpen das Haus als Eigentum an die Hanse. Am 16. März 1569 beziehen Kontorvorsteher und Kaufleute das Oostershuis, das insgesamt 133 Wohnkammern aufweist. Während der Erbauung des neuen Hauses ist die wirtschaftliche Lage in Antwerpen exzellent. Vor Arnemuiden, dem Vorhafen Antwerpens, ankern um 1570 mehr hansische Schiffe als je zuvor oder jemals wieder danach. Die Rechnungsbücher enthalten Namen von Bürgern aus allen bedeutenden Hansestädten. Bei der Eröffnung gibt es 30 dauerhafte Mieter, die nur vorübergehend Anwesenden sind in der Überlieferung nicht berücksichtigt.

Das Ende des hansischen Kontors in Antwerpen ist nicht auf das Nachlassen der Wirtschaftskraft der Hanse zurückzuführen, sondern zum Teil darauf, dass es von vielen Kaufleuten nicht akzeptiert wird. Sie wollen offensichtlich nicht mehr kaserniert wohnen und überwacht werden. Ausschlaggebend aber ist die Eroberung Antwerpens durch die Spanier im Jahr 1585. Die meisten niederländischen Kaufleute und die internationale Kaufmannschaft verlassen die Stadt, der Handelsschwerpunkt verlagert sich nach Amsterdam.

Das Zusammenleben in den Kontoren regeln die Hofordnungen: Sie enthalten auch Anweisungen für den Ablauf der Handelsgeschäfte. Verantwortlich für die Einhaltung sind die gewählten Älterleute, die die Kaufleutegemeinschaft außerdem nach außen gegenüber den Behörden der gastgebenden Stadt und oft auch vor dem Landesherrn vertreten. Sie haben auch den Vorsitz im Gericht des Kontors. Bei der Wahrnehmung ihrer Aufgaben werden sie von Beisitzern unterstützt, für die es keine einheitliche Wahl- oder Ernennungsregelung für alle Kontore gibt. Als seit Beginn des 15. Jahrhunderts die schriftliche Verwaltung immer mehr zunimmt, wächst auch die Bedeutung des Kontorsekretärs. Er ist häufig ein Geistlicher und hat in der Regel durch seinen langjährigen Aufenthalt eine bessere Ortskenntnis und bessere Beziehungen zu den örtlichen Behörden als die jährlich wechselnden Älterleute.

Ein besonderes Phänomen des Stalhofs ist der englische Ältermann. Im 13. und frühen 14. Jahrhundert haben offensichtlich deutsche Kaufleute, die das englische Bürgerrecht erworben hatten, das Amt inne. Seit dem späten 14. Jahrhundert gibt es Probleme. Männer ohne englisches Bürgerrecht dürfen nicht in dieses Amt gewählt werden, aber deutsche Kaufleute, die das Londoner Bürgerrecht annehmen, sind wiederum nicht mehr für die Handelsprivilegien zugelassen. Also kommt es zu einer Aufteilung des Amtes: Der hansische Ältermann steht wie die Älterleute der anderen Kontore der Niederlassung vor, der englische «ealdorman» ist Mittelsmann zwischen englischer Krone, der Londoner Stadtverwaltung und hansischem Kontor. Er kommt stets aus der Londoner Oberschicht, bisweilen bekleiden sogar Bürgermeister dieses Amt. Er ist Rechtsbeistand der hansischen Kaufleute und eine wichtige Informationsquelle bezüglich Londoner und englischer Interna. Insgesamt gesehen ist er ein «kompetenter Ansprechpartner in englisch-hansischen Streitigkeiten, der die Standpunkte beider Parteien kennt und überparteilich abwägen kann» (Nils Jörn).

Die Kontore sind reine Männergesellschaften. Die meisten Kaufleute, die sich dort aufhalten, sind unverheiratete junge Männer. Dementsprechend rigide sind die Hofordnungen. Bisweilen nützt das wenig. Immer wieder gibt es Klagen über das Auftreten und Verhalten der jungen Kaufleute. Anstoß erregen vor allem Verschwendung und Unzucht. Zu Beginn des 16. Jahrhunderts sind die Verhältnisse in London so eskaliert, «dat de copman dar wart van alle manne, van edell und unedell, gehatet» (dass der Kaufmann von allen Männern, edlen und nicht edlen, gehasst wird), wie der Rezess des Hansetags von 1507 berichtet. Die prächtige Kleidung liefert den Gegnern der Hanse Argumente: Was brauchen so reiche Kaufleute Privilegien, die sie besserstellen als die Einheimischen? Überhaupt könne solcher Reichtum nicht ehrlich erworben sein, sondern nur durch Zollhinterziehung, Kreditbetrug und andere Hinterhältigkeiten. Man versucht, durch den Erlass von Kleiderordnungen solchen Angriffen die Spitze zu nehmen. Auf lange Sicht erfolgreich, denn rund 50 Jahre später hört man in London keine Klagen mehr.

Ein besonderes Kapitel ist der Verkehr mit Frauen. Schon der Handelsvertrag mit dem Fürsten von Smolensk 1229 sucht einen Ausgleich zwischen der Sicherheit russischer Frauen und dem Schutz der Kaufleute vor übler Nachrede. Die Begehrlichkeiten sind da. Deswegen grenzt das Rotlichtquartier in Brügge direkt an den Wirtschaftsbereich der Stadt. In Bergen liegt es direkt bei der Deutschen Brücke. In London stehen die Bordelle unter königlicher Aufsicht. Es gibt offensichtlich regelmäßig Razzien. Wenn man bei einer Prostituierten erwischt wird, kann man seinen Wunsch nach einer Kaufmannskarriere in London begraben. Mit erpressten Schweigegeldern lässt sich für manche Zuhälter offensichtlich ein gutes Geschäft machen. Ein Fall ist bekannt, in dem einem Mitglied der Kölner Familie Rinck – angeblich ohne sein Wissen – eine Prostituierte in seine Kammer geschleust wurde. Wie der anschließende Prozess zwischen Rinck und dem auf Entführung klagenden Zuhälter ausging, ist nicht überliefert.

Neben den Prostituierten spielen auch außereheliche Verbindungen mit Frauen der Stadtbevölkerung eine große Rolle. Als die niederdeutschen Kaufleute nach der ersten Blockade Brügges im Jahr 1282 ihr Ausweichkontor Aardenburg wieder verlassen, lassen sie sich Freiheit von Strafverfolgung wegen «Frauengeschichten» zuschreiben. Bigamie wurde – wie wir bei dem Wismarer Vertrag von 1260/64 sahen – mit dem Tode bestraft; vermutlich weniger aus moralischen als aus vermögensrechtlichen Gründen. Aus Bergen sind zahlreiche außereheliche Verbindungen zwischen Hansekaufleuten und Norwegerinnen in den Testamenten der Lübecker Bergenfahrer überliefert. Zumindest ein Teil der Kaufleute hat also versucht, für die ehemalige Lebensgefährtin und die gemeinsamen Kinder zu sorgen. Wie viele es nicht taten, wissen wir freilich nicht.

Es gibt also viel Konfliktpotenzial rund um die Kontore. Aber dennoch kommt es nur zu wenigen extremen Gewaltausbrüchen in dem halben Jahrtausend hansischer Kontorgeschichte. Am ausgeprägtesten ist es in Nowgorod, wo kaum ein Jahrzehnt vergeht, in dem es nicht heftige Auseinandersetzungen gibt, bis hin zur Inhaftierung von Insassen des Peterhofs mit Todesfolge.

In Westeuropa werden im Juni 1436 in Sluis, dem Vorhafen von Brügge, ungefähr 80 hansische Kaufleute, Schiffer und Gesellen nach einem Wirtshausstreit von der Menge totgeschlagen. Wenige Jahre später, 1455, erschlagen die hansischen Kaufleute in Bergen den königlichen Vogt Olaf Nielsson in dem Kloster, in das er sich flüchtete, außerdem den Bischof von Bergen und rund 60 Anhänger des Vogtes. Der deswegen verhängte Bann des Papstes wird bald aufgehoben. In London stürmen im Oktober 1493 zwei- bis dreihundert englische Kaufgesellen und Lehrlinge den Londoner Stalhof. Die Bewohner, die seit dem 13. Jahrhundert zur Verteidigung eines Londoner Stadttores, des «bishopsgate», verpflichtet sind, verteidigen sich mit den dafür bereitgehaltenen Waffen. Das Eintreffen des Londoner Bürgermeisters mit Bewaffneten entspannt die Lage erst nach mehr als drei Stunden.

Der Handel war aber natürlich der eigentliche Zweck der Kontore. Das Interesse der Hansen lag darin, eine möglichst vorteilhafte Position im Warenaustausch zu erlangen. Die rechtliche Grundlage bildeten die Privilegien, die innerhansischen Rahmenrichtlinien setzte der Hansetag, die tatsächliche Durchführung vor Ort und deren Überwachung lag bei den Kontoren.

Die wirtschaftliche Bedeutung der Kontore lag darin, dass in ihnen (im Prinzip) sämtliche Waren aus dem Hanseraum zusammenliefen, die für das jeweilige Land gedacht waren. Und umgekehrt kamen hier alle Handelsgüter des Landes, die für den Hanseraum bestimmt waren, zusammen. Daraus entstand ein sogenannter Stapel, gleichgültig, ob er nun rechtlich so bezeichnet wurde (wie in Brügge) oder sich durch die verkehrsgeographische Lage ergab wie in Nowgorod oder Bergen. In diesen beiden Fällen wurde den Hansekaufleuten verboten, über das Kontor hinaus in das Hinterland beziehungsweise in die Fanggebiete im Norden zu fahren.

Die Aufgabe der Kontore war es, darüber zu wachen, dass der Handel im rechtlichen Rahmen ablief. Die innerhansische Grundregel besagte, dass kein Kaufmann den anderen bei seinen Geschäften behindern oder ihm gar einen Kunden ausspannen dürfe. Ansonsten waren die Regeln an den Handelsgütern der jeweiligen Länder ausgerichtet und betrafen vor allem deren

Der Kaiser und die sieben Kurfürsten auf der Titelminiatur der Ordnung des Brügger Kontors von 1347

Qualität, vorgeschriebene Größe und Gewicht. Sinn und Zweck der Prüfung durch den Kaufmann im Kontor war es, ein einwandfreies Handelsgut zu erhalten, das als *kopmansgut*, das war der hansische Qualitätsbegriff, weitergehandelt werden konnte.

Der Lübecker Bürgermeister Heinrich Brömse († 1502), hier mit fünf seiner Söhne. Ihre Schutzheiligen sind der heilige Bartholomäus und der heilige Georg.

◂ Die mächtige Schildmauer des Lübecker Rathauses symbolisiert die Macht des Lübecker Rats. Im Hintergrund die Marienkirche

11 Der Kopf des Ganzen: der Hansetag – die «Herren der Hanse» versammeln sich

Auf den Hansetagen kommen die Mitglieder der städtischen Führungsgruppen zusammen, beraten und fassen Beschlüsse über wirtschaftliche, politische und rechtliche Angelegenheiten. Das bedeutet nichts anderes als die Aufrechterhaltung des Fernhandels mit dem Ziel, möglichst große Gewinne zu machen. Dieses Ziel hatten schon die Kaufleute und Älterleute der Fahrtgemeinschaften im späten 12. Jahrhundert, das gleiche Ziel wurde seit der zweiten Hälfte des 13. Jahrhunderts durch regionale Treffen von Bürgermeistern und Ratsherren späterer Hansestädte verfolgt. Wenn überregional entschieden werden musste, holte man die Entscheidungen per Brief ein und schickte eine Gesandtschaft von Ratsherren zum Beispiel zur Gräfin von Flandern. Etwa zeitgleich mit der Ausrufung der *hense van den dudeschen steden* wird dann der Hansetag als nicht regelmäßige, sondern bei Bedarf einzuberufende Institution geschaffen.

Diese Hansetage finden zwischen 1356 und 1669 durchschnittlich jedes dritte Jahr statt, die meisten davon in Lübeck. Manchmal trifft man sich mehrmals im Jahr, dann wieder über ein Jahrzehnt oder länger nicht, je nach den anstehenden Problemen. Die Hansetage werden in der Regel von Lübeck und den wendischen Städten unter genauer Angabe der Tagesordnungspunkte einberufen.

Die Konstrukteure der *dudeschen hense* des Jahres 1358 sind die städteübergreifend vielfach verschwägerten Bürgermeister und Ratsherren der Hansestädte. Sie handeln zweifellos eigennützig, aber indem sie dies tun, schaffen sie auf der Grundlage der bereits vorhandenen kaufmännischen Netzwerke, Kontore und Städte ein Handelssystem, das hinsichtlich der Zahl seiner Mitglieder, der räumlichen Erstreckung und der zeitlichen Dauer einmalig ist.

Die Ratssendeboten, wie man die Gesandten der Städte zu den Hansetagen nennt, gehören zur exklusiven Oberschicht. In Braunschweig zum Beispiel sind ausschließlich Mitglieder der Geschlechter und der aus den Geschlechtern hervorgegangenen aristokratischen Gilden zur Außenvertretung zugelassen – trotz aller von den nichtpatrizischen Bürgern erkämpften Verfassungsänderungen. Ähnliches gilt für die anderen Städte auch. Diese Familien sind sowohl innerhalb der eigenen Stadt als auch regional und überregional durch gemeinsame Vorfahren und Verschwägerungen eng miteinander verbunden. So vertreten im 16. Jahrhundert Brüder, Vettern und Schwäger die Städte Lübeck, Dortmund, Münster und Braunschweig auf den Hansetagen. Man kennt sich, entweder weil man miteinander verwandt ist, geschäftliche Beziehungen hat oder beides. Diese vielen Kontakte bedeuten hervorragende Informationsmöglichkeiten; durch zahlreiche Besendungen von Hansetagen entsteht Herrschaftswissen und die Möglichkeit für den Einzelnen, solches Wissen zu monopolisieren und die eigene Machtposition im Rat der Heimatstadt zu festigen.

Es ist ein Kreis vornehmer, mächtiger und seiner Macht bewusster Herren, der auf den Hansetagen zusammenkommt. Alle sind in der Diplomatie mit Königen, Fürsten, ihren Standesgenossen und ihren Bürgerschaften erfahren. Sie sind sich alle bewusst, dass die Teilnahme an dem «Wirtschaftszweckverband Hanse» (Friedrich Fahlbusch) für sie selbst und ihre Gruppeninteressen existenziell, aber auch für die Wirtschaft ihrer Städte wichtig ist.

Die Versammlungen, auf der diese im Fernhandel engagierten Bürgermeister und Ratsherren zusammenkommen, nennen sie «Tagfahrten». Das ist der zeitgenössische Begriff für Hansetag. Auf diesen Tagfahrten trifft sich die geballte wirtschaftliche und politische Macht, die die Hansestädte zu bieten haben. In den Beratungen laufen die Kenntnisse und Informationen der im hansischen Raum bestinformierten «Wirtschaftskapitäne» zusammen. Dort sitzen die Rechtshonoratioren mit ihren Kenntnissen der deutschen Partikularrechte, zunehmend verstärkt durch studierte Notare, seit dem späten 15. Jahrhundert auch durch Ratsherren, die, an den Universitäten Italiens, Frankreichs und Deutschlands geschult, das Römische Recht einbringen. Die im Herrendienst über zwei Jahrhunderte gewonnene Erfahrung im Umgang mit Königen und Fürsten bildet die Grundlage des enormen Geschicks und Erfolgs der hansischen Diplomaten, mit dem sie die Ziele ihrer Handelspolitik an den europäischen Höfen verfolgen.

«Die zentrale Bedeutung dieser Herren für die Formulierung und Gestaltung der hansischen Politik ist unübersehbar. (...) Auf den Hansetagen wurden Strategien zur Erhaltung der hansischen Vorrechte, der Privilegien, und zur Abwehr von Konkurrenten diskutiert» (Dietrich Poeck). Dann wird das gemeinsame Vorgehen beschlossen: Verhandlungen, Handelsblockade oder Krieg. Manchmal wird man sich in einem oder mehreren Punkten nicht einig. Dann verschiebt man die Entscheidung auf den nächsten Hansetag.

Die früher in der Forschung als Zeichen wirtschaftlicher Rückständigkeit angesehenen Kreditverbote, die der Hansetag verkündet, sind längst als entweder räumlich beschränkt, in den meisten Fällen aber als zeitlich befristete und wohlüberlegte Maßnahmen im Rahmen von handelspolitischen Auseinandersetzungen erkannt worden. Diese «Herren der Hanse» versuchen außerdem, ein europaweites System einer hansischen Wareninspektion aufzubauen. Dass es in Einzelfällen gelingt, ist bereits nachgewiesen. Mit ihrer Privilegienpolitik schaffen sie es, die Kosten des hansischen Handels radikal und nachhaltig zu senken, wobei die diplomatischen Gesandtschaften der Hansetage vor allem die Reduzierung der Sach- und Messkosten, Vereinbarungskosten und Durchsetzungskosten, etwa die Verbriefung eigener Gerichtsbarkeit, erreichen. Die «Herren der Hanse» arbeiten an einer einheitlichen und gemeinsamen Ordnung des hansischen Rechtslebens, besonders des Wirtschaftsverkehrs, und erreichen dieses Ziel unter anderem durch das 1447 und 1614 kodifizierte Seerecht.

Die Planung und Durchführung dieser gemeinsamen städteübergreifenden Außenhandelspolitik wird durch eine Innovation auf dem Gebiet der Kommunikation ermöglicht: die Rezesse, die Protokolle der Versammlungen. Das Wichtige daran ist, dass so die gefassten Beschlüsse für spätere Treffen abrufbar werden. Das ist eine bis dahin in Europa nicht gekannte Art der Kommunikation. Die Rezesse werden seit 1361 regelmäßig am Ende eines Hansetags als protokollartige Niederschriften über Besendung, geführte Verhandlungen und die gefassten Beschlüsse angefertigt und bilden in ihrem zeitgenössischen Umfeld einen einmaligen Quellenbestand in Europa (Thomas Behrmann).

Die aufgezeichneten Beschlüsse erhalten auf zweierlei Art Rechtskraft. Zum einen müssen sie in den Kontoren öffentlich verkündet werden, und zum anderen muss in den Mitgliedsstädten jeder einzelne Beschluss durch einen Ratsbeschluss, in hochbeschwerlichen Fällen *(negotia ardua et magna)* sogar durch einen Beschluss der Bürgergemeinde, in das jeweilige Stadtrecht umgesetzt werden. Sie können von den Räten und Bürgerschaften der Städte aber auch abgelehnt werden. Ungeklärt ist übrigens bis heute, ob die Beschlüsse eines Hansetags

Die Gerichtslaube im Lüneburger Rathaus entstand Mitte des 14. Jahrhunderts, das fünfachsige Fenster ein Jahrhundert später.

auch für die Hansestädte verbindlich waren, die keine Ratssendeboten geschickt und sich auch nicht hatten vertreten lassen. In der Überlieferung gibt es dazu widersprüchliche Hinweise.

Der Rückgriff auf das jeweilige Stadtrecht und auf die Ressourcen der Städte ist notwendig, um die Beschlüsse auch durchsetzen zu können. Es gibt ja keine hansische Exekutive. Das einzige Zwangsmittel, das ihr zur Verfügung steht, ist der Ausschluss aus der Hanse, die Verhansung.

Die Mitglieder der hansischen Führungsgruppe sind daher in einem ständigen Spagat. Als Ratsherren ihrer Stadt sind sie dem Gemeinwohl der Stadt, also allen Einwohnern und Bürgergruppen verpflichtet. Als hansische Ratssendeboten aber vertreten sie das Interesse der Groß- und Fernhändler, die ja nur eine Gruppe in der Stadt sind. Deswegen kommt es immer wieder zu Unruhen.

Um dem vorzubeugen, müssen die «hansischen» Ratsherren

Verbündete vor allem im Rat ihrer Stadt haben. Sie müssen auf innerstädtische Netzwerke von Verwandten und Geschäftsfreunden zurückgreifen können, um die finanzielle und/oder militärische Unterstützung des Rates für die auf dem Hansetag gefassten Beschlüsse zu gewinnen.

Die Mitglieder dieser hansischen Elite bewegen sich somit in zwei Netzwerken: dem städteübergreifenden von Verwandten und Geschäftsfreunden zwischen Niederrhein und Baltikum und dem jeweiligen innerstädtischen Netzwerk.

Durch ihre auf den Hansetagen abgesprochene Handelspolitik setzen sie die Rahmenbedingungen für die mehr als zweitausend Hansekaufleute, die in den vorhin vorgestellten ökonomischen Netzwerken verbunden sind. Betriebswirtschaftlich gesehen, hat der Hansetag für diese «normalen» hansischen Kaufleute eine Funktion wie der Senior einer großen, hierarchisch aufgebauten Handelsfirma, bei dem die Informationen aus den verschiedenen Niederlassungen zusammenlaufen und der auf dieser Grundlage seine Entscheidungen fällt (Stuart Jenks).

Ein Hansetag ist ein großes öffentliches Ereignis. Neben den politischen Beratungen hat er den Charakter einer Festveranstaltung mit gemeinsamen Essen und Musik. Er beginnt mit einem gemeinsamen Gottesdienst der Ratssendeboten. Wenn der Hansetag in Lübeck stattfindet, begeht man den Gottesdienst in der Marienkirche. Schon in der Kirche nehmen die Bürgermeister und Ratsherren der teilnehmenden Städte *malk nach sineme grade*, jeder nach seinem Rang, Platz. Anschließend gehen sie wie in einer Prozession je zwei nebeneinander zum Rathaus.

Bevor die Beratungen beginnen, zeigen sich die Teilnehmer also in einem ritualisierten Ablauf der städtischen Bevölkerung und Gästen. Wenn zahlreiche Ratssendeboten anwesend waren, muss dies ein beeindruckendes Schauspiel gewesen sein. 1379 nehmen zum Beispiel vierzig auswärtige Bürgermeister und Ratsherren aus 23 Städten von den Niederlanden bis zum Baltikum teil, im Jahr 1557 sind sogar 63 Städte vertreten, ohne dass wir jedoch die genaue Teilnehmerzahl kennen. Die geballte politische Führungsriege der Hanse präsentiert sich somit der städtischen Öffentlichkeit auf eine Art und Weise, die diese auch von den Umzügen der städtischen Führungsschicht kannte. Auf diese Weise dokumentierte man im Mittelalter seinen Führungsanspruch. Ebenso zeigte der einzelne Teilnehmer einer großen Zuschauermenge seine Zugehörigkeit zur Gruppe der Mächtigen sowie seinen Platz innerhalb ihrer Rangfolge.

Die Ratsherren sind selbstverständlich nicht alleine angereist, sondern «mit allem ihrem Volke, mit Dienern und mit Pferden», wie es in einer Bremer Chronik heißt. Das ist angesichts der Dauer eines Hansetages ein großer Kostenfaktor. Die Bremer Chronik fährt fort, dass den Bremern die Teilnahme an einem Hansetag in Lübeck viel teurer käme als den Hamburgern, weil diese wegen der kurzen Entfernung ihre Pferde wieder heimschicken könnten.

Die Kosten sind leider nicht detailliert überliefert. Aber ein Hansetag dauert im Durchschnitt 33 Tage. Für diesen Zeitraum muss in einer Herberge Kost und Logis für Mensch und Tier bezahlt werden. Hinzu kommen Hin- und Rückreise, die für die Strecke von Köln nach Lübeck jeweils rund zehn Tage dauert, sodass fast zwei Monate für die Teilnahme an einem Hansetag veranschlagt werden müssen.

Die Bedeutung einer Stadt lässt sich an der Größe und Ausstattung ihrer Delegation ablesen, die außer den Ratssendeboten und Dienern auch Spielleute umfasst, die offensichtlich beim Einzug in die Stadt, vielleicht auch – da ist die Überlieferung nicht eindeutig – beim Gang zur Kirche aufspielen. Leider gibt es aussagekräftige Überlieferungen nur für hansische Gesandtschaften ins Ausland, nicht für den Besuch von Hansetagen. 1447 treffen die Städte eine Absprache, dass jeder Ratssendebote

Ähnlich wie die Adligen vor einem Turnier dürften die Ratssendeboten der Hanse ihre Wappen an den Herbergen angebracht haben. Turnierbuch des René d'Anjou, um 1510/20

mit sechs Pferden «unde nicht mer» kommen solle. In Brügge erscheinen dann aber die Lübecker mit zwei Gesandten und 19 Pferden, auch von den anderen Delegationen halten sich nur die Danziger an die Absprache. Die Zahl der mitgereisten Diener ist nicht überliefert, war jedoch auch nicht relevant. Der wahre

Bedeutungsmesser war die Anzahl der Pferde. Das geht so weit, dass bei Reichsversammlungen bisweilen nur sie überliefert ist, die Zahl der Teilnehmer aber geschätzt werden muss.

Wo die Delegationen wohnten, ist nur selten überliefert. Zu Beginn des 16. Jahrhunderts war die Danziger Delegation in Lübeck bei Hans Castorp untergebracht, einem Neffen oder Großneffen des 1488 verstorbenen Bürgermeisters Hinrich Castorp. Andere werden in Gasthäusern gewohnt haben. Solche Unterkünfte muss es in einer «Welthandelsstadt», wie Lübeck eine war, genügend gegeben haben. Vermutlich ließen die Ratssendeboten das Wappen ihrer Stadt an der Türe ihrer Herberge anschlagen oder aufmalen. Das war im Mittelalter allgemeiner Brauch in Europa und ist auch von einer hansischen Gesandtschaft nach Dänemark überliefert.

Hinrich Castorp war einer der bedeutendsten Politiker der Hanse. Ob er das Wort, das ihm zugeschrieben wird: «Latet uns dagen, wente dat vänlein is licht an de stange gebunden, aver it kostet vel, it mit ehren wedder af to nehmen», in dieser Form jemals gesagt hat, kann man heute nicht mehr feststellen (Lasst uns verhandeln, denn die Kriegsfahne ist leicht an die Stange gebunden, aber es kostet viel, sie in Ehren wieder abzunehmen). Er hat aber erwiesenermaßen zum Verhandeln und Frieden aufgerufen. Der Lübecker Chronist Rehbein aus dem Beginn des 17. Jahrhunderts überliefert die weiteste Fassung des Spruches: «Wy wollen dagen, wendte men köne lichtlych und mit ein pahr nahtelrehmen (Nestel- oder Hosenriemen) efte senchel (Schnallen) de fane an den staken binden, averst idt sy grote möye und koste och leyden vele, de fane wedder afto lösen.» Er fügt hinzu: «Item he heft och gementlych gesecht. Lubecke sy eine koopstadt und thor nahrung gebuwet, darum dene er nichts behters als frede» (außerdem hat er auch oft gesagt, dass Lübeck eine Handelsstadt sei und zum Verdienen gebaut sei; deswegen diene der Stadt nichts mehr als Frieden).

Wenn alle oder wenigstens die meisten der Geladenen anwesend sind, werden die Ratssendeboten in ihren Herbergen benachrichtigt und zur Kirche gebeten. Nach dem Gang zum Rathaus weist ihnen der «worthaltende», der erste Bürgermeister der gastgebenden Stadt, ihren Platz in der Sitzordnung zu, entsprechend dem Rang, den die jeweilige Stadt unter den Hansestädten einnimmt. Wenn Ratssendeboten der Städte zusammenkommen, die sich seit langem regelmäßig treffen, wirft das keine Probleme auf. Das Grundmuster der Rangordnung der Hansestädte bleibt zwischen 1418, dem Hansetag, für den zum ersten Mal die Teilung in eine rechte und eine linke Hälfte überliefert ist, und 1619 unverändert.

Probleme mit der Sitzordnung entstehen dagegen, wenn Gesandte einer Stadt zum ersten Mal teilnehmen. Besonders problematisch kann es sein, wenn eine Stadt nach langer Unterbrechung wieder teilnimmt und in der Zwischenzeit neue Städte hinzugekommen sind. Diese Streitigkeiten können Stunden, aber auch Tage andauern, Delegationen drohen mit ihrer Abreise, um den beanspruchten Platz durchzusetzen – und tun das bisweilen auch tatsächlich. Es erfordert großes diplomatisches Geschick der Bürgermeister und Ratsherren der gastgebenden Stadt, um diese Streitigkeiten beizulegen. Das gelingt

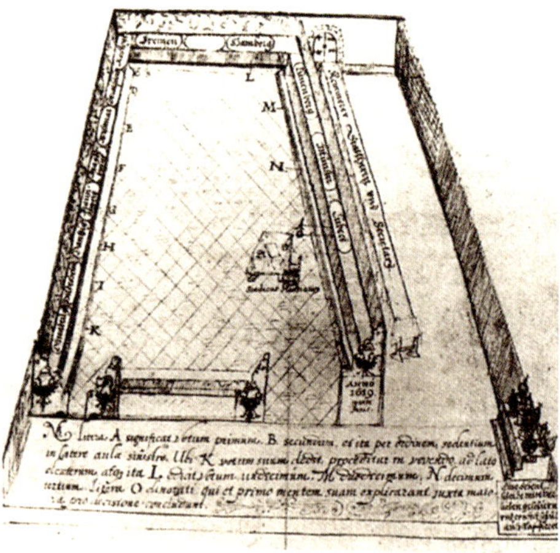

Die Sitzordnung des Hansetags 1619 in Lübeck auf einer Zeichnung im Staatsarchiv Münster

oft dadurch, dass die Ratssendeboten der Stadt A vormittags und die der Stadt B nachmittags den Vorrang erhalten und die grundsätzliche Regelung des Problems bis zum nächsten Hansetag erfolgen soll.

Rangfragen hatten eine enorme Bedeutung. Der Bremer Bürgermeister Johann Hemeling der Jüngere (Ratsherr 1382, Dombaumeister 1390, Bürgermeister 1405, gest. 1428) ließ Kaiser- und Königsurkunden fälschen und sachlich falsche Zusätze in die Bremer Chronik schreiben, um die Kaiserfreiheit Bremens (später hieß das Reichsfreiheit) und mit dieser den höheren Rang seiner Stadt vor Hamburg und vor Lübeck zu «beweisen».

Rangfragen hatten offensichtlich nicht nur für die Oberschicht, sondern für weite Kreise der Bevölkerung einen hohen Stellenwert. Hemeling legt den Beginn des entscheidenden Streites, ob nun Bremen oder Lübeck bedeutender sei, in eine Hamburger Herberge. Dort geraten sich, schon ziemlich alkoholisiert nach vielen Bieren, Hinrich Bersing, ein Bremer, und Tileke Bodendorp, ein Lübecker Bürger, in die Haare. In Rede und Gegenrede werden die Vorzüge Bremens gegenüber Lübeck vorgebracht. Bersing bleibt selbstverständlich ruhig und gelassen, während der Lübecker Bodendorp, der den Bremer Argumenten nichts entgegenzusetzen hat, seinem Gegenüber sogar an den Hals geht. Man kann sich die Szene bildlich vorstellen, wie Bodendorp den Bremer würgt und dabei anschreit, er solle gefälligst Beweise für seine unerhörten Behauptungen vorlegen: «do grep desulve Tileke Bodendorp densulven Hinricke Bersinge by dem halse unde esschede borgen van eme, dat he dat bewisede ...» Bersing argumentiert, dass der Bremer Rat seit der Teilnahme Bremer Ratsherren an den Kreuzzügen aufgrund eines Privilegs Kaiser Heinrichs V. das Recht habe, «Gold und Bunt», das heißt Zeichen ritterlicher Würde, zu tragen; andere Seestädte seien damals nicht beteiligt gewesen, also auch nicht Lübeck. Außerdem gehe die Kaiserfreiheit Bremens auf Karl den

Großen zurück. Aus ihr werden schließlich die Vorrechte der Stadt in Hinblick auf Gericht, Münze und Zoll abgeleitet. Weil der Streit (trotz Würgens) nicht entschieden werden kann, trifft man sich am folgenden Morgen vor dem Hamburger Rat, der dem Bremer drei Wochen Zeit gibt, Beweise vorzulegen. Bersing erhält daraufhin vom Rat der Stadt Bremen ein Vidimus, eine beglaubigte Abschrift des Privilegs Kaiser Heinrichs V. (das, wie wir wissen, ungefähr zur gleichen Zeit im Auftrag Hemelings gefälscht worden war), und beweist so angeblich vor dem Hamburger Rat seinem Lübecker Widersacher den höheren Rang Bremens. Dieser muss selbstverständlich klein beigeben. Er gibt zu, dass er *in vordrunckenem mode*, in betrunkenem Zustand, gehandelt habe und dass es ihm leidtäte. Er könne von Bremen nur Gutes berichten. Bersing antwortet, er hingegen könne von Lübeck nur Gutes berichten, und damit war der Streit beigelegt. Bersing aber, heißt es abschließend, übergab einen schriftlichen Bericht über den Vorfall dem Bremer Rat.

Das alles hat sich sicherlich nicht so zugetragen, wie es geschildert ist. Da Hemeling den Streit in eine Herberge legt, muss die Wahrscheinlichkeit jedoch hoch gewesen sein, dass es sich tatsächlich so abgespielt haben könnte. Der Rang der eigenen Stadt muss damals einen Stellenwert gehabt haben wie heute bei vielen Menschen die Platzierung «ihres» Fußballvereins in der jeweiligen Liga. Hemeling selbst kämpfte an allen Fronten für ein gutes «Ranking» seiner Stadt. Als Auftraggeber für Urkundenfälschungen, als Verfasser tendenziöser Kapitel der Bremer Chronik, aber auch als Mitverantwortlicher für den Bau des neuen Bremer Rathauses (1405) und der Errichtung des heute noch erhaltenen, vor dem Rathaus stehenden steinernen Rolands. Auf Rolands Schild ist das Wappen des Kaisers, der Adler, nicht das Wappen des Erzbischofs. Ein Hinweis zum Abschluss: Als Reichsstadt anerkannt wurde Bremen erst im Jahr 1646.

Abgesehen von der Rangfrage hat die Sitzordnung auch eine

praktische Bedeutung. Bei den Beratungen auf dem Hansetag geben die Ratssendeboten ihr Votum für ihre Stadt in der Reihenfolge der Sitzordnung ab, sodass die Vertreter der ersten Städte die Richtung vorgeben können. Da aber nicht abgestimmt – also keine Stimmen gezählt –, sondern ein Kompromiss zwischen den oft widerstreitenden Interessen gesucht wird, kommt wiederum den Vertretern der zuerst platzierten Städte die Rolle zu, die Vorgabe des Versammlungsleiters zu unterstützen oder eine andere Kompromissformel vorzuschlagen.

Wenn die Streitigkeiten über die Sitzordnung beigelegt sind, nehmen die Gesandten ihre zugewiesenen Plätze ein. Die Bänke sind hufeisenförmig angeordnet. Alle Teilnehmer des Hansetags sitzen auf gleicher Höhe. So wird die Rechtsgleichheit der Städte zum Ausdruck gebracht. Darauf wird unabhängig von den großen Unterschieden an wirtschaftlicher und politischer Macht

Der Bremer Roland auf einem Gemälde des 17. Jahrhunderts

großer Wert gelegt. Die rechtliche Gleichheit aller Mitglieder ist ein Grundgesetz der Hanse.

Die Beratung und Beschlussfassung über die in der Tagesordnung ausgewiesenen Probleme erfolgt in der Reihenfolge der Sitzordnung. Die Ratssendeboten geben ihre Stellungnahme in den Beratungsrunden und bei der sogenannten Vergleichung, in der die Beschlüsse gefasst werden sollen, reihum ab und zwar so lange, bis ein Konsens erzielt ist. Diesen Beschluss diktiert der vorsitzende Bürgermeister vor allen Anwesenden ins Protokoll, den Rezess.

Die Konsensfindung lief wohl selten zügig ab. Die Interessen der einzelnen Städtegruppen lagen oft weit auseinander. Allein ihre geographische Lage legt nahe, dass die preußischen Städte andere handelswirtschaftliche Schwerpunkte hatten als die sächsischen oder die westfälischen. Ungeachtet der Eigeninteressen, die auch der Rat der Stadt Lübeck vertrat, hatte er über die Jahrhunderte hinweg die Rolle des Konsensfinders. Und er erfüllte sie recht gut. Das dürfen wir aus der Tatsache schließen, dass die Hanse trotz wachsender Interessensgegensätze im Innern und wachsender Schwierigkeiten von außen bis gegen Ende des 17. Jahrhunderts eine gemeinsame Politik betrieb.

Oft werden die Sitzungen unterbrochen, damit sich die Ratssendeboten einer Städtegruppe bei stockenden Verhandlungen neu beraten können. Von den Hansetagen werden auch Gesandtschaften zu Fürsten oder zu anderen Städtegruppen abgeordnet, um spezielle Probleme noch während der Dauer des Hansetags durch Verhandlungen lösen zu können. Der betreffende Tagesordnungspunkt wird währenddessen ausgesetzt, und die Beratungen darüber werden nach Rückkehr der Delegation wiederaufgenommen. Die Beratungen über die anderen anstehenden Probleme laufen während dieser Zeit selbstverständlich weiter. Außerdem finden abends in den Herbergen bisweilen vorsorgliche Annäherungsgespräche zwischen den Ratssendeboten ver-

Im Hansesaal im ersten Obergeschoss des Lübecker Rathauses fanden die meisten Hansetage zwischen 1356 und 1669 statt.

schiedener Städte statt. Komplexere Probleme werden an Ausschüsse überwiesen, entweder um den Verhandlungsverlauf zu beschleunigen oder um eine für alle annehmbare Entscheidungsgrundlage zu erhalten.

Auf fast allen Hansetagen waren nichthansische Gesandtschaften anwesend, um ihr jeweiliges Anliegen vorzubringen. Das konnten Gesandtschaften von Städten sein, von Fürsten, Königen, auch häufig kaiserliche Abgesandte. Auf dem Hansetag von 1598 waren eine spanische, eine schwedisch-polnische und eine kaiserliche Gesandtschaft sowie ein spezieller kaiserlicher Gesandter mit einem Vermittlungsauftrag im Konflikt zwischen Schweden und Russland vor Ort. Wenn das Plenum entschied, eine Gesandtschaft anzuhören, wurde sie zur festgelegten Zeit in den Saal geführt und trug nach den protokollarischen Ehrbezeugungen ihr Anliegen vor, verließ den Versammlungsraum, in dem dann die Ratssendeboten auf die bekannte Art und Weise berieten. Der Ablauf von Mitteilung des Beschlusses, Antwort des Gesandten und so weiter konnte sich mehrmals wiederholen, bis beide Seiten mit dem Ergebnis zufrieden waren – oder die Gesandtschaft ohne Ergebnis abreisen musste.

Welche Tagesordnungspunkte werden auf einem Hansetag beraten? 1418 kommen Ratssendeboten aus 35 Städten zusammen. Es geht um einen Friedensschluss zwischen Friesland und den Hansestädten. Deswegen sind Gesandte König Sigismunds mit einem Schreiben des Königs angereist. Ein Ausschuss von zwei bis acht Personen soll auf Forderung der kaiserlichen Gesandten zu Verhandlungen mit ihnen abgeordnet werden.

Weiter lassen sich die Ratssendeboten von den anwesenden Älterleuten des Brügger Kontors die Artikel mitteilen, die Sigismund in Dordrecht übergeben hat. Dort erzwang er auch den Kredit über 3000 Gulden, dessen Nicht- oder zumindest verspätete Rückzahlung Hildebrand Veckinchusen in Bedrängnis brachte. Leider sind über diese Artikel keine weiteren Nachrichten erhalten.

Die Gesandten des Hochmeisters des Deutschen Ordens sind wegen des Pfundgeldes anwesend. Die Städte wollten das Pfundgeld – von einem Währungspfund (wie wir es noch von der englischen Währung kennen) wird eine bestimmte Anzahl Pfennige als Steuer zur Kriegsfinanzierung erhoben – aussetzen, der Hochmeister will eine dauernde Abgabe daraus machen. Die Ratssendeboten erwägen sogar die Verhansung Preußens.

Im Westen des hansischen Wirtschaftsraumes, in Flandern, kommt es immer wieder zur Beschlagnahmung von Waren oder gar zur Verhaftung von Kaufleuten. Auch geht es um Verhandlungen des Brügger Kontors mit den Schotten. In dieser Angelegenheit wird ein Schreiben an den Herzog von Burgund aufgesetzt. Auch Atmosphärisches ist zu berichten: Die Älterleute des Kaufmanns zu Brügge bitten, sich während der Verhandlungen im Hansesaal setzen zu dürfen. Die Bitte wird von den Ratssendeboten abgeschlagen. (Bald wird es den Ratssendeboten, die als Gesandte zum dänischen König gehen, dort ebenso ergehen.) Flandern betreffend wird außerdem beschlossen, dass das Hansehaus in Sluis, einem Vorhafen von Brügge, dem Brügger Hansekontor unterstellt wird. Weiterhin geht es um Zertifizierungsbestimmungen für Exporttuche.

Das Hansekontor zu Bergen betreffen nur wenige Punkte. Dafür werden die inneren Verhältnisse der Hanse ausführlich erörtert. Lübeck erhält gemeinsam mit den wendischen Städten den Auftrag, die hansischen Angelegenheiten zwischen den Hansetagen für alle zu regeln. Beschlossen wird weiterhin, dass nur noch Ratsherren als Ratssendeboten zum Hansetag zugelassen werden. Die Bürgerschaften der Städte Soest und Stade müssen sich wegen ihrer Auseinandersetzungen mit ihren Räten verantworten. Und der Sessionsstreit zwischen Hamburg und Bremen endet damit, dass sich Hamburg dem Urteil der anwesenden Ratssendeboten unterwirft, die Bremer Gesandten allerdings den Hansetag verlassen.

König Heinrich von England hat ein Schreiben wegen der Schädigung englischer Kaufleute durch Greifswald an den Hansetag gerichtet. Weiter verlautet darüber nichts.

Die schiedsrichterliche Tätigkeit nimmt einen großen Teil des Hansetags in Anspruch. Streitigkeiten zwischen Danzig und Greifswald, zwischen Rostock und Rentgläubigern in Lübeck. Ein dänischer Hauptmann klagt gegen Reval wegen Schädigung dänischer Kaufleute. Das ist einer der wenigen Belege für einen aktiven Russlandhandel dänischer Kaufleute in dieser Zeit. Der Hansetag antwortet, dass der Russlandhandel derzeit verboten und dies König Erich auch schriftlich mitgeteilt worden sei. Darüber hinaus wird festgelegt, dass die livländischen Städte nicht alleine Anordnungen über die Nowgorod-Fahrt erlassen dürfen. Aufgesetzt wird ein Schreiben an den Herzog von Bayern, der gleichzeitig Graf von Holland ist, weil hansische Kaufleute durch Bürger von Briel und Dordrecht geschädigt wurden. Es wird bestimmt, dass Hamburg und Lüneburg das Schiedsgericht in einem Streit der Insel Fehmarn mit Lübeck, Rostock, Stralsund und Stettin bilden sollen; festgelegt werden der Termin und die schriftliche Einreichung der Stellungnahmen. Der Vorwurf, dass Kieler Bürger Raubgut der Vitalienbrüder aufkaufen, soll auf der nächsten Versammlung behandelt werden. Ein Gesandter des Erzbischofs von Bremen wird vorstellig wegen Bremer Gütern, die in Hamburg festgesetzt wurden. Ein Schreiben wegen Wiedergutmachung geht an die Stadt Einbeck. Dort hatte Herzog Erich von Braunschweig trotz eines Geleitbriefes König Sigismunds die Gesandten Lübecks auf dem Weg zu Sigismund gefangen genommen und ihnen circa 3500 Gulden geraubt.

Es folgen Änderungen und Ergänzungen der 1417 erstmals behandelten hansischen Statuten, die unter anderem Bestimmungen gegen innerstädtische Oppositionsbewegungen enthalten. Ihre Veröffentlichung in den Hansestädten ist kein voller Erfolg. In Bremen werden sie sogar von der aufgebrachten Menge verbrannt, in Stettin muss sie der Rat auf Druck der Bürgerschaft hin entfernen. Man sieht, die Politik des Hansetags war außerhalb des Kreises der Fernhändler durchaus umstritten.

1418 wird weiter über die Arbeitsweise der Buntmacher (ein pelzverarbeitendes Gewerbe), über die Prägung von Münzen aus unreinem Metall, über den Borgkauf (Kauf auf Kredit) in Flandern, weiter über arrestiertes Raub- oder Strandgut, über das Seerecht und über Handelsgesellschaften mit nicht-hansischen Kaufleuten verhandelt.

Auf diesem Hansetag des Jahres 1418 beginnt auch der lange Weg der Hanse vom Wirtschaftszweckverband zu einem politischen Bündnis. Auf dem Hansetag 1557 wurde mit der «Confoederationsnotel», dem Bündnisbrief, die Hanse dann tatsächlich zu einem – wenn auch zeitlich jeweils befristeten – Städtebund. Während des 15. Jahrhunderts scheiterten die lübisch-wendischen Versuche, die Hanse wegen der machtpolitischen Bedrohungen von außen zu einem schlagkräftigen Bündnis zu formen, vor allem an dem Widerstand Kölns und der westfälischen Städte. Das zugrundeliegende Problem versuchte man durch den Abschluss von räumlich und zeitlich befristeten «tohopesaten» (Schutzbündnissen) zu lösen. Das erste dieser Bündnisse wurde 1418 vom Hansetag zwar beschlossen, aber von den betroffenen 40 Städten nicht ratifiziert.

Die Tagesordnungspunkte dieses Hansetags belegen den weitgespannten Handlungsrahmen der hansischen Politiker. Von Flandern über die Niederlande, England, Schottland, Dänemark, Norwegen bis zum Baltikum und Russland und wieder zurück zum preußischen Deutschordensstaat stand das gesamte nördliche Europa im Fokus.

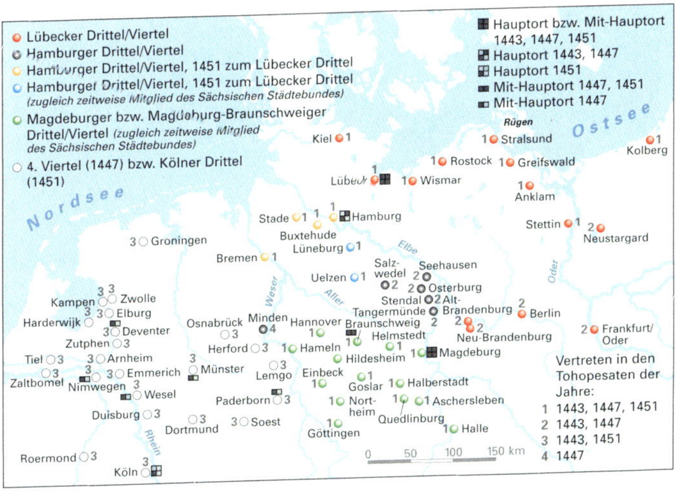

Die regionale Gliederung der hansischen «Tohopesaten» (Bündnisse) im 15. Jahrhundert

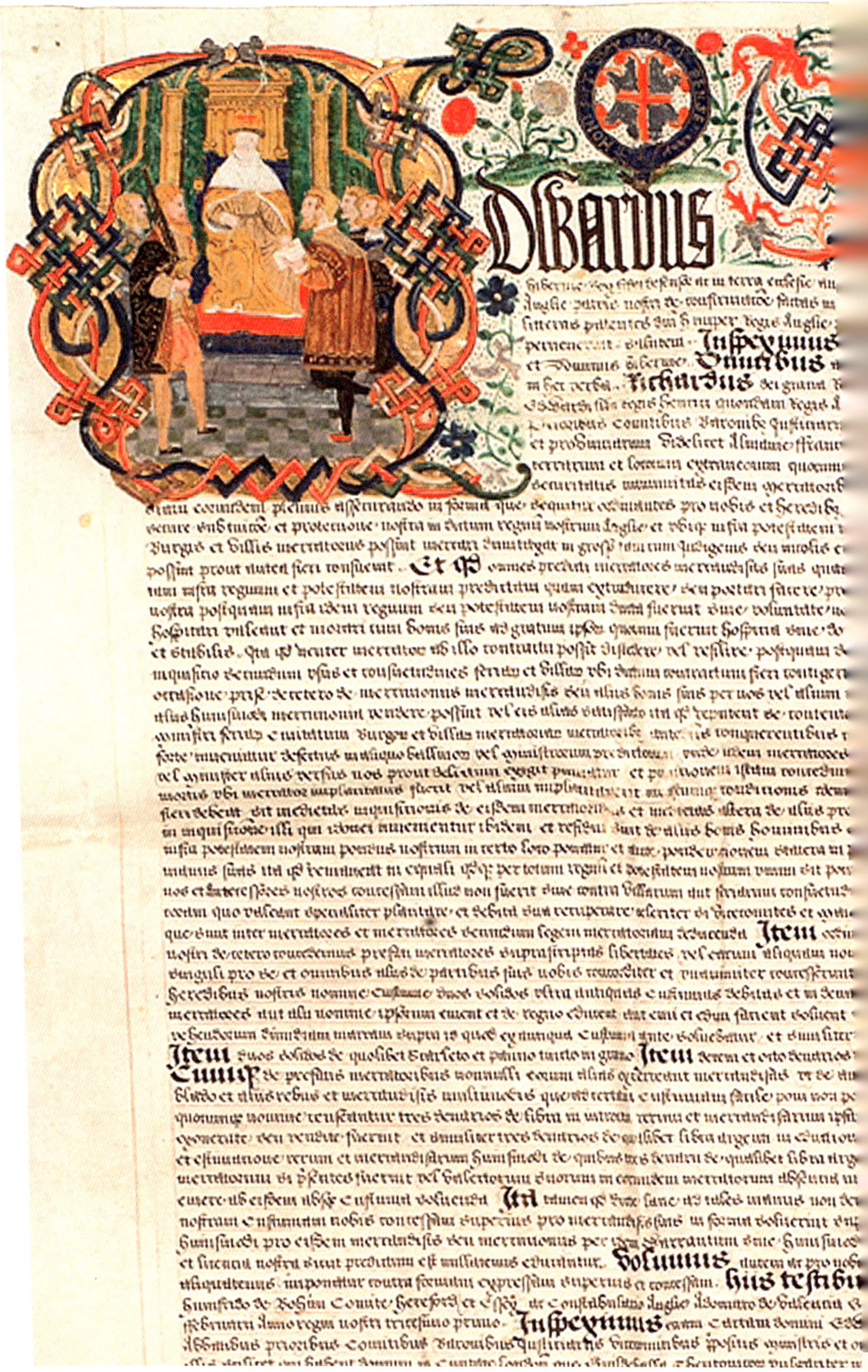

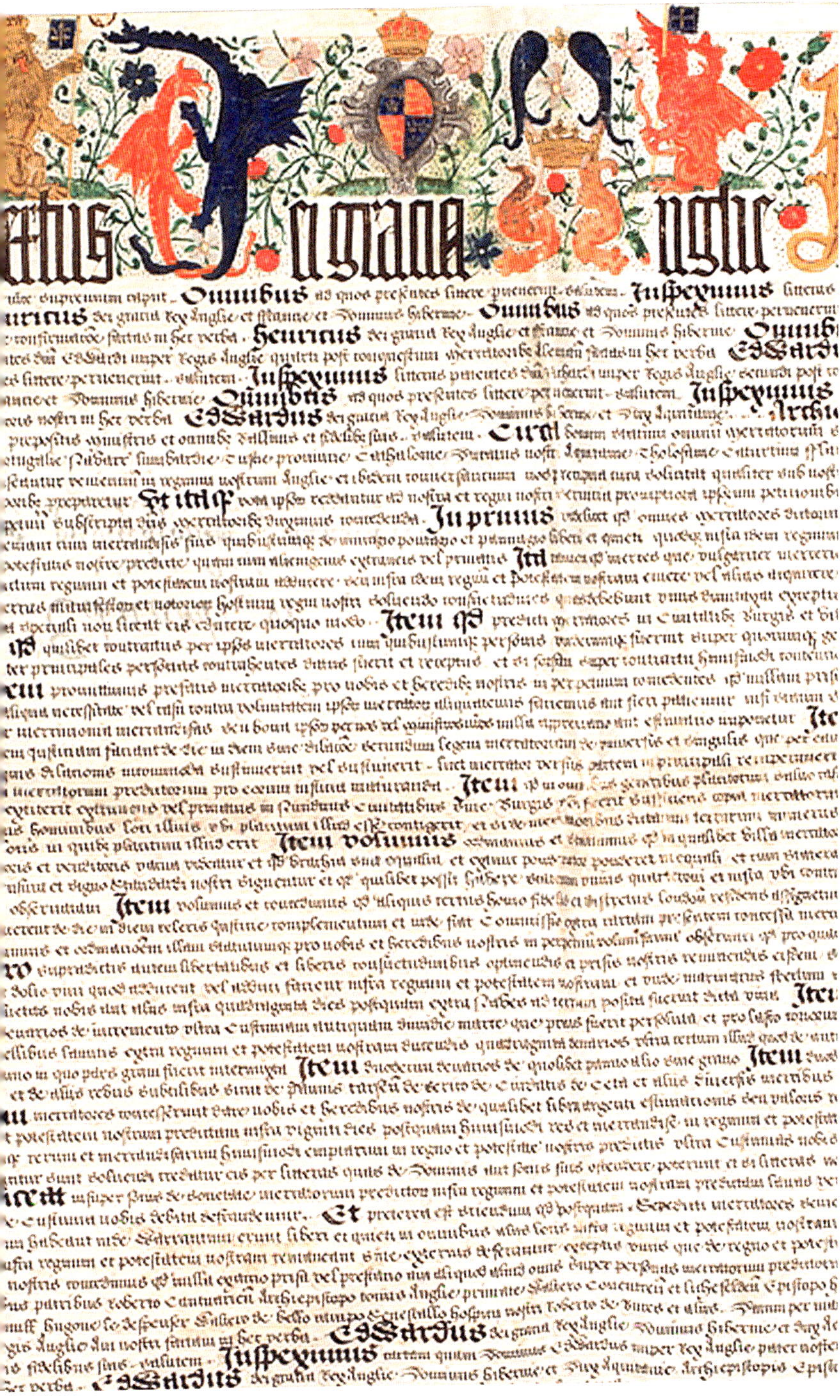

Die Grabplatte des Lübecker Bürgermeisters Tidemann Berg († 1521) und seiner Frau wurde in Flandern angefertigt.

◂ Das letzte große Privileg der Hansen in England, gewährt von König Edward VI. im Jahr 1547. Die Zeichnung im Anfangsbuchstaben E stellt die Übergabe eines Privilegs dar.

12 Das System Hanse – Globalisierung im Mittelalter

Die Hanse trieb die Globalisierung voran. Denn Intensivierung und Beschleunigung internationaler Transaktionen bei gleichzeitiger räumlicher Ausdehnung sind die Hauptmerkmale der Globalisierung. Sie läuft schon seit Jahrtausenden ab, wurde immer wieder unterbrochen und setzte neu an. In diesem Sinn «globalisierten» die Aktivitäten der hansischen Kaufleute und Politiker zweifellos Europa.

Auch die Gründe dafür waren heute wie damals weitgehend die gleichen: die wachsende internationale Mobilität von Gütern und Produktionsfaktoren und die technische Entwicklung im Transportwesen und im Bereich der Kommunikation. Im Hinblick auf die Akteure der Globalisierung lässt sich die Hanse als international operierendes Netzwerk beschreiben, das aus einem Zentrum, dem Hansetag, und vielen großen und kleinen Stützpunkten – Kaufmannsfirmen, Hansestädten und Niederlassungen im Ausland – bestand. Alle waren durch innovative Kommunikationsstrukturen miteinander vernetzt.

Man kann darüber diskutieren, ob man im Falle der Hanse nicht besser von «Europäisierung» als von Globalisierung sprechen sollte. Aber erstens läuft Globalisierung immer in Phasen und in kleineren Räumen ab, die sich dann zum einem großen Ganzen verbinden. Zweitens bezogen niederdeutsche Kaufleute bereits im 12. Jahrhundert über Nowgorod, seit dem 13. und 14. Jahrhundert über Lemberg (L'viv), Venedig und Brügge fernöstliche und afrikanische, später, seit Ende des 15. Jahrhunderts, über Antwerpen, Lissabon und Sevilla zusätzlich auch süd- und mittelamerikanische Fernhandelsgüter und hatten somit an einer Globalisierung im Wortsinn teil.

Der Anfang von allem, die Errichtung des hansischen Handelssystems im 12. und 13. Jahrhundert, war jedoch keine originäre Leistung der frühhansischen Kaufleute. Diese drängten vielmehr in bereits bestehende Handelsverbindungen der Gotländer, Flamen und anderer. Sie erhöhten aber deren Intensität und Dichte maßgeblich. Sie waren dabei so erfolgreich, dass sie die meisten Konkurrenten verdrängen konnten. Ein Monopol konnten sie zwar nirgendwo durchsetzen, aber in einigen Regionen – zum Beispiel in Norwegen – kamen sie dem ziemlich nahe.

Der klassische hansische Zwischenhandel bildete eine «Brücke zwischen den Märkten». Ein Grundprinzip war der Austausch von Nahrungsmitteln, Rohstoffen und einigen Luxuswaren aus dem Osten und Norden gegen Fertigprodukte aus dem Westen. Im 12. und frühen 13. Jahrhundert lieferten Nordwestrussland und das Baltikum die Prestigegüter Pelze, Wachs und Bernstein sowie fernöstliche Waren wie Seide, Gewürze und Weihrauch. Für Westeuropa wurde jedoch bereits im 13. Jahrhundert der Handel mit Massenwaren aus dem Ostseeraum immer bedeutender, insbesondere mit Nahrungsmitteln, Rohstoffen und Halbfertigprodukten: Salz, Hering, Getreide, insbesondere mecklenburgischer, preußischer und livländischer Roggen sowie Gerste, Bier sowie Waldbauprodukte (Holz, Asche, Teer und Pech) und Rohstoffe, die vor allem für die Schifffahrt wichtig waren, wie Flachs, Hanf, Pech und Teer. Kupfer kam aus Schweden und Ungarn, Eisen ebenfalls aus Schweden. Die wichtigsten Waren, die das westliche Europa exportierte, waren Wolltuche aus Flandern und England sowie Metallwaren vom

Niederrhein und aus Flandern, dazu gewerbliche Fertigprodukte aller Art sowie Waren aus Südeuropa, dem Orient und dem Fernen Osten, die über Venedig und Genua nach Brügge und London gebracht wurden.

Bemerkenswert unterschätzt wurde lange Zeit der Handel mit Oberdeutschland und Italien, der die Hansekaufleute mit Samt-, Seiden- und Brokatstoffen, mit Papier, Gewürzen, Südfrüchten, Reis, Wein und vielem anderen mehr versorgte. Sie verkauften diese Waren zum Teil in ihrer Heimat, den Rest exportierten sie nach Nord- und Nordosteuropa. Der Handel hansischer Kaufleute auf den Messen von Frankfurt am Main soll im späten 14. Jahrhundert wertmäßig sogar den Handel mit Brügge übertroffen haben. Und im 15. Jahrhundert überflügelte Nürnberg die Messestadt am Main als Drehscheibe für den Handel mit dem Süden.

Der Wert der nach Westen exportierten Ostseewaren überstieg in der Regel den der von Süden und Westen gebrachten Produkte bei weitem (nur der Ordensstaat mit seiner hohen Nachfrage nach westlichen Gütern bildete eine Ausnahme). Die westeuropäischen Länder hatten durch die Jahrhunderte hindurch eine – modern gesprochen – negative Zahlungsbilanz mit den Ostseeanrainern, die jahrhundertelang durch die Lieferung großer Mengen Silber ausgeglichen werden musste. Das wissen wir aus schriftlichen Quellen, die durch einen ungewöhnlichen Fund ergänzt werden.

1984 entdeckt ein Baggerfahrer beim Abriss eines Hauses in der Altstadt von Lübeck ein paar Goldmünzen. Er steigt aus seinem Bagger, untersucht die Stelle näher und findet noch mehr Goldmünzen, dazu seltsame grüne Klumpen. Später stellt sich heraus, dass diese Klumpen zusammengebackte und von Grünspan überzogene Silbermünzen mit Kupferanteilen sind. Sie lagen rund 450 Jahre unter den Fußbodendielen des Hauses in einer einfachen Holzkiste, waren Sauerstoff und Feuchtigkeit

Die Gewänder der Heiligen Drei Könige und Marias sind aus kostbaren Seidenstoffen, die der Maler Conrad von Soest um 1420 als Importgüter kannte.

ausgesetzt, sodass sie korrodierten. Was der Baggerfahrer damals noch nicht weiß: Er hat den größten Münzschatz Deutschlands entdeckt. 23228 Silbermünzen und 395 Goldmünzen ergibt die Zählung nach Bergung und Reinigung der Münzen. Sie stammen aus mehr als 84 Münzprägeanstalten in Europa.

Das Faszinierende an diesem Fund ist, dass er die Wechselkasse eines Kaufmanns aus den frühen 1530er Jahren gewesen sein muss, jedenfalls eine Augenblicksaufnahme seiner Handelsgeschäfte. Andere Schatzfunde enthalten meistens Münzen, die über eine längere Zeit angespart wurden, als Rücklage für schwere Zeiten oder als Absicherung fürs Alter. Sie sind für Fragen des Geldumlaufs kaum aussagekräftig. Der Lübecker Münzschatz aber spiegelt in der Zusammensetzung seiner Münzen die Zahlungsströme des frühen 16. Jahrhunderts. Er ist ein Glücksfund für die Geld- und Handelsgeschichte an der Wende vom Mittelalter zur Frühen Neuzeit.

Ein Glücksfund für seinen Entdecker wird er aber erst mit

Gold- und Silbermünzen des Lübecker Münzschatzes aus den 1530er Jahren belegen den weitgespannten Handelsverkehr der hansischen Kaufleute.

einiger Verzögerung. Ein Schatzfund im rechtlichen Sinn sind die Münzen nämlich erst dadurch, dass der ehemalige Eigentümer und seine Erben nicht ermittelt werden können. Da es keinen rechtmäßigen Eigentümer gibt, beanspruchen außer dem Baggerfahrer noch zwei Parteien den Schatzfund: der Abbruchunternehmer, für den er arbeitet, und das Land Schleswig-Holstein als Bauherr und Eigentümer des Grundstücks, auf dem der Schatz gefunden wurde. Da die drei Parteien sich nicht einig werden, bekommen die Gerichte Arbeit für Jahre. In Schleswig-Holstein, wozu Lübeck seit 1937 gehört, gilt Paragraph 984 des Bürgerlichen Gesetzbuches (BGB). Ihm zufolge gehört ein Schatz je zur Hälfte dem Entdecker und dem Eigentümer der Sache, in der der Schatz verborgen war, hier also dem Eigentümer des Grundstücks. Die Ermittlung des Eigentümers ist kein Problem. Eigentümer ist das Land Schleswig-Holstein. Aber wer ist der Entdecker? Das Land will alles. Schließlich, so argumentieren seine Juristen, habe es den Abbruchunternehmer und den Baggerfahrer eingesetzt und damit erst den Schatzfund möglich gemacht. Eine ähnliche Position vertritt auch der Unternehmer: Er habe den Baggerfahrer angewiesen, das Haus abzubrechen. Er kann aber nicht beweisen, dass er ihn aufgefordert habe, alles abzuliefern, was er bei den Abbrucharbeiten findet. Also ist er aus dem Rennen und das Land gleich mit, da auch in seinen Verträgen eine solche Klausel nicht enthalten ist.

Schließlich spricht der Bundesgerichtshof 1988, nach vier Jahren, in dritter Instanz die weisen Worte, dass derjenige als «Entdecker» anzusehen sei, der den Schatz tatsächlich als Erster erblicke. Das Land Schleswig-Holstein muss daraufhin dem Baggerführer die Hälfte des Schatzes abkaufen. Dieser Münzschatz, der die Handelsverbindungen Norddeutschlands nach Osten, Westen und Süden und die daraus resultierenden Geldströme anschaulich spiegelt, ist im Burgkloster der Hansestadt Lübeck ausgestellt.

Die Rohstoffe und Halbfertigprodukte, die die Hansen für zahlreiche Gewerbe abnahmen und lieferten, intensivierten auf allen Seiten die wirtschaftliche Produktion. Das flandrische Tuchgewerbe konnte ohne die Zufuhr der Rohstoffe nicht mehr existieren – weshalb die Handelsblockaden gegen Brügge und Flandern im 13. und 14. Jahrhundert für die Hanse so erfolgreich verliefen. Die Grafschaft wurde in Friedenszeiten mit den zur Tuchherstellung notwendigen Rohstoffen und veredelten Produkten aus ganz Europa und aus dem Fernen Osten versorgt: mit Wolle, Färbemitteln wie Waid (blau) und Krapp (rot), Cochenille- oder Kermesläuse (rot), Wau (gelb), Safran (gelb), Brasilholz (rot), und in der frühen Neuzeit kam Indigo (blau) hinzu. Chemikalien wie Waidasche, Pottasche, Weinstein und Alaun benötigte man in erster Linie zur Festigung der Wolltuchfarben, aber auch zur Seifenherstellung.

Die Verschiffung von Wolle aus England nach Flandern besorgten hansische Kaufleute seit Ende des 13. Jahrhunderts, als sie große Teile des flämischen Eigenhandels übernahmen. Das Färbemittel Waid kam aus dem Niederrheingebiet und aus Thüringen, vor allem aus Erfurt. Aus den preußisch-polnischen Waldgebieten, aus dem Baltikum und aus den finnischen Wäldern exportierten hansische Kaufleute Asche nach Flandern, Alaun und anderes brachten italienische Kaufleute aus Kleinasien, Merinowolle und Safran als Färbemittel kamen von der Iberischen Halbinsel. Nur Krapp und Wau wurden in den Tuchproduktionsgebieten selbst in großem Stil angebaut. Die Hanse war Teil eines europaweiten Zulieferungssystems für eine hochentwickelte Tuchherstellungsregion, sie war Teil einer diversifizierten Wirtschaft, die, was die Rohstoffbeschaffung angeht, zu interregionaler Arbeitsteilung geführt hatte und somit eine standortunabhängige Wirtschaftsweise ermöglichte. Die Produktionsregion Flandern besaß «nur» das Herstellungs-Know-how. So funktionierte Globalisierung im Spätmittelalter.

Die Karte zeigt die zum Teil weit entfernten Produktionsgebiete der Rohstoffe, die für die Tuchherstellung in Flandern notwendig waren.

Auch in den Hansestädten selbst gab es exportorientierte Gewerbe, die beliefert werden mussten – weit mehr übrigens, als Historiker noch vor dreißig Jahren meinten. Tuchproduktion und -veredelung fanden in vielen Städten des Hanseraums statt. Hauptstandorte im sächsischen Quartier waren Braunschweig, Göttingen, Goslar, Hildesheim und Magdeburg. Hinzu kamen die Kölner Metall-, Textil- und insbesondere Seidengewerbe, dazu die Leder- und Pelzverarbeitung, die Buntmetallverarbeitung in Braunschweig, Hildesheim, Krakau, aber auch in Lübeck, sowie die Tuchfärberei in Erfurt, der Stadt des Waids. Die gewerbliche Produktion im hansischen Kernraum brauchte den Vergleich mit ähnlich strukturierten Räumen im Reich nicht zu scheuen. Ihre Produkte waren ein wesentlicher Bestandteil des hansischen Handels, auch wenn sich sein Umfang aufgrund der Quellenlage nicht abschätzen lässt.

Viele der bislang als Rohstoffe deklarierten Güter waren in Wirklichkeit Gewerbeprodukte, die in ihrer Herkunftsregion schon aufbereitet und veredelt worden waren. Aufgrund der Nachfrage regten die Hansen die Produktion in den Erzeugerländern an. Vielerorts entstand so eine gewerbliche Infrastruktur oder wurde ausgebaut. Das galt für verschiedenes Holz wie Wagenschot (astfreies zugeschnittenes Eichenholz), oder Eibenholz, aus dem Bogen hergestellt wurden, auch für Flachs, Pech und Teer sowie für Waid- und Pottasche und Cochenille-Rot. Dass diese Aufbereitungs- und Veredelungsarbeiten durchgeführt wurden, ist bekannt, nicht aber, wie sie organisiert waren.

Neben der Zufuhr für produzierende Gewerbe wie Tuchherstellung und Schiffbau lieferten die hansischen Kaufleute Konsumgüter. Ihr feinverästeltes Verteilungssystem von den Kontoren über die Seestädte zu den Hansestädten tief im Landesinnern sorgte dafür, dass prinzipiell sämtliche Handelsgüter der damaligen Zeit auf den Märkten selbst der kleinsten Städte erhältlich waren. Die hansischen Kaufleute schufen eine Infrastruktur, die es unter anderem ermöglichte, pro Jahr mehr als 200 000 Fässer mit gesalzenem Hering von Schonen, Bohuslän und Aalborg über die Hansestädte bis nach Böhmen, Lemberg (L'viv) und nach Oberitalien zu verschicken. Gleiches geschah mit Stockfisch aus Bergen, mit Öl, tierischen Fetten, Wachs, Tuch und vielem anderen. Die Hansen versorgten die Menschen und die Wirtschaft Mitteleuropas mit Gütern in großen Mengen und aus weitentfernten Gegenden. An die Stelle des kleinräumigen Güteraustausches war der Handel mit Waren aus aller Welt getreten.

Bereits im 13. Jahrhundert hatten die Flamen mit der stan-

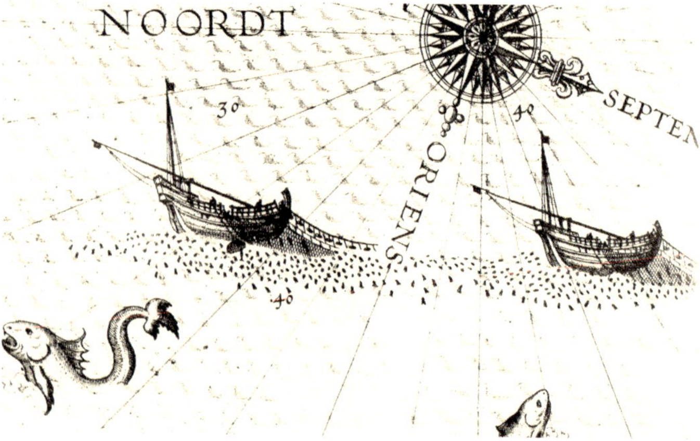

Niederländische Heringsfischer bei der Doggerbank Mitte des 15. Jahrhunderts. Detail aus einer Karte von Lucas Jansz Waghenaer 1585

dardisierten Massenproduktion von Tuchen nach Qualitätsstandards begonnen. Das Ziel war, die Abnehmer, eben auch die hansischen Kaufleute, davon zu überzeugen, dass diese Qualitätsstandards eingehalten wurden. Wenn das gelang, war die jeweilige Tuchsorte zu einem Markenartikel geworden. Diese Markenartikel aller Qualitätsstufen aus Flandern, Brabant, dem Hennegau und anderen tuchproduzierenden Landschaften bildeten die wichtigste Warengruppe im hansischen West-Ost-Handel. Aber auch die Hansestädte schufen Markenartikel und Markenzeichen: Lüneburger Salz war schon an der Form der Tonnen zu erkennen (die natürlich auch gefälscht wurden) und Lübecker Hering an den Qualitätszeichen, die in die Tonnen eingebrannt wurden.

Um die Nachfrage nach Tuchen zu befriedigen, beschränkten sich die hansischen Kaufleute jedoch nicht nur auf den Zwischenhandel. In Flandern kam es im Laufe des 15. Jahrhunderts zu engeren Verbindungen mit dortigen Tuchproduzenten. Die

Hansen übernahmen Abnahmegarantien für bestimmte neue Tuchsorten und halfen damit der krisengeschüttelten flandrischen Tuchexportindustrie im 15. Jahrhundert zu Teilen aus der Krise. 1512 bestanden seitens der Hanse Verträge und gegenseitige Verpflichtungen mit sechs Städten und Herrschaften (Poperingen, Dendermonde, Aalst, Menen, Wervik, Tourcoing), «nach denen die dortigen Drapiers spanische Wolle ausschließlich für die Osterlinge, *seulement pour les Osterlincx*, verarbeiteten». (Rudolf Holbach) Die Deutschen übernahmen die komplette Produktion und bezahlten mit Bargeld, wobei der Preis nicht von den einzelnen Kaufleuten, sondern jährlich zwischen Vertretern des deutschen Kaufmanns in Brügge und den Drapiers, den flämischen Tuchherstellern, ausgehandelt wurde.

Das wirtschaftspolitische Erfolgsmodell der Hanse bestand in der Senkung der Transaktionskosten. In den hansischen Privilegien der Frühzeit (12. und frühes 13. Jahrhundert) machte die Reduzierung der Zollgebühren, Lagerungskosten, Ent- und Beladegebühren und Fracht, die in der Regel im Laufe des Transports anfielen und bar bezahlt werden mussten, den Großteil der vereinbarten Regelungen aus. Das waren für jedermann sichtbare Kosten. In den späteren Privilegien (14. Jahrhundert) drehte sich jedoch nur noch circa ein Viertel der Bestimmungen darum. Den Löwenanteil nahmen jetzt Maßnahmen zur Reduzierung unsichtbarer Kosten ein (Stuart Jenks), der Such- und Messkosten, Vereinbarungskosten und Durchsetzungskosten, zum Beispiel die Verbriefung eigener Gerichtsbarkeit. Den gleichen Effekt hatte die Netzwerkstruktur des hansischen Handels. Verwandtschafts- und Freundschaftsbeziehungen sowie das gegenseitige Einsetzen als Handelsbevollmächtigter senkten die Transaktionskosten, insbesondere die Such- und Informationskosten.

Weiterhin lässt sich in Ansätzen ein europaweites System der Wareninspektion fassen. In den hansischen Niederlassungen im Ausland wurde das «stapelgut» geprüft und besiegelt, wie es für Wachs in Nowgorod überliefert ist. Es musste daher bei der Einfuhr in Brügge nicht mehr geprüft werden, wodurch dort keine Kosten anfielen. Das *ventegut* umfasste die Handelswaren, die in den einzelnen Hansestädten geprüft und von dort in den Handel eingespeist wurden. Besonders gut überliefert ist die *wrake*, das Prüfen von Holz, Teer und Asche in den preußischen Städten.

Die Hanse erweist sich somit als ein «global player» der vorindustriellen Zeit. Die untereinander abgestimmte Fernhandelspolitik zunächst von niederdeutschen Kaufleuten, später von Bürgermeistern und Ratsherren der Hansestädte, die innerhalb und außerhalb des Reiches in unterschiedlichen Herrschaftsgebieten lagen, senkte in einem Raum, der sich von Nordwestrussland bis zur Iberischen Halbinsel erstreckte, die Kosten. Und sie schuf stabile Rahmenbedingungen (einschließlich effektiver Rechtsverfolgung und -vollstreckung) durch die Beschlüsse der Hansetage.

Dieses System war im europäischen Spätmittelalter eine erfolgreiche Alternative zu den hierarchisch aufgebauten großen Handelshäusern. Das rückt aber erst langsam in das Blickfeld der Historiker – nämlich seit die Fokussierung auf solche durchrationalisierten Handelshäuser als Maß aller betriebswirtschaftlichen Belange ins Wanken gekommen ist durch die ökonomischen Netzwerke, die seit den 1990er Jahren wieder eine größere Rolle spielen.

Die hansischen Kaufleute waren europaweit tätig und förderten die Globalisierung. Andererseits schotteten sie ihren Kernbereich, den Raum, in dem die Hansestädte lagen, so lange wie möglich vor Konkurrenten ab. Gleiches gilt für den Ostseeraum, den sie als ihre ureigene Domäne ansahen. Allerdings waren Abschottung und Beschränkung des Zugangs nicht spezifisch fürs Spätmittelalter oder die Hanse. Globalisierung vollzog sich, wie gesagt, bislang immer in Schüben und wurde und wird immer noch von solchen Tendenzen begleitet.

Die Hansen schotteten ab, indem sie seit Ende des 13. Jahrhunderts die Friesen und Flamen an der Fahrt in die Ostsee, und die Gotländer, die nicht Bürger Visbys waren, an der Fahrt in die Westsee, wie die Nordsee damals hieß, hinderten. Auch später wurde Konkurrenz, die sich nicht einbinden ließ, mit allen Mitteln bekämpft, wofür als Beispiel das Schicksal der Engländer in den preußischen Städten im 15. Jahrhundert stehen mag. Allerdings gibt es auch Gegenbeispiele: So waren die Holländer – zunächst als Frachtfahrer – insbesondere in den preußischen Städten sehr willkommen, und oberdeutsche Kaufleute, vor allem Nürnberger, erhielten in großer Zahl das Bürgerrecht in Hansestädten, allen voran in Lübeck.

Die restriktive Politik, die die Hansemitgliedschaft seit dem Ende des 14. Jahrhunderts an das Bürgerrecht einer Hansestadt binden wollte, hatte dagegen rechtliche Gründe. Außerdem resultierte sie aus den Forderungen der Privilegiengeber, den Kreis der privilegienberechtigten Kaufleute möglichst klein zu halten. Dieser Politik lag von Seiten der Hanse keine Fremdenfeindlichkeit zugrunde, wie die Einbürgerungen von Slawen und Skandinaviern in Rostock und von Nürnberger Kaufleuten in Lübeck und Danzig im 15.und 16. Jahrhundert zeigen. Als sich in der zweiten Hälfte des 14. Jahrhunderts der Wirtschaftszweckverband der *stede van der dudeschen hense* bildete, konnten die auf dem Land sitzenden («Bauern»-)Kaufleute nicht durch rechtliche Maßnahmen der Städte kontrolliert werden. Sie waren somit ein unsicherer Faktor im Rechtssystem der Hanse, das aus Handelsverträgen, Geleits- und Beistandsabkommen bestand. Diese Unsicherheit musste ausgeschlossen werden. Von Kaufleuten, die Bürger einer Hansestadt waren und dem dortigen Stadtrecht unterlagen, konnte man dagegen die Einhaltung der geschlossenen Verträge erzwingen.

Der norwegische Archäologe Asbjørn Herteig leitet die Ausgrabungen von Bryggen.

◂ Am 4. Juli 1955 steht der Stadtteil Bryggen in Bergen in Brand. Hier befand sich im Mittelalter das Kontor der Hanse.

13 Schiffe, Steine, Schlamm und Scherben – die Archäologie der Hanse

Am Montag, dem 4. Juli 1955, bricht in der norwegischen Stadt Bergen ein verheerender Brand aus. Das Feuer entsteht im Stadtteil Bryggen, wo sich im Mittelalter eines der vier Kontore der deutschen Hanse befand. Viele der alten Holzhäuser, die hier lange Zeit den Hafen säumten, fangen sofort Feuer. Die fünf nördlichsten Gebäude werden völlig vernichtet, die angrenzenden Komplexe zu großen Teilen. Wie schon viele Male zuvor sehen die Einwohner von Bergen Teile ihrer Stadt in Flammen aufgehen. Doch was für die einen eine Katastrophe ist, entpuppt sich für andere als Glücksfall. Als der Brand gelöscht ist, diskutiert der Stadtrat, was mit den Überresten und den abgebrannten Parzellen geschehen soll. Man beschließt etwas für diese Zeit in ganz Europa Ungewöhnliches: Das gesamte vollständig abgebrannte Areal soll archäologisch ausgegraben werden. Die Sisyphosarbeit wird dem norwegischen Archäologen Asbjørn Herteig übertragen, der die nächsten 13 Jahre damit beschäftigt ist, mit seinem Team diese immense Aufgabe zu bewältigen. Die Brandkatastrophe von Bryggen wird zum Wendepunkt in der europäischen Archäologie. Es ist zum einen die wohl erste umfassende Ausgrabung einer mittelalterlichen Bebauung und damit die Geburtsstunde der Mittelalterarchäologie in Europa, zum anderen beginnen von da an auch Archäologen, sich mit der Hanse zu beschäftigen. Im Laufe der Zeit entsteht, was wir heute als Archäologie der Hanse bezeichnen.

Asbjørn Herteig und sein Team graben sich durch meterhohe Schichten. Die Erhaltungsbedingungen im Hafenschlamm sind fantastisch. Die Archäologen finden ganze Teile von Blockhäusern, Bohlenwege, Reste eines Schiffes und unzählige Alltagsgegenstände aus dem Mittelalter: Kämme, Nadeln und Schlittschuhkufen aus Knochen, Angelhaken, Nägel, Beschläge und Messer aus Eisen, Spielzeug aus Holz und Keramik, Schuhe und Gürtel aus Leder, Teile von Seilen, Körben und Holzbottichen, Geschirr aus Keramik, Glas, Zinn, Holz und vieles mehr. Die Zahl der Funde ist enorm: 400000 Objekte kommen zum Vorschein. Die Auswertung können Herteig und sein Team nicht alleine bewältigen, denn viele Gegenstände stammen nicht aus Norwegen, sondern wurden im Mittelalter mit der Hanse hierhertransportiert. Der Fundreichtum ist in seiner Vielfalt ein Spiegel der Hanse. Herteig bittet ausländische Kollegen um Hilfe, und so reisen namhafte Archäologen aus England, Frankreich, Dänemark, den Niederlanden und Deutschland für mehrere Monate nach Bergen, um dort gemeinsam das Fundmaterial zu sortieren, zu identifizieren und zu systematisieren. Für die nachfolgenden Archäologengenerationen wird diese erste große mittelalterliche Grabung zum Mythos. Auf den ausgegrabenen Überresten errichtet die Stadt Bergen das Bryggens Museum, dessen Depot heute eine einzigartige Kollektion mittelalterlicher Gegenstände beherbergt. Die wissenschaftliche Auswertung der Funde konnte zahlreiche neue Erkenntnisse zum Leben im Hansekontor, zum Handwerk in der Stadt und zum Handel liefern. Denn die Schriftquellen, die aus dieser Zeit vorhanden sind, erlauben nur einen beschränkten Einblick in die Geschichte, und viele Aspekte bleiben dort unerwähnt.

Vielen Details zum Warenverkehr der Hanse kommen wir

nur mit Hilfe der Archäologie auf die Spur. Schiffsinventare listen häufig nicht alle Waren auf, die sich an Bord einer Kogge befanden, und von vielen Schiffen sind überhaupt keine Schriftquellen vorhanden. So war zum Beispiel der Handel mit Schiefer aus dem norwegischen Eidsborg bislang kaum bekannt. Schiefer aus Eidsborg war schon lange vor der Hanse ein begehrtes Handelsgut, denn der Stein eignet sich hervorragend, um daraus Wetz- und Schleifsteine zu fertigen. Schon vor dem Mittelalter gab es in und um Eidsborg ein weitverzweigtes und gutorganisiertes Abbau- und Vertriebsnetz. Verhandelt wurden sowohl fertige Wetzsteine, die man am Gürtel trug und somit immer griffbereit hatte, als auch größere Blöcke, die dann erst der Kunde zu kleineren Wetzsteinen verarbeitete. Die Wikinger hatten dafür gesorgt, dass solche Steine in ganz Nordeuropa vertrieben wurden. Später übernahmen Hansekaufleute das Geschäft mit dem Eidsborger Schiefer und nutzten die bereits bestehenden Handelsverbindungen. In den Schriftquellen finden wir darüber nichts. Doch zahlreiche Funde von Wetzsteinen aus Eidsborg, aus hansischen Handelsniederlassungen und gesunkenen Schiffen belegen dies eindeutig.

Seit dem Wendepunkt von Bergen 1955 hat sich die Archäologie der Hanse über viele Länder ausgedehnt, und überall dort, wo die Hanse aktiv war, beschäftigen sich Archäologen mit dem Thema: von Nowgorod bis Brügge, von London bis Turku. Hanse-Archäologie wird natürlich auch in Lübeck praktiziert. Die Stadtarchäologie von Lübeck ist seit vielen Jahren eine der besten in Deutschland. Der Schwerpunkt liegt hier allerdings überwiegend bei Fragestellungen zum Leben in der mittelalterlichen Stadt Lübeck. Seit 2009 findet hier ein einmaliges Großprojekt statt, das bis 2013 andauert. In der westlichen Altstadt wird ein Areal von etwa 9000 Quadratmetern archäologisch ausgegraben. Die Fundstelle ist damit eine der größten Ausgrabungen in Deutschland überhaupt.

Seit kurzem steht auch ein Randgebiet der Hanse im Fokus der Archäologie: die fernen Inseln im Nordatlantik. Sie waren in der Spätphase der Hanse für die norddeutschen Kaufleute interessant geworden. Während Lübecker Händler sich nach wie vor auf den Handel mit Bergen konzentrierten, segelten Hamburger und Bremer ab dem 15. Jahrhundert immer weiter nach Norden: bis nach Shetland, zu den Färöer-Inseln und schließlich nach Island. 200 Jahre lang gab es mit diesen Inseln sehr enge Beziehungen, auch über das offizielle Ende der Hanse hinaus.

In Shetland stehen noch heute Zeugnisse aus der Zeit der Hanse. Bremer und Hamburger Kaufleute errichteten hier an vielen Orten kleine Handelsstationen, die oft nur aus ein oder zwei Gebäuden bestanden. Für gewöhnlich verließen die Schiffe im April ihren Heimathafen in Norddeutschland. Die Reise nach Shetland führte über das offene Meer und dauerte etwa zwei Wochen. Am Ziel angekommen, brach reges Treiben aus. Die Schiffe wurden entladen und die Waren in den eigens errichteten Gebäuden untergestellt. Händler und Seeleute blieben den Sommer über hier, um all ihre Geschäfte zu erledigen. Bauern und Fischer aus der Umgebung kamen mit kleinen Booten oder schwer bepackt mit Pferden zu den Handelsplätzen, um getrockneten Fisch gegen andere Waren zu tauschen. Der Fisch wurde eingesammelt, gewogen und verpackt, Bier und Getreide aus den Hansestädten verkauft und Schulden bei den Kunden eingetrieben. Eigens mitgereiste Handwerker reparierten die Gebäude der Handelsstationen sowie die Schiffe und füllten Proviant für die Rückreise auf.

Einige Kaufleute blieben Shetland ein Leben lang treu. Als der Bremer Kaufmann Segebad Detken im Jahre 1585 in Shetland starb, fand er auf der Insel Yell seine letzte Ruhestätte. Über 50 Jahre lang war er jeden Sommer hierhergesegelt. Noch heute liegt sein Grabstein in der romantischen Kirchenruine von Lunna Wick. Auf seinem Grabstein steht: «Hir light der ehrsame Segebad Detken Burger und Kauffhandeler zu Bremen hett in disen Lande sine Handeling gebrucket 52 Iahr.»

Andere Zeugnisse der einst engen Beziehungen zwischen der Hanse und Shetland liegen unter der Erde vergraben. In der stürmischen Bucht von Gunnister hatte Simon Hagerskale aus Hamburg 1582 seine kleine Niederlassung errichtet. 20 Jahre lang kam er regelmäßig hierher, bis er 1602 vom Grafen von Orkney auf die kleine Insel Papa Stour verbannt wurde: Hagerskale hatte seine Versorgungspflicht vernachlässigt und die Bewohner in der Bucht von Gunnister nicht genügend mit Lebensmitteln versorgt. Sein kleines Lagerhaus in Gunnister verfiel und verschwand schließlich ganz, bis Archäologen es im Sommer 2008 fanden. Zum Vorschein kamen die Reste eines kleinen Steinge-

Die Kirchenruine von Lunna Wick auf der Insel Unst, Shetland. Hier liegt der Bremer Kaufmann Segebad Detken begraben.

Die Bucht von Gunnister Voe, Shetland, in der sich das kleine Lagerhaus des Hamburger Kaufmanns Simon Hagerskale befand.

bäudes, das neben einer Schiffsanlegestelle errichtet worden war. Hier hatte Hagerskale seine Waren untergestellt. Die Schriftquellen verraten uns nicht, was er geladen hatte. Doch Getreide war mit Sicherheit dabei. Der Beweis dafür ist winzig und heißt *Sitophilus granarius*, der Kornkäfer. Der Schädling fand sich in den Erdschichten im Inneren von Hagerskales Lagerhaus. Kornkäfer gibt es in Nordeuropa nicht. Die Kälte lässt es nicht zu, dass sie sich hier vermehren. Doch die Getreidelager in Hamburg, Bremen und Lübeck waren voll davon, und mit jedem Fass Getreide kamen die Schädlinge mit in den Norden.

Die lange Fahrt der Hanse-Schiffe in den fernen Norden war gefährlich. Zog ein Sturm auf, lief man besser den nächsten Hafen an. Aus diesem Grund führten die Seefahrtsrouten, wo es ging, die Küsten entlang, und das offene Meer wurde gemieden. Doch oft berichten die Schriftquellen von Unglücken, vom Sinken der Schiffe und dem Tod der Mannschaft. Zahlreiche Wracks liegen vor den Küsten Deutschlands, Dänemarks, Norwegens und den nordatlantischen Inseln. Für die Hanse-Archäologie sind sie von ganz besonderer Bedeutung. Sie symbolisieren die Hanse schlechthin und geben Zeugnis von der Schiffsbautechnik, der Schiffsladung und den Handelswegen. Mit modernster Technik wie Luftbildern und Sonaraufnahmen versucht man heute, die mittelalterlichen Handelsschiffe aufzuspüren. Dank der systematischen Erfassung von Schiffsdenkmälern konnten in den letzten Jahren zahlreiche neue Wracks unter Wasser lokalisiert und erfasst werden.

Zu den bedeutendsten Schiffen der Hansezeit gehören die Typen Kogge, Holk und Kraweel. Sie zählen zu den größeren Transportschiffen, die überwiegend die Hauptrouten zu den vier Kontoren London, Bergen, Brügge und Nowgorod befuhren. Zu den nordatlantischen Inseln, zum Beispiel nach Island, segelten kleinere Schiffe wie Kraier und Büsen.

Manchmal ging die Reise schlecht aus. Vor den Küsten von Island und Shetland fanden zahlreiche Schiffe ihr Ende. So erlitt das Schiff des Hansekaufmanns Hermann Sueman, der in Shetland in dem Örtchen Laxfirth eine kleine Handelsstation besaß, im Jahre 1601 im Hafen von Sandwick Schiffbruch. Damit nicht genug: Die Ladung wurde anschließend von einem Shetländer geplündert, und der Kaufmann hatte somit nicht nur sein Schiff, sondern auch die Chance auf Profit verloren. Glück im Unglück hatte dagegen die Besatzung des Danziger Schiffes «Der große Jonas». Im Frühling 1591 war es in der Nähe von Shetland in einen heftigen Sturm geraten. Mit letzter Not erreichte das Schiff die Nordküste der Hauptinsel Mainland. Die Besatzung überlebte das Unglück. Das Schiff war nicht mehr zu retten, doch gelang es mit vereinten Kräften, zumindest die Ladung an Land zu bringen. An Bord befanden sich große Mengen Getreide und Mehl, dazu Färberkrapp, eine Kulturpflanze, deren Wurzeln roten Farbstoff und heilende Wirkstoffe enthalten, ungarisches und schwedisches Kupfer, ein Fass mit Ziegenhäuten, ein Fass voll Bücher, dazu Käse, Butter, zwei Kanonen mit dazugehöriger Munition, Seile und andere Geräte. Was aus der Crew wurde, wissen wir nicht, und auch nicht, wo das Schiff sank.

Doch hin und wieder entpuppen sich Schiffsunglücke der Hansezeit als Glücksfälle für die Archäologie. Am 8. Oktober 1962 stießen Bauarbeiter in Bremen bei der Hafenerweiterung im Schlamm der Weser auf ein Wrack. In einer für Deutschland spektakulären Bergung wurden bis 1965 über 2000 Fragmente des Schiffes geborgen und anschließend aufwendig konserviert. Bei dem Schiff handelt es sich um eine Kogge aus der Zeit um 1380. Sie ist etwa 23,5 Meter lang und misst an der breitesten Stelle 7,8 Meter. Die Bremer Kogge war damals der erste Fund eines mittelalterlichen Hanseschiffes, und ihr ist es zu verdanken, dass seitdem mehrere weitere Koggen und Koggenteile gefunden und identifiziert werden konnten.

Dazu gehört auch die Kogge von Darß. 1977 fanden Rettungsschwimmer die Reste eines Schiffswracks im Mündungsbereich des Prerow-Stroms und meldeten den Fund an das Schifffahrtsmuseum Rostock. Die Kogge wurde nie geborgen. Sie liegt noch immer auf dem Meeresgrund, denn dort ist sie am besten vor Verfall geschützt. Auch die Darßer Kogge ist ein Kulturgut von großer Bedeutung. Sie ist ähnlich groß wie die Kogge von Bremen, aber viele Jahre älter. Eine dendrochronologische Analyse von Holzplanken zeigte, dass die Eichen für die Kogge zwischen 1298 und 1313 gefällt wurden. Sensationell ist auch die teilweise erhaltene Schiffsladung, die uns einen Einblick in das Geschäft und das weitverzweigte Handelsnetz der Hansekaufleute gibt. Im Bauch des Schiffes fanden die Taucher Geweihreste von norwegischen Rentieren, Stockfisch aus dem Nordatlantik, Wetz-

Der Unterwasserarchäologe Thomas Förster mit einem Rentiergeweih aus der Darßer Kogge von 1303

steine aus Norwegen, einen Bronzetopf aus Lübeck und ein Fass mit geheimnisvollem, weißlich gelbem Inhalt, der zunächst Rätsel aufgab. Doch dann kam der Zufall zu Hilfe. Zur selben Zeit, als die Schiffsladung der Darßer Kogge unter Wasser dokumentiert wurde, gruben Archäologen im Handelsplatz von Gásir in Nordisland. In einer der kleinen Handelsbuden, die man dort entdeckte, kam eine Grube zutage, die mit einer ähnlichen weißlichgelben Schicht verfüllt war. Kurz darauf kam per E-Mail die Anfrage aus Deutschland: Handelt es sich in beiden Fällen um dieselbe Substanz? Könnte es sich bei beidem um Schwefel handeln? Nach kurzer Analyse kam die Bestätigung: Im Fass der Darßer Kogge befand sich isländischer Schwefel. Schwefel war eine wichtige Ware im hansischen Handel, denn mit der Verbreitung von Feuerwaffen im 14. Jahrhundert wuchs der Bedarf an Schießpulver, und somit auch an Schwefel, in hohem Maße. Doch darüber hinaus barg das Schwefelfass noch andere

Informationen: Die Eiche für das Fass stammte aus einem Gebiet an der polnischen Küste und war im Jahr 1335 gefällt worden. Dies bedeutet, dass die Darßer Kogge mindestens 40 Jahre in Gebrauch war. Offenbar war sie in Bergen mit Waren beladen worden und dann auf dem Weg in das Baltikum kurz vor der rettenden Küste gesunken.

Ein Schiff der gleichen Größe, etwa 24 Meter lang und 6 Meter breit, wurde vor wenigen Jahren in dem kleinen Örtchen Avaldsnes auf der Insel Karmøy an der Westküste von Norwegen entdeckt. Auch dieses Schiff wurde im 13. Jahrhundert gebaut. Doch hier handelt es sich nicht um eine Kogge, sondern um einen nordischen Schiffstyp ähnlich einem sogenannten Knarr, mit Bauteilen, die bereits auf den später folgenden Schiffstyp Kogge verweisen. Das Wrack liegt nicht ohne Grund ausgerechnet hier im Schlamm. Avaldsnes war im Mittelalter einer der bedeutendsten Orte Norwegens, denn hier befand sich im 9. Jahr-

Rekonstruktion von Avaldsnes mit der St.-Olavs-Kirche im Hintergrund und dem hansischen Handelsplatz im Vordergrund

hundert der Hof des Königs Harald Schönhaar, und Avaldsnes blieb Königssitz bis ins 13. Jahrhundert. Noch heute zeugen die beiden imposanten Königsgrabhügel, die die Olavskirche umrahmen, von der einstigen Bedeutung des Ortes.

Dank einer spannenden Spurensuche, die vor über 110 Jahren begann und erst vor wenigen Jahren endete, ist der Ort heute für die archäologische und historische Hanseforschung von großer Bedeutung. Auslöser war die Beschreibung eines unbekannten Hansekaufmanns in Bergen aus dem Jahre 1584, der berichtet: «… und das vierte Kontor befand sich in Norwegen. Es lag eine Zeit in Nautø, aber nicht lange, da man es wegen der Seeräuber weiter ins Land an einen sicheren Ort in Bergen legen musste.» Der Kaufmann meint also, dass sich das vierte Kontor, neben den drei Hansekontoren London, Brügge und Nowgorod, ursprünglich an einem Ort namens Nautø befand, bevor es nach Bergen verlegt wurde. Lange erachteten Historiker diesen Hinweis als falsch, obwohl dieser Ort noch in weiteren Schriftquellen – als Nothaw, Notouwe, Notow oder Natouw – auftaucht. Einen Ort dieses Namens gibt es in Norwegen nicht, und so wusste niemand, wo sich dieser Ort befunden haben sollte. Doch niederländische Seekarten des 16. und 17. Jahrhunderts gaben erste Hinweise. So platziert der berühmte Kartograph Willem Blaeu einen Ort namens *Notuwe* auf eine Insel nördlich von Stavanger. Hierbei konnte es sich nur um die Insel Karmøy handeln. Und tatsächlich: Hier gibt es zwar keinen Ort dieses Namens mehr, aber die Flurbezeichnung Nottå, die sich direkt zu Füßen des einstigen Königssitzes befindet. Endlich, im Jahr 2000, bildete sich ein Team aus Historikern und dem Unterwasserarchäologen Endre Elvestad, der sich sofort ins Meer begab. Es gelang ihm, den endgültigen Beweis dafür zu finden, dass der rätselhafte hansische Hafen tatsächlich existierte und dass er sich einst hier in Avaldsnes befunden hat. Im Schlamm entdeckte er ein Schiffswrack des 13. Jahrhunderts. Der Meeresboden im gesamten Hafenareal gab unzählige Funde preis, die eindeutig belegen, dass hier in internationalem Umfang Handel getrieben wurde. Man fand sogenannte Grapen, dreibeinige mittelalterliche Kochtöpfe aus Keramik, Trinkkannen und Ziegel, die alle aus Norddeutschland, den Niederlanden und Dänemark stammen. Zahlreiche Kannen sind aus dem sogenannten Siegburger Steinzeug gefertigt, das von Hansekaufleuten in den Norden exportiert wurde. Es findet sich überall dort, wo die Hanse hinsegelte: in den großen Kontoren, aber auch in vielen kleinen Handelsstationen im Baltikum, auf den nordatlantischen Inseln und in Avaldsnes. Archäologen sprechen beim Siegburger Steinzeug daher auch gerne vom Leitfund der Hanse.

Der Hafenschlamm von Avaldsnes gab aber auch persönliche Gegenstände von Hansekaufleuten preis, wie einen Siegelstempel aus Knochen und Blei eines unbekannten Kaufmanns. Das Siegel ist leider nicht mehr zu entziffern. Doch lässt es sich gut vergleichen mit dem Siegel des Kaufmanns Georg Gisze, der in dem berühmten Gemälde von Hans Holbein dem Jüngeren überliefert ist. Georg Gisze (1497–1562) versinnbildlicht die Internationalität der Hanse: Er stamm-

Der Danziger Kaufmann Georg Gisze in seiner Schreibstube im Stalhof von London, dem Hansekontor, porträtiert von Hans Holbein dem Jüngeren

Holzgestell zum Trocknen von Kabeljau auf der Reykjaneshalbinsel, Island

te aus Danzig, verbrachte aber rund 12 Jahre (1522–1534/35) als Vertreter der Handelsgesellschaft seiner Familie im Hansekontor in London. Er kaufte in Island Stockfisch, verkaufte den meisten Teil davon in England, lud dort Tuche dazu und brachte den Rest nach Hamburg und von da weiter nach Danzig. Das Gemälde zeigt ihn in seiner Schreibstube im Londoner Stalhof, vor ihm auf dem Tisch liegen Schreibzeug und ein beinerner Siegelstempel. In Avaldsnes laufen derzeit zu Land und unter Wasser archäologische Untersuchungen, und man darf gespannt sein, was Schlamm und Erde dort noch preisgeben werden. Und auch in Bergen werden Archäologen noch lange mit der Hanse beschäftigt sein. Das nächste Bauvorhaben im Hafen steht vor der Tür, und damit auch die nächste Chance für die Archäologie.

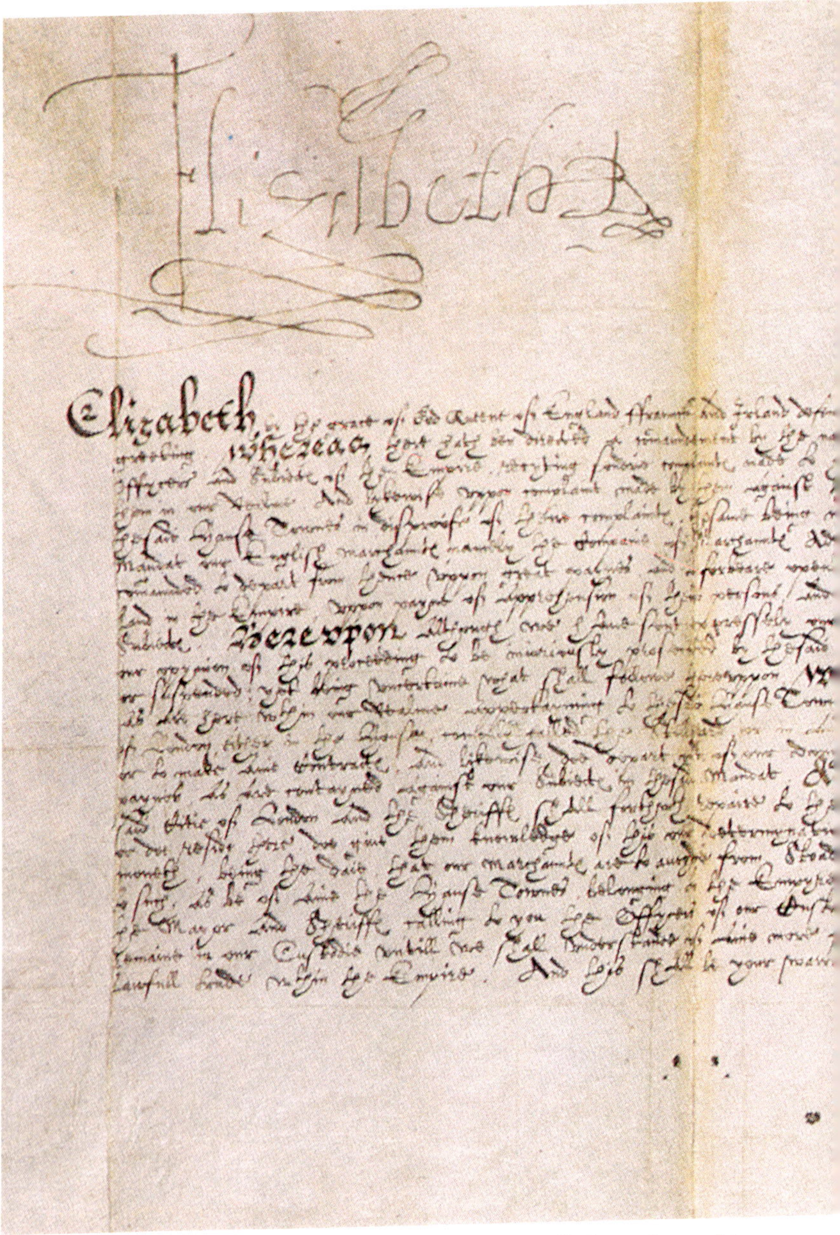

Königin Elisabeth I. von England ordnet 1598 die Ausweisung der hansischen Kaufleute und die Beschlagnahmung des Stalhofs an.

[illegible] &c. To our right trustie and welbeloued the Mayor and Shireffs of our Citie of London
[illegible] from the Romane Emperor to all Electors, prelats, Earles and all other
[illegible] Townes of the Dutch Hanse in Germanie of theire mindes renued against
[illegible] of our marchants Adventurers without hearing of their Ambassador to be made
[illegible] against, and not to be maintayned by their lawes; And that neuertheles by
[illegible] forbidden to use their trafficque of marchandize within the Empire but
[illegible] from all havens or landing places, or to use the commodities by water
[illegible] of theire goods with sundrie other extreame sentences pronounced against our
[illegible] to the Emperor as to the Electors and princes of the Empire
[illegible], and therefore we haue purposed to haue [illegible] [illegible] [illegible]
[illegible] it agreeable for our honor in the meane tyme to commaund that all
[illegible] in the Countie, and specially all such as haue their residence within
[illegible] [illegible] [illegible] forbidden [illegible] [illegible] [illegible] of trafficque [illegible]
[illegible] sort as our Subiects are commaunded to depart out of the Empire
[illegible] execution of this our determination [illegible] will that you the Maior of
[illegible] called the Stillyard and calling before you such as haue the charge
[illegible] commaundement, charging them that by the eight and twentith day of this
[illegible] depart out of this our Realme, charging them also to giue knowledge
[illegible] within and part of our Realme to depart likewise by the said daie
[illegible] take the possession of the said house the said eight and twentith day
[illegible] taken by the Emperor for restitution of our Subiects, to theire former
[illegible] Execution of the premisses. In witnesse whereof &c.

König Jakob I. von England, der 1604 die Verhandlungen zur Wiederherstellung der Privilegien der Hanse endgültig scheitern lässt

14 Konkurrenten, Territorialmächte und die stille Auflösung der Hanse

Am 25. September 1604 lehnt König Jakob I. von England die Vorschläge zur Wiederherstellung der Privilegien der Hansestädte endgültig ab. In der Sprache verfasst, in der nach wie vor internationale Verhandlungen geführt werden, nämlich Latein, lässt er sinngemäß schreiben: Gerne würden wir uns euren Wünschen gegenüber offen zeigen, «wenn nicht Privilegien dieser Art für das Königreich England sehr nachteilig wären. Denn wenn diese Privilegien jede Möglichkeit unserer Leute schwächen, Handel zu treiben, wenn sie Schwierigkeiten und Unannehmlichkeiten mit sich bringen, welche die Lage unseres Volkes aufs heftigste beschweren, wäre es ein Zeichen eurer Klugheit und eures Gerechtigkeitssinnes, unsere ablehnende Antwort im besten Sinne aufzunehmen ...».

In die höfliche Sprache der Diplomatie gekleidet ist dies das endgültige Aus für die hansischen Privilegien in England nach mehr als drei Jahrhunderten. Rechnet man die Kölner Privilegien des 12. Jahrhunderts dazu, sogar nach fast einem halben Jahrtausend. Unmissverständlich wird formuliert: Privilegien für fremde Kaufleute sind schädlich für das Königreich England. Dieser Meinung sind die englischen Kaufleute – und entsprechend auch die schwedischen, dänischen und norwegischen – schon seit langem. Für die Hanse ist der Verlust der Unterstützung der Herrscher und der ihnen nahestehenden Großen in den Königreichen fatal.

Bereits am 22. August 1604 hatten die königlichen Kommissare den hansischen Gesandten einen Tiefschlag versetzt, als sie in ihrer Antwort auf das Gesuch der Hansestädte schrieben, «dass Seine Majestät weitere Punkte wieder aufgreifen wird, um sie zusammen mit den Landesherren der Hansestädte selbst zu besprechen» *(ad tractationem cum ipsis Hanseaticarum Civitatum Principibus)*. Das bedeutet nichts anderes, als dass den Hansestädten die ihnen bis dahin zugestandene Selbständigkeit in handelswirtschaftlichen Fragen aberkannt wird. Sie sind keine vollwertigen Rechtspartner mehr.

Es ist ein ganzes Bündel von Gründen und ihr komplexes Zusammenwirken, das zu der Schließung des Londoner Kontors, ähnlichen Ereignissen an anderen Orten und schließlich zur stillen Auflösung der Hanse führt. Weder das Ausbleiben der Heringsschwärme vor Schonen noch die Entdeckung Amerikas und der angeblich damit verbundene Rückgang des Ostseehandels reichen zur Erklärung aus.

Einer der wichtigsten Gründe für den allmählichen wirtschaftlichen Niedergang der Hanse ist, dass sie die Fähigkeit verliert, auf neue Situationen angemessen zu reagieren. Ihr großer Vorzug im Spätmittelalter war ihre Flexibilität – trotz der manchmal fast endlosen Zeit, die es brauchte, um einen Beschluss zu fassen. Sie war eine lose Verbindung, ein Handelszweckverband, sie hatte kein Korsett aus Statuten, das die Bewegungsfreiheit eingeengt hätte. So wurden innerhalb dieses Rahmens nur die Räte und Kaufmannschaften der Städte aktiv, die direkt von einem Problem betroffen waren, und es zahlten diejenigen, denen eine Aktion nützte. Der Krieg gegen Waldemar IV. von Dänemark wurde über einen Pfundzoll von den Kaufleuten und Schiffern finanziert, die vom Freikämpfen der Seewege und der Wiedergewinnung der Privilegien profitierten.

(Einschränkend muss man freilich anmerken, dass auch in diesem Fall die Konsumenten der Waren über die Preise die Kriegskosten zahlten.) Selbst bei den Handelsblockaden, die innerhalb der Hanse wirtschaftspolitisch sehr schwer durchzusetzen waren, gab es Ausnahmegenehmigungen: Während der Flandernblockade 1388–1392 durfte der Deutsche Orden die weißen Tuche aus Mecheln, die er für die Kleidung der Ordensritter benötigte, weiterbeziehen und sie mit Bernstein bezahlen. Eine ähnliche Ausnahmegenehmigung erhielten die Kölner Kaufleute bei der Blockade Brügges 1451–1457 für ihren Handel mit Wein.

Die Hanse wird immer unflexibler, weil es schwieriger wird, einen Konsens zwischen den stark voneinander abweichenden Handelsinteressen der Mitglieder zu finden. Die Fronten verhärten so weit, dass Köln 1471 aus der Hanse ausgeschlossen und erst fünf Jahre später wiederaufgenommen wird. Denn der Bewegungsspielraum wird seit dem 15. Jahrhundert zunehmend enger. Das hat interne wie externe Gründe. In dem Riesenraum, in dem die Hanse tätig ist, sind viele Kräfte wirksam und permanente Veränderungen im Gange.

Wesentlich sind die Veränderungen im wirtschaftlichen Gefüge. Ursache sind vor allem die großen Pestepidemien seit Mitte des 14. Jahrhunderts und Verlagerungen der europäischen Wirtschaftsräume und Handelswege. Die zweite große Veränderung liegt in der allgemeinen politischen Entwicklung, die durch die Stichworte Territorialisierung und Verrechtlichung gekennzeichnet ist. Sie gefährdet die relative Autonomie der Hansestädte wie am Beispiel Jakobs I. gezeigt wurde.

Im 15. Jahrhundert durchläuft die europäische Wirtschaft eine tiefe Rezession, die fast überall bis in die 1460er Jahre hinein andauert. Als die Konjunktur im übrigen Europa wieder anzieht, gerät ein großer Teil der Hansestädte, vor allem Lübeck und die wendischen Städte, in eine noch tiefere Krise. Das bisherige Handelssystem, das sie groß gemacht hat, löst sich in der zweiten Hälfte des Jahrhunderts auf. Brügge, das wichtigste Handelskontor im Westen, verliert kontinuierlich an Bedeutung. Das wirtschaftliche Zentrum in Nordwesteuropa wird Antwerpen, wo die Hanse keine vergleichbaren Privilegien hat.

Die schonischen Märkte werden vom Hansetag selbst durch den Ausschluss der Konkurrenten aus England, Flandern und aus den ländlichen Gebieten der Niederlande von einer bedeutenden internationalen Handelsmesse zu einer Heringsmesse degradiert.

Das Schicksal des Bergener Kontors besiegelt die Islandfahrt. Stockfisch und Klippfisch aus Island, den Faröer und den Shetland-Inseln werden vor allem von den Engländern geholt. An dem

Der Fischfang vor Island beendet das Monopol der Stadt Bergen im Stockfischhandel. Ausschnitt aus der Carta Marina, 16. Jahrhundert

Noch heute wird Fisch auf die gleiche Art und Weise getrocknet wie zur Zeit der Hanse.

Handel beteiligen sich aber auch Hansestädte. Der Islandhandel bricht das Bergener Stockfischmonopol, das auch die lukrative Ausfuhr ins englische Boston einschloss. Das wiederum ist das Ende der Lübecker Englandfahrt, die hauptsächlich über Bergen führte.

Auch der Handel mit Nowgorod ist im 15. Jahrhundert stark rückläufig. Der Russlandhandel verlagert sich zunehmend in die livländischen Städte. Da dort der Handel «von Gast zu Gast», also zwischen fremden, Nicht-Revaler Kaufleuten, verboten ist, können Kaufleute aus anderen Hansestädten nicht mehr direkt mit den Russen handeln. Das macht russische Waren teurer. 1494 wird das Kontor in Nowgorod durch den russischen Zaren Iwan III. geschlossen. Neuen Erkenntnissen zufolge machte diese

Maßnahme ökonomisch und politisch keinen Sinn. Iwan rächte damit vermutlich den Misserfolg seiner Verhandlungen mit Maximilian von Habsburg. Der St. Peterhof war die einzige Möglichkeit für ihn, das Reich zu schädigen und seine Macht unter Beweis zu stellen.

Einzig in England scheint sich durch den Erfolg des Utrechter Friedens (1474) alles zum Guten gewendet zu haben. Allerdings hat der faktische Ausschluss der Engländer aus dem Ostseehandel, der damals erreicht wird, langfristig zur Folge, dass der englische Tuchexport auf die Messen von Antwerpen und Bergen op Zoom gelenkt wird. Das schwächt die Position Brügges. Außerdem haben die hansischen Kaufleute gegen die Oberdeutschen, die mit Silber und Kupfer weitaus kapitalkräftiger ausgestattet sind, nur wenig Chancen.

Die Kapitalschwäche der vielen, relativ kleinen hansischen Kaufmannsfirmen ist vermutlich das grundlegende Hemmnis für die Weiterentwicklung des hansischen Handelssystems. Das fehlende Kapital verhindert nicht nur die Beteiligung an dem enorm teuren «Atlantikhandel» in den Fernen Osten und nach Mittel- und Südamerika. (Vielleicht hätten die Hansen sonst in Indien oder auf den Philippinen ein neues Kontor errichtet, ähnlich den niederländischen Stützpunkten.) Geldmangel erklärt auch, warum hansische Firmen nicht im Edelmetall- und Kupferbergbau tätig werden. Ausnahmen gibt es aber auch hier: die bereits kurz genannte Handelsgesellschaft des Jan Falbrecht aus Thorn (Kap. 10). Falbrecht wird als Gegenleistung für die enormen Anleihen, die er und seine Gesellschaft König Sigismund gewähren, 1427 Kammergraf in Kremnitz (Kremnica in der Slowakei), dem Zentrum des Goldbergbaus, außerdem Münzmeister und 1431 oberster «Kupfergraf» Ungarns. Insgesamt aber überlassen die Hansen dieses Feld den oberdeutschen Handelshäusern. In den kapitalintensiven Wirtschaftsbereichen verpassen sie so die Verzahnung zwischen Produktion und Handel. Der hansische Kaufmann betreibt nach wie vor in der Regel Zwischenhandel. In der frühen Neuzeit wird jedoch zunehmend in Produktionsmittel, Rohstoffe und Arbeitskraft investiert, um über den Verkauf der hergestellten Waren das eingesetzte Kapital zu vergrößern. Diesen Schritt unterlassen die Hansen.

Die Holländer machen das ganz anders. Ihren Erfolg erzielen sie durch die Produktion von vier Handelswaren und einer Dienstleistung, die alle dem gleichen Schema folgen: Bier, Hering, Tuch und Salz sowie die Dienstleistung Schifffahrt sind Produkte, die bereits auf dem Markt angeboten werden, vor allem von hansischen Kaufleuten und Schiffern. Die Holländer ahmen sie nach und bieten sie preisgünstiger an. Meistens sind sie aber auch minderwertiger. Das hansische Hopfenbier wird durch ein aus Wasser, Torf und Gerste gebrautes Bier ersetzt und teilweise in Fässern der Hanse (Markenware!) verkauft. Der Nordseehering, der auf hoher See gefangen und gleich an Bord verarbeitet wird, kommt billiger und in großen Mengen auf den Markt, sodass er seit der Wende zum 15. Jahrhundert den schonischen Hering langsam verdrängt. Der Heringshandel verspricht enorme Umsätze. So verkaufen die Generalstaaten (der offizielle Name der nördlichen Provinzen der Niederlande) zu Beginn des 17. Jahrhunderts pro Jahr über 200 Millionen Heringe, was den Wert des Gesamtexports Englands übertrifft. In der Tuchherstellung imitieren die Holländer zunächst flämische und Brabanter Tuche und versehen auch die weniger hochwertigen Produkte kleinerer Städte mit nachgeahmten Amsterdamer und Leidener Qualitätssiegeln. Schließlich wird das Salz von der Atlantikküste durch neue Raffinierverfahren qualitativ verbessert, eignet sich dadurch zur Fischkonservierung und ist dennoch billiger als das Lüneburger Salz, mit dem die Lübecker den schonischen Hering konservieren.

Die Holländer müssen für ihre Waren fast alle Rohstoffe importieren: Getreide für Bier, Salz für Hering (der ohnehin in der

Nordsee gefangen werden muss), Holz, Flachs, Pech und Teer für den Schiffbau. Im Gegensatz zu den Hansen sind sie jedoch keine Zwischenhändler, sondern sie kaufen in der Regel Rohstoffe und Halbfertigprodukte, um sie weiterzuverarbeiten oder mit ihnen neue Produkte herzustellen. Das Übergewicht der Produktion gegenüber dem ausschließlichen Zwischenhandel ist der wesentliche Unterschied zwischen beiden Formen des Handels. In der Art der Organisation unterscheiden sie sich jedoch kaum.

Entgegen dem von der älteren Hanseforschung gepflegten Bild vom Holländer als dem «natürlichen Feind» der Hanse, wissen wir heute, dass Holländer und hansische Kaufleute über Jahrhunderte hinweg eng zusammenarbeiteten. Holländische und seeländische Städte, darunter Amsterdam, sind im 14. Jahrhundert sogar Mitglieder der Hanse. Nach einer Phase der Entfremdung sind sie im Zeitalter der Expansion der holländischen Frachtschifffahrt in den preußischen und livländischen Hansestädten gern gesehene Gäste. Die wendischen Städte haben hierzu aufgrund der Einbußen, die sie durch die Direktfahrt zwischen Ost- und Nordsee erleiden, eine andere Einstellung. Hansische Kaufleute arbeiten jedoch mit holländischen Schiffern und holländischen Kaufleuten gut zusammen. Wirtschaftliche Vorteile, vor allen Dingen Preisvorteile, erlauben es den Holländern, zunächst den Transportsektor zu beherrschen und anschließend über ihr Kapital auch in die Produktionszentren im östlichen Ostseeraum und zum Teil in Skandinavien einzudringen.

Seit etwa 1460 verweigern die Herrscher in England, Burgund, Dänemark und Russland den Hansestädten die bis dahin (fast) selbstverständliche Bestätigung ihrer Privilegien. Aber noch gelingt es den hansischen Diplomaten, sich durchzusetzen, vermutlich gegen erheblich höhere Zahlungen. Denn ihre traditionelle Waffe in diesen Auseinandersetzungen, die Wirtschaftsblockade, ist stumpf geworden. Die Privilegiengeber fördern in so einem Fall die Konkurrenten der Hanse, die Holländer oder die Engländer, manche schon die eigene «nationale» Kaufmannschaft. Krieg war schon immer riskant. Nun wird er durch den Machtzuwachs, den die Königreiche des Nordens und die Territorialstaaten des Reiches durch den Ausbau der Staatsverwaltung und eine effektive Wirtschaftspolitik gewinnen, zum Hasardspiel. Lübeck gelingt es nicht mehr, innerhalb der Hanse einen Konsens darüber herzustellen, dass die Konflikte im Ostseeraum alle dort aktiven Mitglieder betreffen. Die Stadt führt in den 1530er Jahren allein Krieg gegen Dänemark – und unterliegt.

Seit dem 16. Jahrhundert werden bislang relativ autonome Hansestädte im Zuge des Entstehens des neuen Mächtesystems im Ostseeraum neuen Staatsgebilden einverleibt. Zar Iwan IV. erobert 1558 Dorpat und Narwa. In der Folge geraten die estländischen und livländischen Städte unter schwedische beziehungsweise polnisch-litauische Herrschaft, dürfen aber weiterhin in der Hanse bleiben. Das Machtpotenzial der großen Territorialstaaten hat die militärische Stärke der Hansestädte überholt.

Schweden versucht, den Russlandhandel unter seine Kontrolle zu bringen. Reval, das unter schwedischer Schutzherrschaft steht, profitiert davon. 1559 kommt es dann zur ersten kriegerischen Auseinandersetzung zwischen zwei Städten, die beide Mitglieder der Hanse sind. Eine Lübecker Flotte beschießt Reval und soll dabei 100 Schiffe erobert und verbrannt haben.

In England kann die Hanse bis in die Regierungszeit Heinrichs VIII. (1509–1547) Unter- und Oberhaus gegeneinander ausspielen. König und Adel lieben den Luxus, mit dem die hansischen Kaufleute sie versorgen. Aber nach dem Tod Heinrichs VIII. setzen sich die königlichen Berater durch, die eine Unterstützung der englischen Kaufmannschaft fordern. Der Posten des englischen Ältermannes der Hanse wird nicht mehr besetzt, sodass die Informationen aus der und über die Londoner

Stadtverwaltung entfallen. 1556 bieten die Londoner Kaufleute der Regierung einen Kredit von 90 000 Pfund an, falls sie die hansischen Privilegien dauerhaft kassieren würden. Das geschieht noch nicht, aber Königin Maria I., die Katholische, untersagt daraufhin den Hansen die Tuchausfuhr in die Niederlande, einen der Hauptabsatzmärkte. Seit damals gelangen die hansischen Älterleute und Gesandten nicht mehr in die Nähe der englischen Herrscher. Den Endpunkt setzt Königin Elisabeth I., als sie als Reaktion auf das Handelsverbot für die *merchant adventurers* im Heiligen Römischen Reich Deutscher Nation im Jahr 1598 den Stalhof schließen lässt und sämtliche Privilegien kassiert.

Seit der ersten Hälfte des 15. Jahrhunderts verstärkt sich der Druck der Landesherren auf die Städte. Diese haben auf die Interessen ihrer Stadt- und Landesherren schon immer Rücksicht nehmen müssen. Daher ist eine der wichtigsten Fähigkeiten eines hansischen Bürgermeisters oder Ratsherrn, die unterschiedlichen Interessen sowohl der Stadtherren als auch der eigenen Bürgerschaft und der Hanse für alle zufriedenstellend zu berücksichtigen. Die Nähe zum Landesherrn bringt den Ratsherren oftmals große Ländereien ein und großes Ansehen, aber auch tiefes Misstrauen von Seiten der Bürger.

Wie stark sich die Abhängigkeit vom Landesherrn auf die Stellung einer Stadt in der Hanse auswirken kann, zeigen die Auseinandersetzungen wegen der Vitalienbrüder, allgemein als Seeräuber bezeichnet, im späten 14. Jahrhundert. Ursache war der Krieg zwischen dem Haus Mecklenburg und der Königin Margarete von Dänemark um die schwedische Krone. Wismar und Rostock müssen als Städte des Herzogs von Mecklenburg ihre Häfen für «alle, die das Reich Dänemark schädigen wollen», öffnen. Die Aussage des Chronisten Reimar Kock, dass daraufhin allerhand loses Volk, vor allem Seeräuber, in die beiden Städte gekommen sei, stammt allerdings aus dem 16. Jahrhundert. Zeitgenössische Überlieferungen dazu gibt es nicht. Die Kaperfahrer, die sich in Rostock und Wismar sammeln, erhalten keinen Sold, sondern fahren auf eigene Rechnung. Möglicherweise deutet der Name «Vitalienbrüder» auf die Selbstversorgung hin. Ihre *capitanei*, ihre Hauptleute, rekrutieren sich hauptsächlich aus dem mecklenburgischen und holsteinischen Niederadel.

Bis heute ist umstritten, wer diese Kaperfahrer eigentlich sind. Piraten sind sie jedenfalls nicht, aber auch keine regulären Flottenverbände im Sinne einer neuzeitlichen Kriegsmarine. Auch Söldner trifft es nicht, weil sie auf eigene Rechnung fahren. «Am ehesten kann man die Vitalienbrüder als Kaperer im Auftrag der mecklenburgischen Landesherrschaft und Unternehmer in eigener Sache bezeichnen. Ihr Auftrag war, möglichst viele Schiffe des Gegners aufzubringen und zu vernichten, die Finanzierung dieser Unternehmen gelang durch Verkauf der Beute in den ‹Heimathäfen› und Lösegeldzahlungen für gefangene Kaufleute oder Adlige» (Matthias Puhle).

Auch Schiffe der Hansestädte werden gekapert. Die Lage ist so schlimm, dass der Hansetag von 1392 die Einstellung des gesamten Seeverkehrs mit Schonen für drei Jahre anordnen muss. Für die Kunden bedeutet das, dass sie für den Hering in Preußen das Dreifache, in Frankfurt am Main das Zehnfache des üblichen Preises bezahlen müssen. Rostock und Wismar, in deren Häfen das geraubte oder gekaperte Gut verkauft wird, bekommen enorme Schwierigkeiten mit den anderen Hansestädten, die ihren Ausschluss aus der Hanse erwägen.

Mit dem Friedensschluss 1395 ziehen sich die adligen Hauptleute aus der Kaperfahrt zurück. Die übriggebliebenen Vitalienbrüder werden von den Hansestädten jetzt als Seeräuber betrachtet. Manche von ihnen gehen nach Gotland, von wo sie 1398 vom Deutschen Orden vertrieben werden. Andere von ihnen segeln in die Nordsee, wo sie den friesischen Häuptlingen in zahlreichen kriegerischen Auseinandersetzungen dienen. Diese Vitalienbrüder haben sich wahrscheinlich genossenschaftlich

Angeblich Claus Störtebeker, in Wahrheit aber Kunz von Rosen, ein zum Hofnarren Kaiser Maximilians I. aufgestiegener Söldner organisiert. Sie wählen besonders befähigte Leute an ihre Spitze wie zum Beispiel Godeke Michels, den es tatsächlich gegeben hat, und den legendären Claus Störtebeker, von dem nicht sicher ist, ob er wirklich existierte. Mit der Hinrichtung des Godeke Michels im Jahr 1401 endet jedenfalls die spektakuläre Phase der Geschichte der Vitalienbrüder.

Aber auch was die Abhängigkeit vom Landesherrn betrifft, gibt es gegenläufige Entwicklungen. Während der Kurfürst von Brandenburg Berlin, Cölln und andere Städte seines Herrschaftsbereiches Mitte des 15. Jahrhunderts unter seine politische Herrschaft zwingt, erkämpfen sich die preußischen Städte in einem dreizehnjährigen Krieg ihre Freiheit vom Deutschen Orden und unterstellen sich der Herrschaft des polnischen Königs – zu ausgezeichneten Bedingungen. Die Stadt Soest befreit sich in der Soester Fehde vom Kölner Erzbischof und erkennt den Herzog von Kleve, der gleichzeitig Graf von der Mark ist, als Stadtherrn an. Insgesamt aber verlieren mehr und mehr Städte ihre Sonderrechte, weil sie der herrschaftlichen Verdichtung in den Territorialstaaten entgegenstehen. Viele kleinere Städte müssen von ihrem Landesherrn nicht einmal militärisch bedroht werden. Sie gliedern sich freiwillig in die territoriale Wirtschaft ein, weil die Vorteile, die sie durch die Privilegien im Fernhandel in früheren Zeiten hatten, schwinden. Seit dem späten 15. Jahrhundert sind, beginnend mit Breslau 1474, Austritte überliefert. Als Begründung wird angegeben, dass man innerhalb der Hanse «verderben müsse».

Der zunehmenden Kontrolle einzelner Städte durch ihre Landesherren begegnet die Hanse seit dem 16. Jahrhundert mit einer Klassifizierung ihrer Mitglieder: Seit 1518 unterscheidet sie Städte, deren Kaufleute die Privilegien im Ausland nutzen dürfen, und solche, die autonom genug sind, um zu den Beratungen der Hansetage zugelassen zu werden – und diese auch geheim zu halten.

Flugblatt zum 300. Jahrestag der Hinrichtung Claus Störtebekers im Jahr 1701

Als Folge der Reformation erhalten die Fürsten im Reich – und die Könige der nordischen Reiche – durch den Einzug von Kirchengut enorme finanzielle Mittel, die dazu beitragen, dass sich das Kräfteverhältnis den Städten gegenüber weiter zugunsten der Fürsten verschiebt. Viele der relativ selbständigen Hansestädte, die für ihre Rechts- und Autonomieansprüche keine reichsrechtliche Legitimation besitzen, also eigentlich keine Reichsstädte, sondern Landesstädte sind, sind einem wachsenden Druck ausgesetzt. Sie müssen sich einordnen, das heißt unterordnen.

Wegen dieser Bedrohungslage entwickelt sich die Hanse immer mehr von einem Handelszweckverband zu einem Bündnis, wie es dann in der «Confoederationsnotel» des Jahres 1557 tatsächlich geschlossen wird. Die Kehrseite dieser Entwicklung: Mit seinen genau festgelegten Verpflichtungen ist das Bündnis wesentlich restriktiver, wodurch die Bewegungsfreiheit, die die Hanse des Spätmittelalters ausgezeichnet hatte, verlorengeht.

Als ob die Bedrohung von außen nicht ausreiche, treibt der Egoismus der großen Seestädte viele Binnenstädte aus der Hanse. Göttinger Kaufleute dürfen ihre Waren nicht mehr auf Hamburger oder Lübecker Schiffen transportieren, sondern müssen sie dort verkaufen. Sie werden vom Auslandshandel abgeschnitten. Die Stadt zieht 1558 die Konsequenzen und tritt aus der Hanse aus, lässt sich dann zwar zum Wiedereintritt überreden, quittiert aber 1572 endgültig die Mitgliedschaft.

Aber der Hansetag gibt nicht auf. Die Hanse wird reorganisiert. 1556 wird das Amt des Syndikus geschaffen, eines ständigen, juristisch geschulten Geschäftsführers. Der Kölner Dr. Heinrich Sudermann hat das Amt bis zu seinem Tod 1591 inne. Volle vierzehneinhalb dieser fünfunddreißig Jahre ist er in hansischen Angelegenheiten auf Reisen! Weil er als Katholik im lutherischen Lübeck *(in Lubecae aput haereticos)* nicht bestattet werden will, wird sein Leichnam in Ochsenhäute verpackt als Handelsgut nach Köln transportiert. Das ist kaufmännische Nüchternheit.

Außerdem werden nun ein jährlicher Mitgliedsbeitrag eingeführt und das bereits erwähnte Bündnis von 63 Städten auf zehn Jahre mit genau festgelegten Verpflichtungen geschlossen. Bei stark sinkender Mitgliederzahl – 1604 sind es noch 14 – bleibt es im Prinzip bis zum Dreißigjährigen Krieg (1618–1648) in Kraft. In diese Reorganisationsphase fällt der Bau des Hansekontors in Antwerpen (1564–1568). Die Einrichtung einer Bundeskasse, in die jedoch nur Einkünfte aus den Kontoren fließen, folgt erst 1612.

Seit Ende des 16. Jahrhunderts zeigt sich immer deutlicher, dass die Freiheit der Mitgliedsstädte auf Dauer nur im Rahmen eines Bündnisses mit einer Schutzmacht oder einem starken Partner zu gewährleisten wäre. Verhandlungen mit den oberdeutschen Reichsstädten und mit den niederländischen Generalstaaten bleiben jedoch erfolglos. 1628 lehnt der Hansetag ein spanisch-habsburgisches Angebot ab.

Mit Beginn des Dreißigjährigen Krieges wird es immer schwieriger, die noch beteiligten Städte zu einem Hansetag zusammenzubringen. Das Jahr 1629 ist insofern ein Schlüsseldatum der hansischen Geschichte, als Lübeck, Hamburg und Bremen mit der Wahrnehmung der Belange der Hanse betraut werden. Die drei schließen 1630 zudem ein Defensivbündnis. Diese beiden Beschlüsse begründen die später hanseatisch genannte gemeinsame Politik dieser drei Städte.

1648 werden die Hansestädte in den Westfälischen Frieden einbezogen. Es ist ein großer Erfolg der hansischen Delegation, dass die Hansestädte zum ersten Mal in ihrer Geschichte in einem Verfassungsdokument des Reiches genannt werden. Auch den Hansestädten Wismar, Stralsund und Greifswald, die durch den Friedensschluss unter schwedische Herrschaft fallen, wird freier Handel und freie Schifffahrt innerhalb und außerhalb des Reiches versprochen. Aber es ist zu spät. Die Konsolidierung der großen Staaten im Nord- und Ostseeraum entzieht der Hanse als grenzüberschreitender Verbindung freier Städte die weitere Existenzgrundlage. Die Versuche, das hansische Bündnis in den 1650er und 1660er Jahren wiederherzustellen, schlagen fehl. Der Hansetag in Lübeck 1669, der die Abgeordneten von nur noch sechs Städten zusammenbringt, drei lassen sich vertreten, sollte der letzte sein, was die Beteiligten jedoch nicht wissen. Er geht mit einem Rezess ohne wirklichen Beschluss zu Ende. Die Hanse endet, wie sie begonnen hat: ohne präzises Datum. Denn in den Vorstellungen der Zeitgenossen besteht sie weiterhin. 1684 fordert Kaiser Leopold I. den Lübecker Rat auf, einen Hansetag einzuberufen, um ihm einen Beitrag zur Türkenhilfe, also zur Finanzierung des Krieges gegen die Türken, zu bewilligen.

Lübeck, Hamburg und Bremen, die 1774 das Kontor in Bergen aufgelöst haben, verkaufen 1852 den Stalhof in London und 1862 das Oostershaus in Antwerpen. Die gemeinsame Vertretung der drei Hansestädte in Berlin schließt erst im Jahr 1920.

Der in Lübeck freigelegte goldemaillierte Glasbecher aus dem späten 13. Jahrhundert verweist auf Beziehungen der Hanse bis nach Syrien. Heutige Globalisierungsvertreter sehen die mittelalterliche Hanse als Vorläufer und keineswegs als reine «Antiquität», wie frühere Historiker.

◄ Seeschlacht vor Gotland 1564. Das schwedische Admiralschiff wird von der Besatzung des Lübecker Admiralschiffes «Der Engel» geentert. Kolossalgemälde von Hans Bohrdt, 1901

15 Das Nachleben der Hanse. Die Hanse in heutiger Sicht

Dem letzten Hansetag im Jahr 1669 folgte ein langes Nachspiel auf der internationalen Bühne der großen Friedenskongresse. Es dauerte bis in die 1830er Jahre. Auch verfassungsrechtlich blieb die Hanse ein interessantes Thema. Die Staatsrechtler des 17. und 18. Jahrhunderts diskutierten das Wesen der Hanse und die Stellung der quasi autonomen Mediatstädte, der *civitates mixtae*, die rechtlich gesehen Landesstädte, faktisch aber weitgehend unabhängig von ihrem Landesherrn waren. Erst mit der Auflösung des Heiligen Römischen Reiches Deutscher Nation im Jahre 1806 endete diese Diskussion. Nach dem Dreißigjährigen Krieg wollte Gottfried Wilhelm Leibniz die Hanse reformieren, um Deutschlands nationale Identität wiederherzustellen. Ähnlich auch Johann Gottfried Herder Ende der 1760er Jahre, der mit Hilfe der Hanse bürgerlich-städtische Strukturen kräftigen wollte. Man sah in der Hanse also durchaus ein Alternativmodell zum adligen Ständestaat der Vorrevolutionszeit.

Auch die historisch-wissenschaftliche Beschäftigung mit der Hanse begann noch in der Zeit des Heiligen Römischen Reichs. In den Wirren der Koalitionskriege und der Auseinandersetzungen mit den Ideen der Französischen Revolution begann der Göttinger Professor Georg Sartorius (1765–1828) im Jahr 1795 sein Werk über die Hanse, weil er glaubte, dass sich ein «harmloserer Gegenstand (...) als diese halb-vergessene Antiquität» nicht finden lasse, «um die Greuel der Gegenwart wenigstens augenblicklich zu vergessen». Sartorius war kein Stubengelehrter, sondern ein engagierter Verfassungsjurist. Er war im Auftrag des Herzogs Carl August von Weimar auf dem Wiener Kongress, über den er einen vernichtenden Bericht schrieb. Auch war er befreundet mit Goethe und der Lehrer Heinrich Heines, der ihm in seiner «Harzreise» in tiefer Verehrung ein Gedicht widmete.

Im Zuge der Nationalisierung der Geschichtsschreibung im 19. Jahrhundert erzielte die Hanse eine enorme Wirkung. Zunächst steckte dahinter, auch aus heutiger Sicht, ein durchaus fortschrittlicher Ansatz. Das deutsche Bürgertum, das während der Restauration um seine politischen Hoffnungen betrogen wurde, sah in der Freiheit der spätmittelalterlichen deutschen Stadt, insbesondere der Hansestädte, in der Selbstverantwortung der Bürger und ihrer wirtschaftlichen Bewegungsfreiheit die historische Legitimation für seine Ansprüche, den Staat mitzugestalten. Auch zwei Generationen später entsprach die Geschichte der Hanse so, wie man sie interpretierte, noch weitgehend

Wilhelm Mantels, der erste Vorsitzende des 1870 anlässlich des 500-jährigen Jubiläums des Friedens von Stralsund gegründeten Hansischen Geschichtsvereins (1871–1879)

den politischen Leitbildern liberaler Politiker. Der im Jahr 1871, am 500. Jahrestag des Stralsunder Friedens, gegründete Hansische Geschichtsverein hatte keine konservative, sondern eine liberale Zielsetzung. Er wollte «die reichen Schätze städtischer Geschichte, die fruchtbringenden Erfahrungen der Entstehung und Fortentwicklung communaler Selbständigkeit für die Benutzung der Gegenwart und einer vielverheißenden Zukunft Deutschlands ausbeuten».

Bereits Mitte des 19. Jahrhunderts hatte sich jedoch parallel eine deutsch-nationale Betrachtung der hansischen Geschichte durchgesetzt. Dieser Interpretation gehörte die Zukunft, vor allem, als sie ein zweites bedeutendes Thema deutscher Politik aufnahm, die Flottenpolitik. Seit dieser Zeit diente die Hanse als historische Legitimation für den Aufbau einer starken deutschen Flotte.

In der Folgezeit kam es zu einer immer engeren Verquickung kleindeutsch-preußischer Politik mit imperialistischen Akzentuierungen und dem von Hansehistorikern verbreiteten Bild der Hanse. Die bürgerlich-liberale Tradition trat in den Hintergrund. Man schlug den Bogen von der «wunderbaren Fügung des Schicksals (...), dass die Sterbestunde der Hanse zugleich die Geburtsstunde des brandenburgisch-preußischen Staates war», bis zur eigenen Gegenwart, «als der Staat des Großen Kurfürsten seine Sendung erfüllt [und] sich zum Deutschen Reiche ausgewachsen hatte». Denn damit habe «er bewußt das hansische Erbe angetreten. Aus dem Bunde dieser Staatsmacht und Staatsgesinnung mit dem kaufmännischen Wagemute der freien Hansestädte ist jenes ‹Deutschland auf und über der See› hervorgegangen, dessen glänzenden Wachstum wir im letzten Menschenalter erlebt haben. Den furchtbaren Kampf, den wir durchzufechten haben, hat gerade der Neid gegen dieses hansisch-preußische Deutschland entfesselt». Walther Vogel, ein Seefahrtshistoriker, zog 1915 diese Quintessenz, ganz in den Fußspuren seines Lehrers Dietrich Schäfer (1845–1928). Der betonte die politischen Aufgaben der Geschichtsschreibung und betrieb eine gezielte Popularisierung der hansischen Geschichte; er hielt Vorträge, unter anderem vor dem Alldeutschen Verband, einem deutsch-nationalen Agitationsverein, und vor dem Deutschen Flottenverein, der über eine Million Mitglieder hatte. Er schrieb viele Zeitungsartikel und eine in zahlreichen Auflagen erschienene Bild-Monographie «Die Deutsche Hanse». Allerdings hat Dietrich Schäfer seine wissenschaftlichen Tätigkeiten an der Universität von denen in der politischen Öffentlichkeit getrennt. Politische Agitation hatte im Hörsaal nichts zu suchen. Dass es aber eine immanente oder unterschwellige Beeinflussung gegeben hat, leuchtet ein.

Für die Breitenwirkung des Stoffes Hanse waren andere Medien jedoch wichtiger als die historischen Gesamtdarstellungen, wie populär sie auch immer waren. Die Hanse diente als Unterrichtsstoff in der Schule, als Dichtung in Form von Poesie, Prosa und Bühnenstück, für Kinder, Jugendliche und Erwachsene sowie in der Malerei.

Im Jugendbuch erscheint die Hanse bis zum Ende des Ersten Weltkriegs vor allem als «Folie zur Legitimierung von Nationsbildung, Kriegs- und Flottenpolitik, Kolonialismus und Bürgertum». Sie wird uneingeschränkt positiv dargestellt als die «einzige Wahrerin deutscher Interessen, als Vorreiterin deutscher Expansion in Europa wie in der Welt, als Kulturbringerin und zugleich als Vorbild moderner bürgerlicher Partizipation und Kultur» (Rudolf Holbach).

Nach dem Ende des Ersten Weltkriegs verlagert sich das Interesse auf die Darstellung sozialer Fragen und damit auf den Störtebeker-Stoff, der bereits vorher im Jugendbuch eine große Rolle gespielt hatte. Dieses sozialkritische Hansebild war Ende des 19. Jahrhunderts neben dem nationalen entstanden und hat sich bis heute im Jugendbuch gehalten. Im Kampf der Piraten,

So stellte man sich im späten 19. Jahrhundert die rechtschaffenen bürgerlichen Hansekaufleute vor. Titelbild eines 1896 erschienenen Jugendbuches

der *likedeeler* (das sind diejenigen, die ihre Beute gerecht teilen), gegen die ausbeuterischen Pfeffersäcke sind die Seeräuber, vor allem Claus Störtebeker, die Rächer der Unterdrückten. Die Hanse verkörpert als Hintergrundfolie das Böse. Bis in die 1930er Jahre war der sozialkritische Ansatz sehr populär. Einer seiner Höhepunkte war die dramaturgische Bearbeitung des Romans «Gewitter über Gotland» von Ehm Welk durch Erwin Piscator an der Berliner Volksbühne 1927. Weitergeführt wird dieser Ansatz heutzutage in den Störtebeker-Festspielen auf Rügen, die ungebrochenes Interesse finden und seit 1993 mehr als vier Millionen Besucher anlockten. Dieser Störtebeker kämpft «für Ehre und Gerechtigkeit».

Einen spannenden Aspekt der Geschichtsvermittlung und der Entstehung von Geschichtsbildern bildet die Darstellung der Hanse in der Malerei des 19. und 20. Jahrhunderts. Künstler, die ein hansisches Thema für einen größeren großbürgerlichen Käuferkreis darstellen wollten, um ihre Verkaufschancen zu erhöhen, durften es nicht auf ein Ereignis aus einer Hansestadt einengen, sondern mussten ein allgemeines Thema wählen, das auch als hansisch verstanden wurde. Die Maler beschränkten sich daher «in der Praxis auf die Darstellung der hansischen Seeschifffahrt, hauptsächlich in Seegefechten, aber auch Fahrt unter vollen Segeln oder im Hafen». Da die Schiffe, nicht die darauf befindlichen Menschen, das Geschehen bestimmten und nach den Gesetzen der künstlerischen Dramatik «ins Bild gesetzt» werden mussten, geriet die Geschichtsmalerei zur Hanse unter den Einfluss der Marinemalerei. «Nur die in dieser Gattung der Malerei geschulten Maler waren im späten 19. und im 20. Jahrhundert überhaupt in der Lage, auch die Schiffe der Hanse ‹richtig› ins Bild zu setzen. Das hatte tiefgreifende Folgen für die Darstellung der Hanse, denn als die Rahmenbedingungen für die Marinemalerei [in den Niederlanden im 17. Jahrhundert] festgelegt wurden, segelten die mit prachtvollem Schnitzwerk versehenen, ka-

Bei den Störtebeker Festspielen auf Rügen kämpft der heldenhafte Claus Störtebeker gegen die ausbeuterischen Pfeffersäcke.

nonenbestückten Dreimaster über alle Weltmeere. Gegen diese ozeantüchtigen Großsegler des 17. Jahrhunderts mit ihren hohen Aufbauten fielen die einmastigen, schmucklosen Hansekoggen, die als Artilleristen allenfalls Armbrustschützen aufbieten konnten, dermaßen ab, daß kein Marinemaler sich mit ihnen abgab, obwohl jeder sich anhand der Siegel vieler Hansestädte über das Aussehen der Koggen unterrichten konnte. Statt dessen versetzten die Maler die Dreimaster der späten Hansezeit einfach in ältere Jahrhunderte, malten sie aus starker Untersicht und verpaßten ihnen mit viel Phantasie gewaltige Aufbauten, um dem Betrachter die imponierende Macht der Hanse und die Ebenbürtigkeit mit den westeuropäischen Seemächten des 16. bis 18. Jahrhunderts zu suggerieren. Dieses Imponiergehabe der

Marinemaler hat das ganze 20. Jahrhundert hindurch das Bild geprägt, das man sich im öffentlichen Bewußtsein von der Hanse machte» (Detlev Ellmers).

Große Breitenwirkung erzielten jedoch weniger die beeindruckenden Monumentalgemälde, sondern ihre Verbreitung durch die Druckgrafik. Farbbildbände wie «Deutsche Schiffahrt in Wort und Bild», wurden reichsweit, auch im Binnenland, an Schulen verteilt, sodass die Instrumentalisierung der Hanse für die Politik bereits in den Köpfen der Schüler erfolgte. Damit war die aus Gründen der Bildkomposition historisch völlig falsch rekonstruierte dreimastige Kogge als Symbol für die Hanse eingeführt.

Nach der Niederlage im Ersten Weltkrieg blieb das Bild der Hanse als mittelalterlicher Verkörperung deutscher Größe und Seegeltung bestehen. Es war schließlich kein Zufall, dass die erste nationale Luftverkehrsgesellschaft den Namen «Deutsche Lufthansa AG» erhielt. Die wissenschaftliche Neuorientierung der akademischen Hanseforschung in den 1920er und frühen 1930er Jahren, die sich von der politischen Geschichte ab- und der Sozial-, Wirtschafts- und Kulturgeschichte zuwandte, schlug sich in der öffentlichen Wahrnehmung offensichtlich nicht nieder.

Während des Nationalsozialismus wurde die nationale und machtpolitische Bedeutung der Hanse extrem hochgespielt. Im Zweiten Weltkrieg wurde sie zum Instrument ideologischer Kriegsführung und nationalsozialistischer Eroberungs- und Großmachtpolitik. Die europäische Großraumwirtschaft, hieß es, sei die Wiedergeburt der ersten kontinentaleuropäischen Großraumwirtschaft – nämlich der Hanse zwischen 1000 und 1500. Das ließ ein Mitarbeiter Rosenbergs, der in der Reichsleitung der NSDAP für wirtschaftspolitische Fragen zuständig war, verlauten. Hanseforscher wie Fritz Rörig stellten sich in den Dienst der Volksgeschichtsschreibung und vermittelten in Vor-

Ein Dreimaster der späten Hansezeit, versetzt in die Zeit um 1400: die Bunte Kuh des Hans Bohrdt (1857–1945). Die «echte» Bunte Kuh war eine einmastige Kogge.

trägen und populärwissenschaftlichen Darstellungen ein Hansebild, das der völkisch-rassistischen Weltanschauung entsprach. Es untermauerte die Überlegenheit des nordisch-germanischen Menschen und legitimierte damit seinen Herrschaftsanspruch. Besonders unsäglich ist das 1940 erschienene Hanse-Buch eines Hans Hering (der kein Hansehistoriker war), demzufolge «mit unserem Zeitalter die ewige Deutsche Hanse zu einer neuen Welt- und Seegeltung des schaffenden deutschen Menschen» schreite.

Es ging allerdings auch anders. Mitten im Zweiten Weltkrieg erschien «Die Hanse» von Karl Pagel. Er war ebenfalls kein Historiker, schrieb sein Buch jedoch für eine breitere Leserschaft ohne jegliche nationalistischen und rassistischen Bezüge. Bis zum Erscheinen von Dollingers «Hanse» im Jahr 1964 (deutsche Ausgabe 1966) blieb Pagels Buch die verbindliche Gesamtdarstellung.

Wegen der Inanspruchnahme der hansischen Geschichte für die jeweilige Politik musste es zu scharfen Kontroversen zwischen Historikern der Staaten kommen, die an der hansischen Geschichte teilhatten. Von besonderer Schärfe waren die Diskussionen um die Bedeutung der deutschen Kaufleute zur Zeit des Artlenburger Vertrags von 1161, die zwischen deutschen und schwedischen Historikern ausgetragen wurden, und die Auseinandersetzung um die monopolistische Ausbeutung Norwegens. In der wissenschaftlichen Forschung haben sich – abgesehen von Einzelfragen – die Positionen deutscher und skandinavischer Historiker aus allen drei Ländern inzwischen weitgehend einander angenähert.

Diese Annäherung stand und steht in engem Zusammenhang mit der Entwicklung nach dem Zweiten Weltkrieg, als die deutsche Hanserezeption eine 180-Grad-Kehrtwende vollzog. In der DDR und in der BRD bildeten sich nun aber unterschiedliche Herangehensweisen heraus. In der BRD wurde die Hanse auf der politisch-ideologischen Ebene zum Vorläufer des vereinten Europas, in der DDR dagegen zum Exempel für den Klassenkampfcharakter der Geschichte; als Städtebund habe sie eine fortschrittliche Rolle bei der Überwindung des vollentfalteten Feudalismus gespielt. Unterhalb dieser politischen Vorgabe unterschieden sich die konkreten Fragestellungen der DDR-Historiker jedoch kaum von denen ihrer westdeutschen Kollegen. Beide wandten sich wieder den sozial-, wirtschafts- und kulturgeschichtlichen Fragestellungen zu, diesmal jedoch erweitert um den europäisch-vergleichenden Ansatz. Hansehistoriker sahen die Rolle der Hanse nun als «Mittler zwischen Ost und West» beziehungsweise als «Brücke zwischen den [europäischen] Märkten».

Die Rezeption in der Öffentlichkeit und in der Politik war bis in die späten 1970er Jahre hinein jedoch eher gering. 1978 fasste der Bürgermeister der niederländischen Stadt Zwolle den Plan, den Hansegedanken wiederaufleben zu lassen. Er schickte Einladungen an 57 ehemalige Hansestädte, von denen 43 zusagten und im August 1980 die «Hansetage der Neuzeit» aus der Taufe hoben. Inzwischen in «Städtebund DIE HANSE» umbenannt, zeigt sich in ihm der internationale, völkerverbindende Aspekt in der gegenwärtigen Wahrnehmung der Hanse. Er umfasst zurzeit 176 Mitgliedsstädte in 16 europäischen Staaten von Frankreich bis Russland. In welchem Ausmaß Feindbilder der Vergangenheit innerhalb dieser Organisation überwunden sind, lässt die Zahl von 21 Mitgliedsstädten in Polen erahnen, das nach Deutschland (99 Städte) das größte Kontingent stellt.

Heute interessiert viele Menschen an der Hanse offensichtlich eine Sache ganz besonders: die Zusammengehörigkeit oder zumindest das Zusammenwachsen Europas. Internationalität scheint in der Tat ein Kriterium der hansischen Geschichte gewesen zu sein. Der Blick auf das heutige Europa zeigt, dass ehemalige Hansestädte in acht europäischen Staaten (Deutschland, Niederlande, Belgien, Polen, Russland, Lettland, Estland, Schweden) liegen, ehemalige Handelsniederlassungen in weiteren acht (Großbritannien, Norwegen, Portugal, Weißrussland, Finnland, Litauen, Dänemark, Frankreich). Außerdem hatten Hansekaufleute Handelsbeziehungen zu weiteren neun (heutigen) europäischen Staaten (Tschechien, Slowakei, Ungarn, Österreich, Schweiz, Luxemburg, Island, Spanien, Italien), sodass insgesamt 25 der heute 45 europäischen Staaten im Einflussbereich der Hanse waren – wenn auch in sehr unterschiedlichem Ausmaß. Darüber vergisst man gerne, dass die Hanse eine niederdeutsche Organisation war – deren Mitglieder allerdings europaweit tätig waren.

Die modernen Hansetage finden jährlich in einer der Mitgliedsstädte statt und dienen zum Erfahrungs- und Gedankenaustausch, Kontaktaufnahmen im wirtschaftlichen Bereich sowie zum Feiern und zum Kennenlernen. Die Vorstellung von der Hanse, die diesem «Städtebund DIE HANSE» zugrunde liegt, ist eine Vorstellung des späten 20. und frühen 21. Jahrhunderts, die Hoffnungen und Ziele der Gegenwart auf die Vergangenheit projiziert und meint, diese seien bereits im Spätmittelalter – wenigstens in Ansätzen – verwirklicht worden. Versuchen wir ein Resümee zu ziehen:

Die Hanse wird in Deutschland von der Mehrheit der Bevölkerung positiv bewertet. Der Hanseat gilt als nüchtern und zuverlässig, vertrauenswürdig, weltoffen – und etwas steif. Auf diesen Tugenden aufbauend diente die Hanse im 19. und 20. Jahrhundert schon vielen «Herren». Der Mythos Hanse ist in den unterschiedlichsten politischen Systemen einsetzbar. Die heutige Einvernahme der Hanse unterscheidet sich ja nur im Thema der Projektion, aber nicht grundsätzlich von der Rezeption im 19. und 20. Jahrhundert. Dabei fehlt es nicht an Aspekten, die, neben dem anscheinend «internationalen» Charakter der historischen Hanse, zeigen, dass die Hanse über ihre Zeit hinaus wies und Entwicklungen vorwegnahm, die – in den dazwischenliegenden Jahrhunderten verschüttet – erst heute wieder aufgenommen werden.

Als Erstes sind in diesem Zusammenhang die Stadtbürger zu nennen. Sie führten die hansische Politik als eine gesellschaftliche Gruppe, die zum ersten Mal in dem adligen Machtgefüge des Mittelalters und der Frühen Neuzeit im deutschsprachigen Raum ihre eigenen Interessen als ernstzunehmende Macht durchsetzte. Die Bürgerstädte, kommunale Städte nennt man sie, hatten eine republikanische Verfassung: Sie wurden (im Prinzip) von Vertretern geleitet, die von ihrer jeweiligen Bürgerschaft auf Zeit gewählt waren. Darüber hinaus blieben die Bürger bei allen wichtigen Problemen, die das ganze Gemeinwesen betrafen, mitsprache- und mitentscheidungsberechtigt. Das war keine Demokratie, aber ein riesiger Unterschied zu der auf Erbfolge und Gehorsamsanspruch beruhenden hierarchischen Herrschaftsform im Fürstenstaat.

Bemerkenswert ist in diesem Zusammenhang, dass nur in den drei Hansestädten Lübeck, Hamburg und Bremen sowie in der Schweiz durchgehend vom 13. bis zum 21. Jahrhundert eine republikanisch-oligarchische Staatsform bestand. Das hat sich bezeichnenderweise nicht als hansischer Mythos niedergeschlagen. Denn der Mythos Hanse erhielt seine stärkste Prägung durch monarchistisch-großdeutsche Vorstellungen, die republikanisches Gedankengut ablehnten.

Die Hansestädte betrieben außerdem über Ländergrenzen hinweg eine untereinander abgestimmte Politik, obgleich sie unterschiedlichen Herrschaften (heute würde man sagen: Staaten) angehörten. Sie wurden von niemandem dazu gezwungen. Die Hanse war ein freiwilliger Zusammenschluss von rechtlich gleichgestellten Städten, in dem jeder gemeinsame Beschluss – oft mühsam – ausgehandelt werden musste.

Die gemeinsame Außenhandelspolitik war in ihrer Zeit einzigartig. Ihre Bedeutung wurde erst wieder verstanden, als nach dem Zweiten Weltkrieg in Europa souveräne Staaten auf einzelne Rechte zugunsten einer gemeinsamen übergeordneten Organisation verzichteten. Es gibt einige strukturelle Ähnlichkeiten zwischen der Hanse und der Europäischen Union: Die Entscheidungsfindung (Einstimmigkeitserfordernis in vielen Bereichen), die fehlende gemeinsame Exekutive, der (beabsichtigte) Weg vom wirtschaftlichen zum politischen Verband, die starke Beeinflussung des Rechts- und Wirtschaftslebens der Mitglieder und die indifferente Haltung der Bevölkerung (permissiver Konsens) ihnen gegenüber.

Als Vereinigung von rechtlich gleichgestellten Partnern ist die Hanse ein erfolgreiches Beispiel für das Prinzip der Konsensbildung in einem ansonsten hierarchisch aufgebauten Europa.

Der Hansetag war beileibe kein Parlament, eher eine Art Europäischer Rat, da er sich aus Mitgliedern der Ratsgremien, also der Regierungen der Mitgliedsstädte, zusammensetzte. Dort berieten und beschlossen die Ratssendeboten der Städte über gemeinsame Anliegen. Es galt das Konsensprinzip gleichberechtigter Partner, wobei die dort getroffenen Entscheidungen allerdings in den Ratsgremien, zum Teil auch von den Bürgerschaften der einzelnen Hansestädte, gewissermaßen ratifiziert werden mussten. Ähnliche Formen kennen wir heute in der Europäischen Union. Dennoch war die Hanse keine Vorläuferin des vereinten Europas! Sie war eine niederdeutsche Organisation, keine europäische.

Aufgrund ihrer wirtschaftlichen Macht gelang es den niederdeutschen Fernhändlern, ihre Niederlassungen im Ausland als relativ autonome Institutionen aufzubauen. Eine gesteigerte Parallele dazu aus einem späteren Globalisierungsschub sind die «Vertragshäfen», exterritoriale Niederlassungen nach europäischem Recht, die die Europäer im Zeitalter des Imperialismus während und nach dem ersten Opiumkrieg in China, aber auch in Japan und Korea erzwangen. Ähnliche Autonomie gewinnen heute wieder einige global tätige Konzerne, für die es kaum ein durchsetzbares internationales Recht gibt.

Durch ihre Handelstätigkeit verband die Hanse die nord- und nordosteuropäischen Länder stärker mit Mittel- und Westeuropa, als dies vor ihrer Zeit der Fall war. Da die Globalisierung seit Beginn der Menschheitsgeschichte in Phasen abläuft, die unterbrochen und später wiederaufgenommen werden, war die Hanse Teil dieses Prozesses.

In ihrer Einung verbanden die frühhansischen Kaufleute die bis dahin getrennten Systeme der Binnenkaufleute und der seefahrenden Kaufleute. Das heißt heute in der modernen Logistik «Land-Sea-Link». Die Hansekaufleute sprachen von der «Reise über See und Sand». Dieses neue System beschleunigte und vervielfachte den Warenverkehr, auch wenn es noch weit von den heute üblichen Just-in-time-Verfahren entfernt war.

Schließlich interpretiert man heute die Struktur des Hansehandels als Netzwerkorganisation, die mit unserer Beziehungs-Netzwerk-Ökonomie einiges gemeinsam hat.

Für die Hanse spricht auch, dass sie, so weit möglich, Konflikte auf diplomatischem Weg zu lösen suchte. Ihre wirtschaftliche und politische Überlegenheit nutzte sie, wo sie konnte, allerdings gnadenlos aus.

Abschließend kann man festhalten, dass der hansische Handel das Zusammenwachsen der Regionen und Völker dieses Kontinents förderte. Wir haben ein gemeinsames Erbe in Wirtschaft, Verfassung, Recht und Kultur, das sich in so unterschiedlichen Erscheinungsformen wie Stadtanlagen, Backsteingotik, Sprachverwandtschaft, Buchdruck, Geldwesen, Kunst und Religion niederschlägt. Die Hanse hat an diesem Prozess lange und intensiv mitgewirkt. Sie ist mit den vielen Aspekten, die sie uns bietet, ein typisches Beispiel für die «Ambivalenz» des Mittelalters. Einerseits war sie fest im Mittelalter verankert, andererseits wies sie weit über ihre Zeit hinaus.

Anhang

Literatur

Abkürzungen:

HGbll.	Hansische Geschichtsblätter
ZVLGA	Zeitschrift des Vereins für Lübeckische Geschichte und Altertumskunde
VSWG	Vierteljahrschrift für Sozial- und Wirtschaftsgeschichte

Gesamtdarstellungen

d'Haenens, Albert: Die Welt der Hanse. Antwerpen u.a. 1984

* Dollinger, Philippe: Die Hanse. 5., erweiterte Aufl. Stuttgart 1998

Friedland, Klaus: Die Hanse. Stuttgart 1991

Fritze, Konrad; Schildhauer, Johannes; Stark, Walter: Die Hanse. Berlin 1974

* Hammel-Kiesow, Rolf: Die Hanse. 4. Aufl. München 2008

* Hammel-Kiesow, Rolf; Puhle, Matthias; Wittenburg, Siegfried: Die Hanse. Darmstadt 2009

Pagel, Karl: Die Hanse, neu bearb. von F. Naab. Braunschweig 1983

Schildhauer, Johannes: Die Hanse. Geschichte und Kultur. Leipzig 1984

* Selzer, Stephan: Die mittelalterliche Hanse. Darmstadt 2010

Stoob, Heinz: Die Hanse. Graz u.a. 1995

Die oben mit * versehenen Titel wurden für jedes Kapitel herangezogen. Sie werden im Folgenden daher nicht mehr aufgeführt.

1. Kapitel

Arnoldi [Lubecensis] Chronica Slavorum, hg. von Georg Heinrich Pertz (MGH SS rer. Germ. [14.]). Hannover 1868 (Neudruck 1978); deutsche Übersetzung von (Joh. Carl Mauritz Laurent, neu bearb. von Wilhelm Wattenbach. (Geschichtsschreiber der deutschen Vorzeit 71.) Leipzig 1940

Blomkvist, Nils: The Discovery of the Baltic. The Reception of a Catholic World-System in the European North (AD 1075–1225). Leiden u.a. 2005

Bock, Günther: Die Schlacht von Schmilau 1093 im Kontext der Herrschaftsstrukturen des Unterelberaums während des 11. und 12. Jahrhunderts. In: Hans-Walter Stork (Hg.): Das Elfenbein-Evangeliar des Hamburger Mariendomes. Die Stiftung Graf Gottfrieds von Hamburg († 1110) und ihre historische Bedeutung (im Druck)

Bumke, Joachim: Höfische Kultur. Literatur und Gesellschaft im hohen Mittelalter. 2 Bde. München 2008

Die Urkunden Heinrichs des Löwen, Herzogs von Sachsen und Bayern, bearb. von Karl Jordan (Monumenta Germaniae Historica. Diplomata regum et imperatorum Germaniae. Laienfürsten- und Dynastenurkunden der Kaiserzeit 1). Weimar 1949, unveränderter Nachdruck Stuttgart 1957, Nr. 48, 49, *115, *116

Ehlers, Joachim: Heinrich der Löwe. Eine Biographie. München 2008

Haussig, Hans Wilhelm: Die Geschichte Zentralasiens und der Seidenstraße in islamischer Zeit. 2., unveränderte Aufl. Darmstadt 1994

Helmold von Bosau: Slawenchronik, neu übertragen und erläutert von Heinz Stoob (Ausgewählte Quellen zur deutschen Geschichte des Mittelalters, Bd. 19) 2., verb. Aufl. Darmstadt 1973; c. 49, 57, 86

Higounet, Charles: Die deutsche Ostsiedlung im Mittelalter. München 1990

Jahnke, Carsten: Handelsstrukturen im Ostseeraum im 12. und beginnenden 13. Jahrhundert. Ansätze einer Neubewertung. In: HGbll. 126, 2008, S. 145–186

Kattinger, Detlef: Die Gotländische Genossenschaft. Der frühhansisch-gotländische Handel in Nord- und Westeuropa. Köln u.a. 1999

Lloyd, Terrence H.: England and the German Hanse, 1157–1611. Cambridge 1991

Neumann, Siegfried: Die Entstehung der Vineta-Sage: vom Chronikbericht zur «Volkserzählung». In: Beiträge zur Erzählforschung in Vorpommern (2006), S. 8–60

Nicholas, David: Medieval Flanders. London u.a. 1992

Pitz, Ernst: Bürgereinung und Städteeinung. Studien zur Verfassungsgeschichte der Hansestädte und der deutschen Hanse. Köln u.a. 2001

Stehkämper, Hugo: Friedrich Barbarossa und die Stadt Köln: ein Wirtschaftskrieg am Niederrhein. In: Köln – Stadt und Bistum in Kirche und Reich des Mittelalters. Festschrift für Odilo Engels zum 65. Geburtstag. Köln u.a. 1993, S. 404–413

Wase, Dick: Die früheste deutsche Ansiedlung auf dem «gotischen Ufer» in Visby. In: HGbll. 118, 2000, S. 9–33

Zöller, Sonja: Kaiser, Kaufmann und die Macht des Geldes. Gerhard Unmaze von Köln als Finanzier der Reichspolitik und der «Gute Gerhard» des Rudolf von Ems. München 1993.

2. Kapitel

Blomkvist: Discovery (s. Kap. 1)

Ellmers, Detlev: Die Entstehung der Hanse. In: HGbll. 103, 1985, S. 3–40

Ellmers, Detlev: Die Seehäfen der Hanse als Dienstleistungszentren eines weitgespannten Transportnetzes. In: HGbll. 123, 2005, S. 109–128

Ellmers, Detlev: Hansische Selbstdarstellung im Siegelbild. In: Hammel-Kiesow, Rolf; Hundt, Michael (Hg.): Das Gedächtnis der Stadt Lübeck. Festschrift für Antjekathrin Graßmann zum 65. Geburtstag. Lübeck 2005, S. 413–426

Friedland, Klaus: Gotland. Handelszentrum – Handelsursprung. In: Graßmann, Antjekathrin; Hammel-Kiesow, Rolf; Loose, Hans-Dieter (Hg.): Mensch und Seefahrt zur Hansezeit. Köln 1995, S. 301–312

Hansisches Urkundenbuch Bd. 1, bearb. von Konstantin Höhlbaum. Halle 1876, Nr. 88, 421–436, 593, 1088

Heinrich von Lettland: Livländische Chronik. Neu übersetzt von Albert Bauer. Darmstadt 1975, I, 2; IV, 7

Kattinger: Gotländische Genossenschaft (s. Kap. 1)

Schlüter, Wolfgang (Hg.): Die Nowgoroder Schra in sieben Fassungen vom XIII. bis XVII. Jahrhundert. Dorpat 1911

3. Kapitel

Andermann, Ulrich: Ritterliche Gewalt und bürgerliche Selbstbehauptung. Untersuchungen zur Kriminalisierung und Bekämpfung des spätmittelalterlichen Raubrittertums am Beispiel norddeutscher Hansestädte. Frankfurt a. M. u. a. 1991

Behrmann, Thomas: Der lange Weg zum Rezeß. Das erste Jahrhundert hansischer Versammlungsschriftlichkeit. In: Frühmittelalterliche Studien 36, 2002, S. 343–467.

Ellmers, Detlef: Koggen kontrovers. In: HGbll. 128, 2010, S. 113–140

Förster, Thomas: Große Handelsschiffe des Spätmittelalters. Untersuchungen an zwei Wrackfunden des 14. Jahrhunderts vor der Insel Hiddensee und der Insel Poel. Bremerhaven u. a. 2009

Hammel-Kiesow, Rolf: Lübeck and the Baltic Trade in Bulk Goods for the North Sea Region 1150–1400. In: Berggren, Lars; Hybel, Nils; Landen, Annette (Hg.): Cogs, Cargoes and Commerce: Maritime Bulk Trade in Northern Europe, 1150–1400. Toronto 2002, S. 53–91

Hanserezesse. Die Recesse und andere Akten der Hansetage 1256–1430, Abt. I, Bd. 1, bearb. von Karl Koppmann. Leipzig 1870, Nr. 3, 7, 9, 80

Hanserezesse. Die Recesse und andere Akten der Hansetage 1256–1430, Abt. I, Bd. 6, bearb. von Karl Koppmann. Leipzig 1889, Nr. 556, Art. 87

Hansisches Urkundenbuch Bd. 1 (s. Kap. 2), Nr. 232, 305, 345, 484, 650, 863, 906, 1131

Hoffmann, Gabriele; Schnall, Uwe (Hg.): Die Kogge. Sternstunde der deutschen Schiffsarchäologie. Hamburg 2003

Jenks, Stuart: Von den archaischen Grundlagen bis zur Schwelle der Moderne (ca. 1000–1450). In: Michael North (Hg.): Deutsche Wirtschaftsgeschichte. Ein Jahrtausend im Überblick. München 2000, S. 15–191

Mohrmann, Wolf-Dieter: Der Landfriede im Ostseeraum während des späten Mittelalters. Kallmünz 1972

Paulsen, Reinhard: Die Koggendiskussion in der Forschung. Methodische Probleme und ideologische Verzerrungen. In: HGbll. 128, 2010, S. 19–112

Rörig, Fritz: Wirtschaftskräfte im Mittelalter. Abhandlungen zur Stadt- und Hansegeschichte. 2. Aufl. Wien u.a. 1971

4. Kapitel

Afflerbach, Thorsten: Der berufliche Alltag eines spätmittelalterlichen Hansekaufmanns. Betrachtungen zur Abwicklung von Handelsgeschäften. Frankfurt a. M. 1993

Brennig, Heribert A.: Der Kaufmann im Mittelalter. Literatur, Wirtschaft, Gesellschaft. Pfaffenweiler 1993, S. 112–120

Bumke: Höfische Kultur (s. Kap. 1)

Cordes, Albrecht: Spätmittelalterlicher Gesellschaftshandel im Hanseraum. Köln u.a. 1998

Demski, Rainer: Adel und Lübeck: Studien zum Verhältnis zwischen adliger und bürgerlicher Kultur im 13. und 14. Jahrhundert. Frankfurt a. M. 1996

Hucker, Bernd Ulrich: Die stadtsässigen Dienstleute Magdeburgs: Promotoren der Stadtfreiheit im 12. und 13. Jahrhundert. In: Puhle, Matthias; Petsch, Peter (Hg.): Magdeburg: die Geschichte der Stadt 805–2005. Dössel 2005, S. 85–95

Oexle, Otto Gerhard: Die Kaufmannsgilde von Tiel. In: Jankuhn, Herbert; Ebel, Else (Hg.): Untersuchungen zu Handel und Verkehr der vor- und frühgeschichtlichen Zeit in Mittel- und Nordeuropa, Teil VI, Organisationsformen der Kaufmannsvereinigungen in der Spätantike und im frühen Mittelalter. Göttingen 1989, S. 173–196

Pitz: Bürgereinung (s. Kap. 1)

Rüther, Stefanie: Prestige und Herrschaft. Zur Repräsentation der Lübecker Ratsherren in Mittelalter und Früher Neuzeit. Köln u.a. 2003

Trüper, Hans G.: Ritter und Knappen zwischen Weser und Elbe. Die Ministerialität des Erzstifts Bremen. Stade 2000

Zöller: Kaiser, Kaufmann (s. Kap. 1)

5. Kapitel

Behrmann, Thomas: Herrscher und Hansestädte. Studien zum diplomatischen Verkehr im Spätmittelalter. Hamburg 2004

Behrmann, Thomas: Über Zeichen, Zeremoniell und Hansebegriff auf hansischen Tagfahrten. In: Henn, Volker (Hg.): Die hansischen Tagfahrten zwischen Anspruch und Wirklichkeit. Trier 2001, S. 109–124

Greve, Anke: Herberge, Wirte und Handel in Brügge im Spätmittelalter. In: Hammel-Kiesow, Rolf (Hg.): Vergleichende Ansätze in der hansischen Geschichtsforschung. Trier 2002, S. 223–235

Hanserezesse I Bd. 1 (s. Kap. 3), Nr. 158–162, 212, 213, 238

Hansisches Urkundenbuch Bd. 3 (s. Kap. 2), Nr. 110

Henn, Volker: Wachsende Spannungen in den hansisch-niederländischen Beziehungen. In: Bracker, Jörgen (Hg.): Die Hanse – Lebenswirklichkeit und Mythos Bd. 1. Hamburg 1989, S. 73–79

Murray, James M.: Bruges, Cradle of Capitalism, 1280–1390. Cambridge 2005

6. Kapitel

Bohn, Robert: Dänische Geschichte. München 2010

Delumeau, Jean: Angst im Abendland. Die Geschichte kollektiver Ängste im Europa des 14. bis 18. Jahrhunderts. Reinbek 1985

Fischer, Erik: Die Auseinandersetzung der Hanse mit König Waldemar IV. Atterdag im Zweiten Waldemarkrieg. München 2006

Fritze, Konrad; Krause, Günter: Seekriege der Hanse. Das erste Kapitel deutscher Seekriegsgeschichte. Berlin 1997

Götze, Jochen: Von Greifswald bis Stralsund. Die Auseinandersetzungen der deutschen Seestädte und ihrer Verbündeten mit König Valdemar von Dänemark 1361–1370. In: HGbll. 88, 1970, S. 83 –122

Hoffmann, Erich: König Waldemar IV. als Politiker und Feldherr. In: Kattinger, Detlef; Wernicke, Horst; Werlich, Ralf-Gunnar (Hg.): Akteure und Gegner der Hanse – Zur Prosopographie der Hansezeit. Konrad-Fritze-Gedächtnisschrift. Weimar 1998, S. 271–288

Mantels, Wilhelm: Die hansischen Schiffshauptleute Johann Wittenborg, Brun Warendorp und Tidemann Steen. In: HGbll. Jg. 1871, S. 109–151

Noodt, Birgit: Lübecker Quellen zur demographischen Wirkung der Pest im 14. Jahrhundert. In: Hammel-Kiesow, Rolf; Hundt, Michael (Hg.): Das Gedächtnis der Stadt Lübeck. Festschrift für Antjekathrin Graßmann zum 65. Geburtstag. Lübeck 2005, S. 55–66

Schäfer, Dietrich: Die deutsche Hanse. Leipzig 1914 (Reprint)

Schäfer, Dietrich: Die Hansestädte und König Waldemar von Dänemark. Jena 1879

Skyum-Nielsen, Niels: König Waldemar IV. Atterdag von Dänemark. Persönlichkeit und Politik. In: HGbll. 102, 1984, S. 5–20

Stefke, Gerald: Der Lübecker Bürgermeister Johan Wittenborch, hingerichtet 1363. In: HGbll. 126, 2008, S. 1–144

Tuchmann, Barbara: Der ferne Spiegel. Das dramatische 14. Jahrhundert. Düsseldorf 1980

7. Kapitel

Biskup, Marian; Labuda, Gerard: Die Geschichte des Deutschen Ordens in Preußen. Osnabrück 2000

Czaja, Roman: Preußische Hansestädte und der Deutsche Orden. Ein Beitrag zu den Beziehungen zwischen Stadt und Landesherrschaft im späten Mittelalter. In: HGbll. 118, 2000, S. 57–76

Militzer, Klaus: Die Geschichte des Deutschen Ordens. Stuttgart 2005

Sarnowsky, Jürgen: Der Deutsche Orden. München 2007

Sarnowsky, Jürgen: Die preußischen Städte in der Hanse. In: HGbll. 112, 1994, S. 97–124

Sarnowsky, Jürgen: Die Wirtschaftsführung des Deutschen Ordens in Preußen (1382–1454). Köln–Weimar–Wien 1993

8. Kapitel

Bracker, Jörgen; Henn, Volker; Postel, Rainer (Hg.): Die Hanse: Lebenswirklichkeit und Mythos, 4., bibliographisch aktualisierte Aufl. des Textbandes zur Hamburger Hanse-Ausstellung von 1989. Lübeck 2006

Brandt, Ahasver von: Die Lübecker Knochenhaueraufstände von 1380/84 und ihre Voraussetzungen. Studien zur Sozialgeschichte Lübecks in der zweiten Hälfte des 14. Jahrhunderts (1959). In: Friedland, Klaus; Sprandel, Rolf (Hg.): Lübeck, Hanse, Nordeuropa. Gedächtnisschrift für Ahasver von Brandt. Köln u.a. 1979, S. 129–208

Ehbrecht, Wilfried: Eintracht und Zwietracht. Ursache, Anlass, Verlauf und Wirkung von Stadtkonflikten. In: Puhle, Matthias (Hg.): Hanse – Städte – Bünde. Die sächsischen Städte zwischen Elbe und Weser um 1500. Magdeburg 1996, S. 298–321

Ehbrecht, Wilfried: Hanse und spätmittelalterliche Bürgerkämpfe in Niedersachsen und Westfalen. In: Nieders. Jb. f. Landesgesch. 48, 1976, S. 77–105

Ehbrecht, Wilfried: Verhaltensformen der Hanse bei spätmittelalterlichen Bürgerkämpfen in Westfalen. In: Westfälische Forschungen 26, 1974, S. 40–59

Garzmann, Manfred R. W.: Zwischen bürgerschaftlichem Autonomiestreben und landsherrlicher Autorität. Die Städte Magdeburg und Braunschweig im Vergleich. In: Puhle (Hg.): Hanse – Städte – Bünde, S. 62–83

Hammel-Kiesow, Rolf, unter Mitarbeit von Dummler, Dieter, und North, Michael: Silber, Gold und Hansehandel. Lübecks Geldgeschichte und der große Münzschatz von 1533/37. Illustrierter Führer durch die Ausstellung «Pfeffer & Tuch für Mark & Dukaten». Lübeck 2003

Hammel-Kiesow, Rolf: Stadtherrschaft und Herrschaft in der Stadt. In: Bracker; Henn; Postel (Hg.): Die Hanse: Lebenswirklichkeit und Mythos (s. oben), S. 446–479

Jenks, Stuart: Die Einstellung der Hanse zu den Stadtaufständen im Spätmittelalter. In: Henn, Volker (Hg.): Die hansischen Tagfahrten zwischen Anspruch und Wirklichkeit. Trier 2001, S. 75–108

Köhn, Gerhard: Soest – ein westfälischer Vorort der Hanse. In: Bracker; Henn; Postel (Hg.): Die Hanse: Lebenswirklichkeit und Mythos (s. oben), S. 310–318

Militzer, Klaus: Die soziale Gliederung in den Hansestädten. In: ebd., S. 411–446

Militzer, Klaus: Ratsverfassungen und soziale Schichtungen. In: Puhle (Hg.): Hanse – Städte – Bünde, S. 152–162

Mührenberg, Doris; Falk, Alfred: Mit Gugel, Pritschholz und Trippe – Alltag im mittelalterlichen Lübeck. Archäologische Gesellschaft der Hansestadt Lübeck, Jschr. 2/3, 1997/1999

Puhle, Matthias: Braunschweig. In: Bracker; Henn; Postel (Hg.): Die Hanse: Lebenswirklichkeit und Mythos (s. oben), S. 322–326

Puhle, Matthias: Die «Große Schicht» in Braunschweig. In: ebd., S. 812–822

Schilp, Thomas: mit groter broderlicher und truwelicher eindracht – Überlegungen zur politischen Stadtkultur des Dortmunder Mittelalters. In: Schilp, Thomas; Welzel, Barbara (Hg.): Dortmund und Conrad von Soest im spätmittelalterlichen Europa. Bielefeld 2004, S. 275–308

Schmieder, Felicitas: Die mittelalterliche Stadt. Darmstadt (2., bibliogr. aktual. Ausg.) 2009

Schulz, Knut: Handwerk, Zünfte und Gewerbe – Mittelalter und Renaissance. Darmstadt 2010

Schwerdtfeger, H.: Die Hanse und ihre Städte. 2. Aufl. Bremen 2008

Veltmann, Claus: Knochenhauer in Lübeck am Ende des 14. Jahrhunderts. Neumünster 1993

Wernicke, Horst: Wismar: Aufstieg im Schatten von Lübeck. In: Bracker; Henn; Postel (Hg.): Die Hanse: Lebenswirklichkeit und Mythos (s. oben), S. 350–353

Ziegler, U.: Die Hanse – Aufstieg, Blütezeit und Niedergang der ersten europäischen Wirtschaftsgemeinschaft. Bern 1997

9. Kapitel

Afflerbach: Der berufliche Alltag (s. Kap. 4)

Bruchhäuser, Hanns-Peter: Kaufmannsbildung im Mittelalter. Determinanten des Curriculums deutscher Kaufleute im Spiegel der Formalisierung von Qualifikationsprozessen. Köln u.a. 1989

Chronik des Reimar Kock, Anfang 16. Jh., zitiert nach Hanserezesse Abt. III (1477–1530), Bd. 3, bearb. v. Goswin Freiherr von der Ropp. Leipzig 1888, S. 390 f.

Cordes: Gesellschaftshandel (s. Kap. 4)

Engel, Evamaria: Zum Alltag des deutschen Kaufmanns im Spätmittelalter (1987). In: Dinzelbacher, Peter; Mück, Hans-Dieter (Hg.): Volkskultur im europäischen Spätmittelalter. Stuttgart 1987, S. 109–112

Esch, Arnold: Aus dem Alltag eines Ablasskollektors: eine Reise durch Deutschland, die Niederlande und Österreich anhand der Buchführung

1470–1472. In: Meyer, Andreas (Hg.): Päpste, Pilger, Pönitentiarie: Festschrift für Ludwig Schmugge zum 65. Geburtstag. Tübingen 2004, S. 109–134

Hammel-Kiesow, Rolf: Hildebrand Veckinchusen. In: Biographisches Lexikon für Schleswig-Holstein und Lübeck, Bd. 9. Neumünster 1991, S. 358–364

Hanserezesse Abt. II (1431–1476), Bd. 6, bearbeitet von Goswin Freiherr von der Ropp. Leipzig 1890, Nr. 97; Bd. 7, Leipzig 1892, Nr. 318, Art. 8

Irsigler, Franz: Der Alltag einer hansischen Kaufmannsfamilie im Spiegel der Veckinchusen-Briefe. In: HGbll. 103, 1985, S. 75–100

Irsigler, Franz: Erscheinungsbild und Erfahrungswelt des hansischen Kaufmanns. In: Wernicke, Horst; Jörn, Nils (Hg.): Beiträge zur hansischen Kultur-, Verfassungs- und Schifffahrtsgeschichte. Weimar 1998, S. 11–22

Jahnke, Carsten: Geld, Geschäfte, Informationen. Der Aufbau hansischer Handelsgesellschaften und ihre Verdienstmöglichkeiten. Lübeck 2007

Lesnikov, Michael P.: Die Handelsbücher des hansischen Kaufmanns Veckinchusen. Berlin 1973

Noodt, Birgit: Die «naringe». Lübecker Frauen im 14. Jahrhundert: Frauenarbeit in Handel und Handwerk. In: ZVLGA 83, 2003, S. 9–51

Noodt, Birgit: Ehe im 15. Jahrhundert – einige statistische Ergebnisse und die Ehe von Hildebrand und Margarete Veckinchusen. In: HGbll. 121, 2003, S. 41–74

Stark, Walter: Die Handelsgesellschaft der Brüder Veckinchusen im ersten Jahrzehnt des 15. Jahrhunderts. In: Fritze, Konrad; Müller-Mertens, Eckhard; Schildhauer, Johannes (Hg.): Hansische Studien V: Zins – Profit – Ursprüngliche Akkumulation. Weimar 1981, S. 90–116

Stieda, Wilhem (Hg.): Hildebrand Veckinchusen. Briefwechsel eines deutschen Kaufmanns im 15. Jahrhundert. Leipzig 1921, Nr. 3, 22, 351, 358, 415, 477, 479

Urkundenbuch der Stadt Lübeck Bd. 5. Lübeck 1875, Nr. 603

Voigt, Klaus: Italienische Berichte aus dem spätmittelalterlichen Deutschland. Von Francesco Petrarca zu Andrea de' Franceschi (1333–1492). Tübingen 1968

10. Kapitel

Zu den Netzwerken:

Ellmers: Seehäfen (s. Kap. 2)

Ewert, Ulf Christian; Selzer, Stephan: Wirtschaftliche Stärke durch Vernetzung. Zu den Erfolgsfaktoren des hansischen Handels. In: Häberlein, Mark; Jeggle, Christof (Hg.): Praktiken des Handels. Geschäfte und soziale Beziehungen europäischer Kaufleute in Mittelalter und früher Neuzeit. Konstanz 2010, S. 39–69

Hammel-Kiesow: Baltic Trade (s. Kap. 3)

Jahnke, Carsten: Handelsnetze im Ostseeraum. In: Fouquet, Gerhard; Gilomen, Hans-Jörg (Hg.): Netzwerke im europäischen Handel des Mittelalters. Ostfildern 2010, S. 189–212

Jahnke, Carsten: Netzwerke in Handel und Kommunikation an der Wende vom 15. zum 16. Jahrhundert am Beispiel zweier Revaler Kaufleute (Habil. masch.). Kiel 2005

Jenks: Grundlagen (s. Kap. 3)

Jenks, Stuart: England, die Hanse und Preußen: Handel und Diplomatie; 1377–1474, Bde. 1–3. Köln u. a. 1992

Jenks, Stuart: Transaktionskostentheorie und die mittelalterliche Hanse. In: HGbll. 123, 2005, S. 31–42

Paravicini, Werner: Tiere aus dem Norden. In: Deutsches Archiv für Erforschung des Mittelalters 59, 2003, S. 559–591

Pitz: Bürgereinung (s. Kap. 1)

Selzer, Stephan: Artushöfe im Ostseeraum. Ritterlich-höfische Kultur in den Städten des Preußenlandes im 14. und 15. Jahrhundert. Frankfurt a. M. 1996

Selzer, Stephan; Ewert, Ulf Christian: Verhandeln und Verkaufen, Vernetzen und Vertrauen. Über die Netzwerkstruktur des hansischen Handels. In: HGbll. 119, 2001, S. 135–161

Selzer, Stephan; Ewert, Ulf Christian: Netzwerke im europäischen Handel des Mittelalters. Konzepte – Anwendungen – Fragestellungen. In: Fouquet, Gerhard; Gilomen, Hans-Jörg (Hg.): Netzwerke im europäischen Handel des Mittelalters. Ostfildern 2010, S. 21–48

Stromer, Wolfgang von: Ein hansischer Konzern, seine wirtschaftlichen und politischen Aktivitäten, in: Kongressdrucksache; 6. Internationaler Kongress für Wirtschaftsgeschichte, Kopenhagen 1974; Kurzfassung in: Hucker, Bernd Ulrich: Der Köln-Soester Fernhändler Johann von Lunen und die hansischen Gesellschaften Falbrecht & Co. und van der Hosen & Co., in: Soester Beiträge, 41, 1981, S. 383-421

Wernicke, Horst: Die Städtehanse 1280–1418. Genesis – Strukturen – Funktionen. Weimar 1983

Zu den Städten:

Fahlbusch, Friedrich Bernward: Die Kreise städtischer Außenbeziehungen. Überlegungen zu Kategorisierungskriterien für Hansestädte. In: HGbll. 119, 2001, S. 63–84

Hansestädte. In: Bracker; Henn; Postel (Hg.): Hanse (s. Kap. 8), S. 242–410

Zu den Kontoren:

Nowgorod:

Angermann, Norbert; Friedland, Klaus (Hg.): Nowgorod. Markt und Kontor der Hanse. Köln u.a. 2002

Choroškevič, Anna Leonidovna: Der deutsche Hof in Nowgorod und die deutsche Herberge (Fondaco dei Tedeschi) in Venedig im 13./14. Jahrhundert. Eine vergleichende Vorstudie. In: Pelc, Ortwin; Pickhan, Gertrud (Hg.): Zwischen Lübeck und Nowgorod. Wirtschaft, Politik und Kultur im Ostseeraum vom frühen Mittelalter bis ins 20. Jahrhundert. Norbert Angermann zum 60. Geburtstag. Lüneburg 1996, S. 67–87.

Rybina, Elena Aleksandrovna: Die hansischen Kaufleute in Nowgorod. Ihre Lebensumstände und ihre Beziehungen zu den Einwohnern der Stadt. In: Hammel-Kiesow, Rolf (Hg.): Vergleichende Ansätze in der hansischen Geschichtsforschung. Trier 2002, S. 237–246

Zeller, Anika: Der Handel deutscher Kaufleute im mittelalterlichen Nowgorod (Hamburgische Beiträge zur Geschichte der Deutschen im europäischen Osten, Heft 9). Hamburg 2002

London:

Fryde, Natalie: Deutsche Englandkaufleute in frühhansischer Zeit. In: HGbll. 97, 1979, S. 1–11

Fudge, John D.: Cargoes, embargoes and emissaries: the commercial and political interaction of England and the German Hanse, 1450–1510. Toronto u.a. 1995

Jörn, Nils: «With money and bloode». Der Londoner Stalhof im Spannungsfeld der englisch-hansischen Beziehungen im 15. und 16. Jahrhundert. Köln u.a. 2000

Brügge:

Greve: Herberge (s. Kap. 5)

Murray: Bruges (s. Kap. 5)

Paravicini, Werner: Schuld und Sühne. Der Hansenmord zu Sluis in Flandern anno 1436. In: Baum, Hans-Peter; Leng, Rainer; Schneider, Joachim (Hg.): Wirtschaft – Gesellschaft – Mentalitäten im Mittelalter. Stuttgart 2006, S. 401–452

Bergen:

Burkhardt, Mike: Das Hansekontor in Bergen im Spätmittelalter – Organisation und Struktur. In: HGbll. 124, 2006, S. 52–54

Burkhardt, Mike: Der hansische Bergenhandel im Spätmittelalter. Handel – Kaufleute – Netzwerke (Quellen und Darstellungen zur hansischen Geschichte, N. F., Bd. 60). Köln u.a. 2009, S. 368–372

Friedland, Klaus: Kaufmannsgruppen im frühen hansisch-norwegischen Handel. In: Friedland, Klaus (Bearb.): Bergen. Handelszentrum des beginnenden Spätmittelalters. Hansisches Symposion in Bergen 1970 (Quellen und Darstellungen zur hansischen Geschichte, N. F., Bd. 17). Köln u.a. 1971, S. 41–55

Helle, Knut: Die Deutschen in Bergen während des Mittelalters. In: Bryggen. Das hanseatische Kontor in Bergen [dt. Ausgabe von Angela Utne] (Det Hanseatiske Museumsskrifter Nr. 25). Bergen 1982, S. 12–29

Antwerpen:

Evers, Walter: Das hansische Kontor in Antwerpen. Kiel 1915

11. Kapitel

Behrmann, Thomas: Der lange Weg zum Rezeß. Das erste Jahrhundert hansischer Versammlungsschriftlichkeit. In: Frühmittelalterliche Studien 36, 2002, S. 443–467

Behrmann: Zeichen, Zeremoniell (s. Kap. 5)

Deeters, Joachim: Köln auf Reichs- und Hansetagen 1396 bis 1604. Ein Vergleich. In: HGbll. 119, 2001, S. 103–134

Die Chroniken der niedersächsischen Städte. Bremen (Die Chroniken der deutschen Städte vom 14. bis ins 16. Jahrhundert, Bd. 37; hg. von der Bayerischen Akademie der Wissenschaften). Bremen 1968 (Meinert, Hermann: Einleitung)

Fahlbusch, Friedrich Bernward: Zwischen öffentlichem Mandat und informeller Macht: Die hansische Führungsgruppe. In: HGbll. 123, 2005, S. 43–60

Hanserezesse Abt. I, Bd. 6 (s. Kap. 3), Nr. 556

Henn, Volker (Hg.): Die hansischen Tagfahrten zwischen Anspruch und Wirklichkeit. Trier 2001

Hoffmann, Erich: Der Besuch Kaiser Karls IV. in Lübeck im Jahre 1375. In: Paravicini, Werner (Hg.): Nord und Süd in der deutschen Geschichte des Mittelalters, Kolloquium zu Ehren von Karl Jordan 1987. Sigmaringen 1990, S. 73–96

Pitz: Bürgereinung (s. Kap. 1)

Poeck, Dietrich W.: Die Herren der Hanse. Delegierte und Netzwerke. Frankfurt a. M. u.a. 2010

Puhle, Matthias: Hansische Ratssendeboten und ihr sozialer und politischer Hintergrund. Braunschweig und Magdeburg im Vergleich. In: Henn, Volker (Hg.): Die hansischen Tagfahrten zwischen Anspruch und Wirklichkeit. Trier 2001, S. 65–74

Schipmann, Johannes Ludwig: Politische Kommunikation in der Hanse (1550–1621). Hansetage und westfälische Städte. Köln u.a. 2004

12. Kapitel

Ellmers, Detlev: Die Seehäfen der Hanse als Dienstleistungszentren eines weitgespannten Transportnetzes. In: HGbll. 123, 2005, S. 109–128

Ewert; Selzer: Wirtschaftliche Stärke (s. Kap. 10)

Hammel-Kiesow, Rolf: Wer kaufte die Waren des hansischen Handels? Eine Annäherung an die Endverbraucher. In: Jörn, Nils; Kattinger, Detlef; Wernicke, Horst (Hg.): «kopet uns werk by tyden». Schwerin 1999, S. 73–80

Hammel-Kiesow, Rolf: Europäische Union, Globalisierung und Hanse. Überlegungen zur aktuellen Vereinnahmung eines historischen Phänomens. In: HGbll. 125, 2007, S. 1–44

Hammel-Kiesow u.a.: Silber, Gold und Hansehandel (s. Kap. 8)

Hammel-Kiesow, Rolf: Der Januskopf der dudeschen hense. Zwischen Globalisierung und Abschottung. In: Walter, Rolf (Hg.): Globalisierung in der Geschichte. Stuttgart 2011, S. 53–70

Holbach, Rudolf: «... seulement pour les Oosterlincx». Über die Beziehungen zwischen hansischen Kaufleuten und flandrischen Tuchproduzenten. In: Henn, Volker; Nedkvitne, Arnved (Hg): Norwegen und die Hanse. Wirtschaftliche und kulturelle Aspekte im europäischen Vergleich. Frankfurt a. M. u.a. 1994, S. 73–94

Irsigler, Franz: Desiderata einer hansischen Gewerbe- und Produktionsgeschichte. In: Hammel-Kiesow, Rolf (Hg.): Vergleichende Ansätze in der hansischen Geschichtsforschung. Trier 2002, S. 209–219

Irsigler, Franz: Messehandel – Hansehandel. In: HGbll. 120, 2002, S. 33–50

Jahnke, Carsten: Das Silber des Meeres. Fang und Vertrieb von Ostseehering zwischen Norwegen und Italien – 12.–16. Jahrhundert. Köln u. a. 2000

Jaster, Silke: Die Nichtdeutschen in Rostock im 13. und 14. Jahrhundert. Rostock 2001

Jenks, Stuart: War die Hanse kreditfeindlich? In: VSWG 69, 1982, S. 305–338

Jenks, Stuart: Das hansische Gästerecht. In: HGbll. 114, 1996, S. 2–60

Jenks: Transaktionskostentheorie (s. Kap. 10)

Koppe, Wilhelm; Koppe, Gert: Die Lübecker Frankfurt-Händler des 14. Jahrhunderts. Lübeck 2006

Link, Christina; Kapfenberger, Diana: Transaktionskostentheorie und hansische Geschichte: Danzigs Seehandel im 15. Jahrhundert im Licht einer volkswirtschaftlichen Theorie. In: HGbll. 123, 2005, S. 153–170

Nedkvitne, Arnved: Utenrikshandelen fra det Vestafjelske Norge 1100–1600. Bergen 1983

Osterhammel, Jürgen; Petersson, Niels P.: Geschichte der Globalisierung. Dimensionen, Prozesse, Epochen. München 2003

Pichierri, Angelo: Die Hanse – Staat der Städte. Ein ökonomisches und politisches Modell der Städtevernetzung. Opladen 2000

13. Kapitel

Arge, Simun; Mehler, Natascha: Adventures far from home. Hanseatic trade with the Faroe Islands. In: Cranstone, David (Hg.): Across the North Sea. Later Historical Archaeology in Britain and Denmark c. 1500–2000. Society of Post-Medieval Archaeology Monograph Series (im Druck)

Ballantyne, John H.; Smith, Brian (Hg.): Shetland Documents 1580–1611. Lerwick 1994

Brisbane, Mark; Gaimster, David (Hg.): Nowgorod: The Archaeology of a Russian Medieval City and its Hinterland. British Museum Occasional Papers 141. London 2001

Elvestad, Endre; Opedal, Arnfrid (Hg.): Maritim-arkeologiske forundersøkelser av middelalderhavna på Avaldsnes, Karmøy. Arkeologisk Museum Stavanger Rapport Nr. 18. Stavanger 2001

Förster, Thomas: Die «Darsser Kogge» – Der aktuelle Stand der archäologischen Untersuchungen. In: Nachrichtenblatt des Arbeitskreises Unterwasserarchäologie 10, 2003, S. 87–94

Förster, Thomas: Kogge, Holk und Schnigge. Zeugnisse der Hanse auf dem Meeresgrund. In: Bracker, Jörgen (Hg.): Gottes Freund – Aller Welt Feind. Von Seeraub und Konvoifahrt. Störtebeker und die Folgen. Bremen 2001, S. 126–152

Friedland, Klaus: Der hansische Shetlandhandel. In: Friedland, Klaus (Hg.): Stadt und Land in der Geschichte des Ostseeraums. Lübeck 1973, S. 66–79

Friedland, Klaus: Hans Holbein der Jüngere: Der Stalhofkaufmann Georg Gisze. Ein hansegeschichtlicher Kommentar. In: Jörn, Nils; Kattinger, Detlef; Wernicke, Horst (Hg.): «Kopet uns Werk by Tiden». Schwerin 1999, S. 175–181

Fyllingsnes, Frode: Notow – hanseatane si hamn på Avaldsnes. Heimen 41, 2004, S. 3–21

Gaimster, David: A parallel history. The archaeology of Hanseatic urban culture in the Baltic c. 1200–1600. In: World Archaeology 37/3, 2005, S. 408–423

Gaimster, David: German Stoneware 1200–1900. Archaeology and cultural history. London 1997

Gardiner, Mark; Mehler, Natascha: English and Hanseatic Trading and Fishing Sites in Medieval Iceland. In: Report on Initial Fieldwork. Germania 85, 2007, S. 385–427

Gardiner, Mark; Mehler, Natascha: The hanseatic trading site at Gunnister Voe, Shetland. In: Post-Medieval Archaeology 44/2, 2010, S. 347–349

Gläser, Manfred (Hg.): Lübecker Kolloquium zur Stadtarchäologie im Hanseraum II: Der Handel. Lübeck 1999

Helle, Knut: Bergen Bys Historie 1. Kongssete og kjøpstad fra opphavet til 1536. Bergen 1995

Herteig, Asbjørn: Kongers havn og handels sete. Fra de arkeologiske undersøkelser på Bryggen i Bergen 1955–68. Oslo 1969

Hofmeister, Adolf: Hansische Kaufleute auf Island im 15. und 16. Jahrhundert. In: Kirche, Kaufmann, Kabeljau. 1000 Jahre Bremer Islandfahrt. Ausstellungskatalog Bremen – Reykjavík. Bremen 2000, S. 33–47

Immonen, Visa: Defining a culture: the meaning of Hanseatic in medieval Turku. In: Antiquity 81, 2007, S. 720–732

Krause, Günther: Handelsschifffahrt der Hanse. Rostock 2010

MacDonald, George: More Shetland Tombstones. In: Proceedings of the Society of Antiquaries of Scotland 69, 1934–35, S. 27–48

Mehler, Natascha: The perception and interpretation of hanseatic material

culture in the North Atlantic: problems and suggestions. In: Journal of the North Atlantic Special Volume 1: Historical Archaeology in the North Atlantic: World Systems, Colonialism, and Climate, 2009, S. 89–108
Roberts, Howell: Gásir 2002. An Interim Report. Fornleifastofnun Islands report Nr. F194-01073. Reykjavík 2003

14. Kapitel

Bessudnova, Marina: Die Schließung des hansischen Kontors in Nowgorod im Jahre 1494 im Kontext der Beziehungen des Großfürsten von Moskau zu Maximilian von Habsburg. In: HGbll. 127, 2009, S. 69–100
Blockmans, Wim P.: Der holländische Durchbruch in der Ostsee. In: Jenks, Stuart; North, Michael (Hg.): Der Hansische Sonderweg? Beiträge zur Sozial- und Wirtschaftsgeschichte der Hanse. Köln u.a. 1993, S. 49–58
Bracker, Jörgen: Von Seeraub und Kaperfahrt im 14. Jahrhundert. In: ders. (Hg.): Gottes Freund – Aller Welt Feind. Von Seeraub und Konvoifahrt. Störtebeker und die Folgen. Hamburg 2001, S. 6–35
Duchhardt, Heinz: Die Hanse und das europäische Mächtesystem des frühen 17. Jahrhunderts. In: Graßmann, Antjekathrin (Hg.): Niedergang oder Übergang? Zur Spätzeit der Hanse im 16. und 17. Jahrhundert (Quellen und Darstellungen zur hansischen Geschichte N. F., 44). Köln 1998, S. 11–24
Jahnke: Silber des Meeres (s. Kap. 13)
Jenks: England (s. Kap. 10)
Jörn: «With money and bloode» (s. Kap. 10)
Jörn, Nils: The crocodile creature merchant: The Dutch Hansa. Die Widerspiegelung der englisch-hansischen Auseinandersetzungen in den Denkschriften englischer Kaufleute und Politiker in der zweiten Hälfte des 16. Jahrhunderts. In: Graßmann, Antjekathrin (Hg.): Niedergang oder Übergang? Zur Spätzeit der Hanse im 16. und 17. Jahrhundert. Köln 1998, S. 63–92
Loose, H.-D.: Nutzbares Erbe oder belastende Relikte einer glorreichen Vergangenheit? Der hanseatische Umgang mit dem Londoner Stalhof und dem Antwerpener Haus der Osterlinge in der ersten Hälfte des 19. Jahrhunderts. In: Graßmann, Antjekathrin (Hg.): Ausklang und Nachklang der Hanse im 19. und 20. Jahrhundert. Trier 2001, S. 31–42
Möller, Benjamin: Verhandlungen der Hanse im Jahr 1604 über Handelsprivilegien in England (AHL, ASA Externa Anglicana 59). Staatsexamensarbeit an der Christian-Albrechts-Universität zu Kiel 2010

Pitz, Ernst: Die Hanse und die Merchant Adventurers. In: Stadtarchiv Stade (Hg.): Fernhandel und Stadtentwicklung im Nord- und Ostseeraum in der hansischen Spätzeit (1550–1630). Stade 1995, S. 44–66

Postel, Rainer: Der Niedergang der Hanse. In: Bracker; Henn; Postel (Hg.): Hanse (s. Kap. 8), S. 165–193

Postel, Rainer: Treuhänder und Erben: Das Nachleben der Hanse. In: Bracker; Henn; Postel (Hg.): Hanse (s. Kap. 8), S. 879–898

Postel, Rainer: Zur «erhaltung dern commercien und darüber habende privilegia». Hansische Politik auf dem Westfälischen Friedenskongreß. In: Duchardt, Heinz (Hg.): Der Westfälische Friede. München 1998, S. 523–540

Puhle, Matthias: Die Vitalienbrüder – Söldner, Seeräuber? In: Ehbrecht, Wilfried (Hg.): Störtebeker – 600 Jahre nach seinem Tod. Trier 2005, S. 15–22

Schonewille, Mark: Risk, Institutions and Trade. New Approaches to Hanse. History, Working Paper. Nimwegen 1998

Seifert, Dieter: Kompagnons und Konkurrenten. Holland und die Hanse im späten Mittelalter. Köln u.a. 1997

Tielhof, Milja van: The «Mother of all Trades». The Baltic Grain trade in Amsterdam from the Late 16th to the Early 19th Century. Leiden 2002

15. Kapitel

Brand, Hanno: The Hanseatic League in past and present Europe: Views and approaches. In: H. Brand (Hg.): The German Hanse in Past & Present Europe. A medieval League as a model for modern interregional cooperation? Groningen 2007, S. 9–27

Cordes, Albrecht: Die Rechtsnatur der Hanse. Politische, juristische und historische Diskurse. In: HGbll. 119, 2001, S. 49–62

Ellmers, Detlev: Die Hanse in der Geschichtsmalerei des 19. und 20. Jahrhunderts. In: Graßmann, Antjekathrin (Hg.): Ausklang und Nachklang der Hanse im 19. und 20. Jahrhundert. Trier 2001, S. 123–142

Hammel-Kiesow: Europäische Union (s. Kap. 12)

Henn, Volker: Wege und Irrwege der Hanseforschung und Hanserezeption in Deutschland im 19. und 20. Jahrhundert. In: Nikolay-Panter, M. (Hg.): Geschichtliche Landeskunde der Rheinlande. Regionale Befunde und raumübergreifende Perspektiven. Köln u.a. 1994, S. 399–400

Hering, E.: Die Deutsche Hanse. Leipzig 1940

Hill, Th.: Vom öffentlichen Gebrauch der Hansegeschichte und Hanseforschung im 19. und 20. Jahrhundert. In: Graßmann, Antjekathrin (Hg.):

Ausklang und Nachklang der Hanse im 19. und 20. Jahrhundert. Trier 2001, S. 78

Holbach, Rudolf: «Von den schlichten Kaufleuten, die sich zu Helden emporgeschwungen ...». Die Hanse im Jugendbuch des 19. und 20. Jahrhunderts. In: Hammel-Kiesow, Rolf; Holbach, Rudolf (Hg.): Geschichtsbewusstsein in der Gesellschaft. Konstrukte der Hanse in den Medien und in der Öffentlichkeit. Trier 2009, S. 27–62

Neddermeyer, K.: Die Hanse und die deutsche Geschichtsschreibung. Überlegungen, angeregt durch eine Ausstellung. In: Geschichte in Köln, 28, 1990, 60, S. 47–77

Nedkvitne Arnved: How important was Hansa Trade for the Norwegian Economy? In: Henn, Volker; Nedkvitne, Arnved (Hg.): Norwegen und die Hanse. Wirtschaftliche und kulturelle Aspekte im europäischen Vergleich. Frankfurt a. M. 1994, S. 9–18

Noodt, Birgit: Fritz Rörig (1882–1952): Lübeck, Hanse und Volksgeschichte. In: ZVLGA, 87, 2007, S. 155–180

Pitz, Ernst: Dietrich Schäfer als Hanseforscher. In: HGbll. 114, 1996, S. 141–166

Postel, Rainer: Treuhänder und Erben: Das Nachleben der Hanse. In: Bracker, Jörgen; Henn, Volker; Postel, Rainer (Hg.): Die Hanse – Lebenswirklichkeit und Mythos. 2., verbesserte Aufl. des Textbandes zur Hamburger Hanseausstellung von 1989. Lübeck 1998, S. 879–898

Puhle, Matthias: Die Hanse – Gemeinschaft, Bündnis oder gar Vorläufer Europas? In: Felten, Franz (Hg.): Städtebünde – Städtetage im Wandel der Geschichte. Stuttgart 2006, S. 37–47

Riis, Thomas: Der Einfluß des hansischen Handels auf die Entwicklung der norwegischen Wirtschaft. In: Graßmann, Antjekathrin (Hg.): Das Hansische Kontor zu Bergen und die Lübecker Bergenfahrer – International Workshop, Lübeck 2003. Lübeck 2005, S. 28–40

Sartorius, Georg: Geschichte des Hanseatischen Bundes, Göttingen 1802

Vogel, W.: Kurze Geschichte der deutschen Hanse. München 1915

Vogtherr, H.-J.: Die Hanse in der Dichtung. In: Graßmann, Antjekathrin (Hg.): Ausklang und Nachklang der Hanse im 19. und 20. Jahrhundert. Trier 2001, S. 101–122

Personenregister

Adolf II. von Schauenburg und Holstein 16, 18, 21, 28 f., 34
Agnes (Anna) von Frankreich (Kaiserin von Byzanz) 44
Alardus 171
Albert von Riga 51
Albrecht II. von Brandenburg (Hochmeister) 179, 195
Albrecht II. von Mecklenburg 156, 175
Alpert von Metz 89 f.
Anno von Heimburg 20
Anselm von Meißen (Bischof von Ermland) 166
Ansip, Andrus 6
Arnold von Lübeck 44
Artus 96
Aue, Hartmann von 99

Balk, Hermann (Hochmeister) 69
Bantzkow, Johann 185 ff.
Bardewik, Arnold von 141
Behrmann, Thomas 113, 117, 290
Berg, Tidemann 308
Berno von Mecklenburg 19
Bersing, Hinrich 297 f.
Berthold I. von Vohburg 19
Blaeu, Willem 335
Blankenburg, Siegfried und Volrad von 20
Blomenrod, Thideman 113
Blomkvist, Nils 25, 36
Bock, Günther 19, 21
Bodendorp, Tileke 297
Bohrdt, Hans 360, 369
Bote, Hermann 199, 265
Brennig, Heribert 96
Brömse, Heinrich 286
Buxthoeven, Albrecht von (Erzbischof von Riga) 101

Carl August von Weimar 362
Castorp, Hans 295
Castorp, Hinrich 295
Christoph II. von Dänemark 129 f., 133
Christoph (Sohn Waldemars IV.) 146
Coesfelde, Johann van 209
Crispin, Segebodo 193

Damme, Peter van 229
Damme, Tile van dem 197
d'Anjou, René 294
Detken, Segebad 328 f.
Detmar 123, 126, 201, 205, 208 f.
Dietrich von Köln (Erzbischof) 353
Dollinger, Philippe 259, 370
Drusus 9

Edward III. von England 5
Edward VI. 308
Ehlers, Joachim 15, 21
Elisabeth I. von England 340, 350
Elisabeth (Frau von Hakon VI.) 143, 150 f.
Ellmers, Detlev 61, 368
Elvestad, Endre 335
Ems, Rudolf von 42, 94
Erich I. von Sachsen-Lauenburg 84 f.

Erich von Braunschweig 304
Erich von Pommern (Erik VII.) 303
Erlichshausen, Konrad von 163, 177
Erlichshausen, Ludwig von 177, 179
Ernst von Braunschweig-Lüneburg 197
Eschenbach, Wolfram von 96 f.
Eulenspiegel, Till 130
Evermod von Ratzeburg 19

Fahlbusch, Friedrich 288
Falbrecht, Jan 253, 346
Fregeno, Marinus de 237 f.
Friedrich I. Barbarossa 16, 40, 91, 164
Friedrich II. 68, 104, 155 f.
Friedrich II. Kurfürst von Brandenburg 353
Friedrich von Arnsberg 19

Gerold von Lübeck 19
Gheysmer, Hermen von 199
Gisze, Georg 336
Godendorp, Detlev 210
Godendorp, Godschalk 210
Goethe, Johann Wolfgang von 362
Gründgens, Gustaf 149
Gunzelin von Hagen 20

Hagerskale, Simon 329 f.
Hakon V. 142 f., 145 f., 150 f.
Hakon VI. 151
Haren, Hinrik van 185 ff.
Hartwig van Uthlede 13 f., 16, 22, 33
Hecht, Arnold 175
Heine, Heinrich 362
Heinrich I. 195
Heinrich II. von England 16, 40 f., 303
Heinrich III. von England 12
Heinrich V. 297 f.
Heinrich VI. 40
Heinrich VIII. von England 179, 349
Heinrich der Löwe 13, 15–18, 20 ff., 27–35, 39 ff., 44, 190, 201
Heinrich von Alt Lübeck 22–25, 27 f.
Heinrich von Badewide s. Heinrich von Ratzeburg
Heinrich von Lettland 50 f., 54
Heinrich von Ratzeburg 20
Heinrich von Ravensberg 19
Hellquist, Carl Gustaf 126 f.
Helmold von Bosau 18 f., 28 ff., 44
Helwig von Schleswig 129
Hemeling der Jüngere, Johann 297 f.
Herder, Johann Gottfried 361
Herferten, Arnold 175
Hering, Hans 370
Herteig, Asbjørn 324 ff.
Hinrich op dem Orde 235
Hoenstene, Johannes 237
Hogenberg, Franz 213, 225
Holbach, Rudolf 319, 364
Holbein der Jüngere, Hans 141, 336

Iwan III. 224, 345 f.
Iwan IV. (der Schreckliche) 349

Jagiełło, Władysław 176
Jakob I. von England 340–343
Jaroslaw von Nowgorod 34
Jenks, Stuart 292, 319
Jesup, Claus (Nikolaus) 185 ff., 214
Johann I., Herzog von Kleve 353
Johann III., Herzog von Bayern 303 f.
Johann von Mecklenburg 175
Jörn, Nils 279
Jungingen, Konrad von 180
Jungingen, Ulrich von 176, 178

Karbow, Peter 235 f.
Karl IV. 156, 199, 205, 223
Karl V. von Frankreich 179
Karl VII. von Frankreich 179
Karl der Große 91, 297 f.
Karl von Orléans 42
Kerkhörde, Johann 212
Kirchberg, Ernst von 23
Kniprode, Winrich von (Hochmeister) 146, 170 f., 174, 179
Knut I. (Eriksson) von Schweden 34
Kock, Reimar 222, 226, 350
Konrad von Masowien 165
Küchmeister, Michael (Hochmeister) 302

Leibniz, Gottfried Wilhelm 361
Lemberg, Tidemann 5
Leopold I. 357
Lothar III. von Süpplingenburg 18, 22, 25–28
Ludwig I. von Bayern 157 f.
Ludwig II. von Flandern 112
Ludwig XI. von Frankreich 250
Ludwig von Brandenburg 129 f.
Luidolf von Waltingeroht 20
Luthard IV. von Meinersen 20

Magnus II. von Schweden 78, 124, 140, 142 f., 145, 151
Mantels, Wilhelm 362
Margarethe I. von Dänemark 141 ff., 146, 151, 158, 172, 175, 350
Maria I., die Katholische 350
Maximilian I. von Habsburg 346, 352
Meinhard von Segeberg 50
Menved, Erich 84
Michels, Godeke 352
Moltke, Vicko 157
Mornewech, Elisabeth 193
Nielsson, Olaf 280 f.
Noodt, Birgit 243
Notke, Bernt 140
Notker der Deutsche 90

Odalricus s. Ulrich
Ohnefurcht, Johann, Herzog von Burgund 302
Oldenborch, Bernard 113
Otto I. von Brandenburg 102
Otto IV. 39 f.

Pagel, Karl 370
Papst Innozenz III. 51
Paternostermaker, Hinrich 209 f.
Peter II., Herzog von Bretagne 179
Pfirt, Johann von 175
Philipp III., Herzog von Burgrund 163, 181
Philipp VI. von Frankreich 138
Piscator, Erwin 366
Pisz, Johan s. Johan Pyr
Plantagenet, Mathilde 41
Poeck, Dietrich 289
Puhle, Matthias 159, 350
Pyr, Johan 248 f.

Rehbein, Heinrich 152, 295
Reinold von Dithmarschen s. Reinold II.
Reinold II. von Ertheneburg 20 f., 179
Reppin, Johann 163, 177, 181
Richard I. Löwenherz 40, 42, 95 f.
Richard II. von England 179
Richard von Cornwall 44
Rinck, Johann 88
Rörig, Fritz 70, 368

Rosen, Kunz von s. Claus Störtebeker
Rosenberg, Alfred Ernst 368
Rudolf von Habsburg 49
Rusdorf, Paul von (Hochmeister) 174

Salza, Hermann von (Hochmeister) 165
Sartorius, Georg 361 f.
Saxoferrato, Bartolus de 105
Saxo Grammaticus 131
Schäfer, Dietrich 364
Schenkendorf, Thomas 163, 181
Schilling, Diebold 178
Schönhaar, Harald 335
Shakespeare, William 149
Sigismund 5, 186, 187, 222, 236, 239, 242, 302, 304, 346
Slyper, Hinrich 235
Soest, Conrad von 312
Spinola (Spinghel), Joris 240
Stefke, Gerald 136, 154
Stockam, Boden van 236
Störtebeker, Claus 134, 352 ff., 364, 366 f.
Stralen, Anton von 277
Straßburg, Gottfried von 94
Sture, Sven 175
Sudermann, Dr. Heinrich 277, 355
Sueman, Hermann 331
Swarte, Claus 226

Ulrich (Odalricus) 31 ff.
Unmaze, Gerhard 42, 94

Varus, Publius Quinctilius 124
Vasan, Godeke 239
Veckinchusen, Cornelius 236
Veckinchusen, Elisabeth 236 f.
Veckinchusen, Hildebrand 5, 136, 219, 222 f., 226–243, 247, 249 f., 271, 302
Veckinchusen, Johann 230
Veckinchusen, Margarete 222, 225, 227, 237, 240–243
Veckinchusen, Series 223, 226, 229 f., 232
Veckinchusen, Sivert 222, 227, 229 f., 235–239, 241 f.
Veckinchusen, Taleke (Alheyd) 226, 229
Vincke, Gertrud 230, 249
Visch, Cord 226
Vitalienbrüder 175, 180, 238, 304, 350 ff.
Vogel, Walther 363 f.
Voscherau, Henning 6 ff.
Vytautas 176

Waghenaer, Lucas Jansz 318
Waldemar I. von Dänemark 34 f.
Waldemar II. von Dänemark 68 f., 84
Waldemar IV. von Dänemark 122–131, 135, 140–148, 150 f., 153, 155–157, 159, 171, 261, 342
Waldemar von Brandenburg 84
Warendorp, Brun 135, 146, 153 f., 157 ff.
Warendorp, Giselbert von 101
Welk, Ehm 366
Wilhelm II. 125
Wisch, Nicolaus van der 209
Witte, Engelbrecht 225, 227
Witte, Margarete s. Margarete Veckinchusen
Wittenborch, Godeke 209
Wittenborg, Elisabeth 136, 142, 153, 155, 159

Wittenborg, Herman 133–136
Wittenborg, Johan 123, 133–136, 140 ff., 145, 148, 150–155, 157, 159
Wittenborg, Margarethe 133, 135, 159
Woesten, Swineke (?) 230, 249

Zöllner von Rotenstein, Konrad 172, 179

Ortsregister

Eine Auflistung sämtlicher Hansestädte findet sich auf den Seiten 258/259.

Aachen 142, 153, 231
Aalborg 317
Aalst 319
Aardenburg 280
Akkon 164
Åland-Inseln 38
Alt Lübeck 24, 25–28, 30 f., 34
Amsterdam 264, 278, 347 f.
Anklam 73
Antwerpen 112, 114, 246, 263, 277 f., 310, 346, 355. 357
Arnemuiden 277
Arras 43
Artlenburg 13 f., 31, 34, 91, 370
Artushof 250
Augsburg 39
Avaldsnes 334–337
Avignon 138, 140

Bardowick 28 f.
Bergen 62, 117, 119, 140, 225, 242, 247, 251 f., 260, 263 f., 266 f., 273 ff., 279 ff., 303, 317, 324–328, 331, 334 f., 337, 344 f., 357
Bergen op Zoom 346
Berlin 357
Bern 178
Boizenburg 25
Bornholm 37
Boston (England) 62, 117, 345
Braniewo s. Braunsberg
Braunsberg (Braniewo) 166 ff.
Braunschweig 19 f., 102, 112, 194–202, 205, 260, 265, 288, 293, 297 ff., 303 f., 316
Bremen 5, 8, 13, 32, 55, 60, 75, 100 ff., 164, 261, 274, 328 ff., 332, 356 f., 373
Breslau (Wrocław) 119, 254, 353
Briel 304
Brügge 49, 62, 78, 80, 108–113, 115, 117 ff., 136, 140, 142, 162 ff., 167, 177, 179 ff., 223, 226–229, 231 f., 234 f., 239 f., 242, 249, 260, 263 f., 266, 275 f., 279–282, 294, 302 f., 310 f., 315, 319, 327, 331, 335, 343 f., 346

Calais 110
Celle 20
Chełmno s. Kulm
Coesfeld 74, 78

Danzig 38 f., 68, 74, 162, 166 ff., 174, 239, 250, 253, 260 f., 295, 303, 321, 331, 336 f.
Darß 332 ff.
Dendermonde 319
Deutsche Brücke s. Tyske Bryggen
Deventer 78
Dinant 254
Dordrecht 115, 226, 239, 302, 304
Dorpat (Tartu) 101, 119, 223, 230 f., 249, 253, 271, 349
Dortmund 5, 9, 48, 55, 78, 101, 114, 212 f., 223, 226 f., 230, 288
Duisburg 9

Ebstorf 48
Echternach 12
Edinburgh 264
Eidsborg 327
Einbeck 304
Elbing (Elbląg) 112, 114, 166–169, 171
Elbląg s. Elbing
Erfurt 315 f.
Ertheneburg 13, 20 f.

Färöer-Inseln 328, 344
Feckinhausen 223
Fehmarn 304
Feodossija s. Kaffa
Flensburg 141
Florenz 49
Fondaco dei Tedeschi 60
Frankfurt am Main 231, 311, 351

Gásir 333
Gent 43, 71, 232, 264
Genua 49, 137, 240, 311
Gildehalle 40, 266, 272
Goslar 20, 112, 316
Gotenhof 268, 270
Gotland 12–16, 21 f., 26, 28, 30–38, 49 f., 55–60, 62, 78 f., 81 f., 92, 114, 119, 123 ff., 131, 142 f., 145, 174 ff., 180, 260, 273 f., 310, 321, 351, 360
Göttingen 316, 355, 361
Greifswald 69, 73, 142, 144 ff., 157, 168, 171, 303, 356
Groningen 78, 80

Haithabu 35 f.
Halberstadt 22, 26, 28
Hamburg 5 f., 8, 35, 62, 68 f., 71 f., 77, 88, 101, 186, 205, 218, 231, 236, 261, 293, 297 f., 303 f., 328 ff., 337, 355 ff., 373
Harderwijk 78
Helgoland 238
Helsingborg 131 f., 143, 145–149, 157, 159
Helsingør 147, 149
Herford 74
Hildesheim 18, 101, 316
Hollingstedt 35
Höxter 9

Jerusalem 20, 44, 130

Kaffa (Feodossija) 137
Kalifat von Bagdad 36
Kaliningrad s. Königsberg
Kalmar 114
Kammin 238
Kampen 78, 115, 145
Karmøy 334 f.
Kaunas (Kowno) 264
Kiel 25, 150, 304
Kiew 50
Kioto 8
Köln 5, 35, 38 ff., 42, 94, 100, 119, 156 f., 171, 188, 190, 230 f., 235 f., 238, 241, 252, 254, 260, 266, 280, 305, 343
Königsberg (Kaliningrad) 163, 166 ff., 179
Konstantinopel 36, 41, 50
Konstanz 231
Kopenhagen 146, 151, 261
Kowno s. Kaunas
Krakau 119, 254, 316
Kronborg 147
Kulm (Chełmno) 166 ff., 253

Ladoga 270
Lauenburg 28
Laxfirth 331

Leeuwarden 78
Leiden 347
Lemberg (L'viv) 179, 310, 317
Lippstadt 60
Lissabon 264, 310
London 42 f., 62, 119, 141, 178 f., 230, 252, 260, 263, 266, 272, 275, 278–281, 311, 327, 331, 335 ff., 342, 349 f., 357
Lübeck 5, 8 f., 14 f., 19, 27–31, 34 f., 37 f., 43, 49, 51, 54, 56, 59–62, 67–71, 77 ff., 81 ff., 101–104, 113–116, 124, 131, 134, 136, 139–142, 145 ff., 150–155, 157 ff., 164, 166 f., 171, 174, 177 ff., 181, 184 ff., 190, 193 f., 200–203, 205 f., 208 f., 211 ff., 222, 229 ff., 234, 236–242, 246, 256, 260 f., 266 f., 269, 271, 280, 286 ff., 292–298, 300 f., 303 ff., 308, 311, 313 f., 316, 318, 321, 327 f., 330, 333, 343, 345, 347, 349, 355 ff., 360, 373
Lucca 49
Lüneburg 69, 131, 197, 205, 236, 255, 291, 304, 318, 347
Lunna Wick 328 f.
L'viv s. Lemberg
Lynn 62

Magdeburg 39, 100, 102, 104, 166, 197, 316
Mailand 49
Mainland 331
Marienburg 169 ff., 176, 178 ff.
Marienkirche Lübeck 135, 140, 157, 292
Marseille 138
Mecheln 112, 114, 343
Mecklenburg 19
Menen 319
Messina 137
Minden 74, 213
Moskau 140
Muiden 78
Münster 55, 59, 73, 78, 288, 296

Naestved 128
Narwa 349
Nowgorod 24, 34, 36, 45, 49 f., 57–60, 62, 78, 82, 92, 119, 124, 140, 167, 170, 223 f., 226, 229, 231, 246 f., 250, 252, 263 f., 266–272, 274 f., 280 f., 303, 310, 319, 327, 331, 335, 345
Nürnberg 114 f., 139, 191, 231, 311, 321

Öland 30, 37 f., 68
Oldenburg (Holstein) 19
Oostershuis 246, 357
Osnabrück 60, 74, 78
Osterlingenhuis 275 ff., 357

Papa Stour 329
Paris 138 f.
Pernau 270
Pleskau (Pskov) 231
Poel 76
Polozk 226
Poperingen 319
Prag 231
Pskov s. Pleskau

Radevormwald 223
Ratzeburg 19
Regensburg 39
Reval (Tallinn) 222, 230 f., 233, 260, 270 f., 303, 345, 349
Riga 25, 48–51, 54 f., 59, 78, 101, 225 ff., 230 ff., 237, 250, 270
Roskilde 128
Rostock 5, 67 ff., 174, 186, 261 f., 303 f., 350 f.

Rügen 69, 157, 366
Rungholt 123

Salzwedel 56
Sandwich 264
Sandwick 331
Sankt Peterhof 34, 57 f., 60, 223, 267–270, 280, 346
Schleswig 24, 25, 30 f., 34–37, 68
Schloss Kronborg 149
Schwerin 19 f.
Segeberg 27, 50
Sevilla 310
Shetland-Inseln 328–331, 344
Siegburg 336
Sluis 111, 280, 303
Smolensk 50, 55, 62, 264
Soest 48, 54, 60, 78, 101, 114, 194, 303, 353
Sorø 127
Stade 78, 303
Stalhof (Steelyard) 40, 266 f., 272 f., 278, 281, 336 f., 340, 350, 357
Stavanger 335
Stavoren 78
Steelyard s. Stalhof
Stettin 25, 73, 231, 304
Stockholm 114
Stralsund 5, 48, 69 f., 73, 85, 159, 171, 186, 261, 304, 356, 362
Straßburg 231

Tallinn s. Reval
Tannenberg 176 ff., 238
Tartu s. Dorpat
Thorn (Toruń) 112, 114, 166 ff., 170, 172 f., 177, 253, 260, 346
Tiel 89 f.
Toruń s. Thorn
Tourcoing 319
Turku 327
Tyske Bryggen 274 f., 279, 325

Usedom 26
Utrecht 172, 266, 273, 346

Västergarn 174
Venedig 6, 39, 49, 60, 137, 218, 231, 235 f., 239, 253, 310 f.
Vineta 25 f., 123 f.
Visby 12, 26, 34 f., 38, 54 ff., 59, 78, 81 f., 119, 122 f., 125 ff., 144 f., 167, 174, 254, 260, 321

Wervik 319
Wiborg 271
Wien 362
Wismar 61, 67 ff., 73, 78, 174, 176, 184–187, 231, 261, 350, 351, 356
Witebsk 50
Wollin 25 f.
Wrocław s. Breslau

Yell 328
Ypern 43

Zaltbommel 253
Zutphen 78
Zwolle 78

Die Autoren

Gisela Graichen studierte Publizistik, Rechts- und Staatswissenschaften und ist Diplom-Volkswirtin. Für das ZDF hat die Buch- und Filmautorin unter anderem die erfolgreiche Archäologiereihe «Schliemanns Erben» und die Wissenschaftsserie «Humboldts Erben» entwickelt. Sie lebt in Hamburg. – Für das vorliegende Buch schrieb sie das Kapitel «Die Schicksalsmacht der Hanse».

Prof. Dr. Rolf Hammel-Kiesow ist stellvertretender Leiter des Archivs der Hansestadt Lübeck und Honorarprofessor an der Universität Kiel. Seit 1994 gehört er zum Vorstand des Hansischen Geschichtsvereins. Zahlreiche Publikationen, vor allem zur Geschichte der Hanse. Er lebt in Lübeck. – Für das vorliegende Buch schrieb er die Kapitel 1 bis 5, 9 bis 12, 14 und 15.

Alexander Hesse studierte Publizistik, Politikwissenschaften und Betriebswirtschaftslehre in Frankfurt und Mainz. Er ist verantwortlicher Redaktionsleiter für Geschichte und Gesellschaft beim Zweiten Deutschen Fernsehen und lebt in Wiesbaden. – Für das vorliegende Buch schrieb er das Kapitel «Bürger gegen Räte».

Dr. Natascha Mehler studierte Mittelalter- und Neuzeitarchäologie in Wien, Bergen und Bamberg. Seit 2008 lehrt sie Historische Archäologie am Institut für Ur- und Frühgeschichte der Universität Wien. Mitarbeit an zahlreichen Forschungsprojekten. Sie lebt in Wien. – Für das vorliegende Buch schrieb sie das Kapitel «Schiffe, Steine, Schlamm und Scherben».

Prof. Dr. Jürgen Sarnowsky lehrt Mittelalterliche Geschichte am Historischen Seminar der Universität Hamburg und ist Vorstandsmitglied des Hansischen Geschichtsvereins. Er veröffentlichte zahlreiche Bücher, vor allem zur Geschichte der geistlichen Ritterorden. – Für das vorliegende Buch schrieb er das Kapitel «Die Hanse und der Deutsche Orden».

Bildnachweis

Alle im Buch enthaltenen Karten stammen von Peter Palm, Berlin.

ZDF: Stephan Zengerle: S. 10/11, 26, 85, 103, 106/107, 120/121, 122, 125, 127, 128, 132, 135, 144, 147, 149, 158, 182/183, 208, 228, 251, 313, 352; Resa Asarschahab: S. 58; Peter Prestel: 134, 251 unten, 334, 345; Sven Heiligenstein: S. 291

Dr. Ludwig Reichert Verlag, Wiesbaden (Faksimile Evangeliar Kaiser Heinrichs III., Ms. b.21 der Universitätsbibliothek Bremen, 1981): S. 12

Archiv der Hansestadt Lübeck: S. 14, 39, 56, 61, 221, 306/307

Stichting Het Rijksmuseum, Amsterdam: S. 18

Kirchberg-Chronik, Landeshauptarchiv Schwerin: S. 23

Wikipedia: Christian Bier: S. 27; Klugschnacker, 2006/07: S. 46/47; Kolossos: S. 48; Bernt Notke (copy, 1701, by Anton Wortmann): S. 139; Brunswyk: S. 198; Thomas Gun: S. 336; Olaus Magnus: S. 344

Stiftung Schleswig-Holsteinische Landesmuseen Schloß Gottorf, Schleswig, 2011: S. 36/37

Herzog August Bibliothek Wolfenbüttel: Cod. Guelf. 105 Noviss. 2°, fol. 171v: S. 41, 265

British Library: S. 42, 116

Bridgeman Art: S. 64/65

Sachsenspiegel: S. 66

Volker Westphal, Das Logbuch, 35. Jg. 1999 Heft 3: S. 75

A. Alopaues, C. Lundberg, Malmö: S. 76

© Photo SCALA, Florence: S. 77

Staatsarchiv Hamburg: S. 86/87

Rheinisches Bildarchiv Köln, rba_c003120: S. 88

akg-images: S. 93, 95, 137, 216/217, 340

Universitätsbibliothek Heidelberg: S. 97, 99
Bibliothèque Nationale de France, Paris: S. 108, 111
Bayerische Staatsbibliothek, München: S. 118
Primus Verlag, Darmstadt: S. 152
Tessa Verlag, Saarbrücken: S. 160/161
aus: Anton Sander (lat.: Sanderus): Flandria illustrata sive descriptio comitatus istius (...). Köln 1641, S. 162
Jürgen Sarnowsky: S. 167, 173, 174
Frauke Schmitz: S. 169
GstA, smb: S. 170
bpk/Dietmar Katz: S. 178
Gerhard Launer WFL-GmbH: S. 184
Pahl-Rugenstein Nachf., Bonn: S. 188
Fritz Zorn, Nagelschmied, 1482. Hausbuch der Mendelschen Zwölfbrüderstiftung zu Nürnberg, fol. 1011. Nürnberg, Stadtbibliothek, Sign. Amb. 317.2 (Foto: Stadtbibliothek): S. 191
Museen für Kunst und Kulturgeschichte Lübeck: S. 193, 246, 286, 308, 411
Planetenkinder (Detail: Fleischer [Metzger]). Aus: Astronomische Sammelhandschrift, 15. Jh. Tübingen, Universitätsbibliothek, Hs. Md2 (Foto: Universitätsbibliothek): S. 205
Studio Andreas Heller, Hamburg: S. 211
Museum für Kunst und Kulturgeschichte, Dortmund: S. 213
Museum für Hamburgische Geschichte: S. 218, 354
Hinstorff Verlag, Rostock: S. 224/225, 262
Dr. Margrit Christensen, Lübeck: S. 240
Centre de Recherches sur la Communication en Histoire, Université de Louvain, Louvain-la-Neuve (Jean-Jacques Rousseau): S. 244/245, 299
Museum Vest, Det Hanseatiske Museum og Schøtstuene: S. 251 oben
Verlag Edition Leipzig: S. 255
Heinz-Joachim Draeger/Convent Verlag GmbH: S. 256

Valentin L. Janin, Moskau: S. 267
Aleksandr S. Chorosev, Moskau: S. 268
City of London, London Metropolitan Archives: S. 272
(A. Sanderus, Flandria Illustrata) Universiteitsbibliotheek Gent: S. 276
Stadtarchiv Köln: S. 282
pol press Lübeck: S. 284/285
SLUB, Deutsche Fotothek, Dresden: S. 294
Stadtarchiv Münster: S. 296
Manfred Finke, Lübeck: S. 301
Rüdiger Glahs, Diethelm Wulfert, Dortmund: S. 312
Atlas van Stolk, Rotterdam: S. 318
Bruggens Museum/Bergen City Museum: S. 322/323
Egill Reimers: S. 324
Natascha Mehler: S. 329, 330, 337
Roland Obst, Mühlhausen: S. 333
The British Museum, London: S. 338/339
Antje Stubenrauch, Lübeck: S. 358/359
Archäologie und Denkmalpflege der Hansestadt Lübeck: S. 360
aus W. Mantels, Beiträge zur lübisch-hansischen Geschichte, Jena 1881: S. 362
aus: Oskar Höcker, Die Brüder der Hansa. Historische Erzählung aus der Blütezeit des norddeutschen Kaufmannsbundes. Der reiferen Jugend zugeeignet (Merksteine deutschen Bürgertums 5), Leipzig 1898: S. 365
Störtebeker Festspiele: S. 367
VG BILD-KUNST, Bonn: S. 369

Trotz sorgfältiger Recherchen konnten nicht alle Rechteinhaber ermittelt werden. Der Verlag ist bereit, berechtigte Ansprüche in üblicher Weise abzugelten.

Ein hansischer Kaufmann des frühen 16. Jahrhunderts:
der Lübecker Bergenfahrer Hans Sonnenschein; Gemälde von
Hans Kemmer, 1534

Hansestädte im Jahr 1554
(nach den Statuten des Stalhofs in London)
Vororte der Drittel und Viertel
Hansestädte
1554 als „demembriert" (= ausgeschieden) bezeichnete Städte
Hansische Niederlassungen
Die großen Kontore
Kleinere Niederlassungen
Nordsee
Skagerr
Bergen
Tönsberg
Edinburgh
Newcastle
Scarborough
York
Hull
Boston
Lynn
Norwich
Yarmouth
Ipswich
Colchester
London
Sandwich
Hoeke
Brügge
Sluis
Gent
Antwerpen
Bergen op Zoom
Dordrecht
Utrecht
Amsterdam
Ripen
Kalund
Nyborg
Füne
Kiel
Lübeck
Stade
Buxtehude
Bremen
Lüneburg
Uelzen
Bolswarde
Groningen
Staveren
Zwolle
Kampen
Elburg
Harderwijk
Deventer
Zutphen
Arnheim
Nimwegen
Emmerich
Wesel
Duisburg
Venlo
Roermond
Köln
Münster
Coesfeld
Hamm
Dortmund
Unna
Soest
Lippstadt
Osnabrück
Minden
Herford
Bielefeld
Lemgo
Paderborn
Warburg
Hannover
Hameln
Hildesheim
Einbeck
Göttingen
Weser
Aller
Rhein
Mosel
0 50 100 150 km

Bottnischer Meerbusen
Abo
Rasborg
Finnischer Meerbusen
Åland-Inseln
Reval
Peipus-See
Dagö
Dorpat
Vänersee
Ösel
Vättersee
Rigaer Meerbusen
Lödöse
Visby
Gotland
Riga
Dwina
Öland
Ostsee
Landskrona
Åhus
Kopenhagen
Malmö
Ystad
Falsterbo
Rönne
Bornholm
Memel
Kaunas
Königsberg
Stolp
Rügenwalde
Braunsberg
Rügen
Danzig
Elbing
Stralsund
Kolberg
Greifswald
Anklam
Gollnow
Kulm
Narew
Stettin
Stargard
Netze
Thorn
Oder
Berlin
Frankfurt/Oder
Halle
Breslau
Europäisches Nordmeer
Nyborg
Nowgorod
Polozk
Smolensk
Witebsk
Nordsee
Ostsee
Elbe
Bug
Atlantischer Ozean
Dnjepr
Krakau
Dnjestr
Donau
Nantes
Bourgneuf
La Rochelle
Loire
Bordeaux
Donau
Ebro
Tajo
Lissabon
Mittelmeer
0 200 400 600 km

MIX
Papier aus verantwortungsvollen Quellen
FSC® C006701

Das für dieses Buch verwendete Papier ist FSC®-zertifiziert.